Andreas Markert, Andrea Buckley,
Michael Vilain, Martin Biebricher (Hg.)

Soziale Arbeit und Sozialwirtschaft

D1666903

Sozialpädagogik/Sozialarbeit im Sozialstaat

herausgegeben von

Prof. Dr. Hans Pfaffenberger
(Universität Trier)
Prof. Dr. Rudolph Bauer (Universität Bremen)
und
Prof. Dr. Franz Hamburger (Universität Mainz)

Band 19

LIT

Andreas Markert, Andrea Buckley,
Michael Vilain, Martin Biebricher (Hg.)

Soziale Arbeit
und Sozialwirtschaft

Beiträge zu einem Feld im Umbruch

Festschrift für
Karl-Heinz Boeßenecker

LIT

Umschlagbild: © Walburga Freitag

Bibliografische Information der Deutschen Nationalbibliothek
Die Deutsche Nationalbibliothek verzeichnet diese Publikation in der
Deutschen Nationalbibliografie; detaillierte bibliografische Daten sind
im Internet über http://dnb.d-nb.de abrufbar.

ISBN 978-3-8258-0494-7

© LIT VERLAG Dr. W. Hopf Berlin 2008
Auslieferung/Verlagskontakt:
Fresnostr. 2   48159 Münster
Tel. +49 (0)251–62 03 20   Fax +49 (0)251–23 19 72
e-Mail: lit@lit-verlag.de   http://www.lit-verlag.de

Inhalt

Vorwort

Karl-Heinz „Kalle" Boeßenecker ist ein umtriebiger Mensch – sein Schaffen in einem Satz zu charakterisieren, fällt schwer. In Forschung und Lehre hat er in den vergangenen 15 Jahren insbesondere zwei Schwerpunkte gesetzt: Auf der einen Seite stehen die Methoden und Ansätze des Sozialmanagements und der Sozialen Arbeit – beispielsweise zu Fragen der Steuerung sozialer Einrichtungen, der Organisationsentwicklung, der Qualitätsentwicklung oder der Sozialplanung. Auf der anderen Seite treiben ihn die strukturellen Rahmenbedingungen um, in denen Soziale Arbeit und Sozialmanagement geleistet werden. Seine Recherchen zur Entwicklung der deutschen Wohlfahrtsverbände und den sich seit Mitte der 1990er Jahre zunehmend herauskristallisierenden neuen (oft auch privat-gewerblichen) Trägerstrukturen nehmen im Forschungsschwerpunkt Wohlfahrtsverbände/Sozialwirtschaft (FSP WV) an der Düsseldorfer Fachhochschule mittlerweile viele Regalmeter Archivraum in Anspruch. Dass zum Beispiel seine Arbeiten zu den Handlungsfeldern, Organisationsstrukturen und dem Spannungsfeld von Profession und Ehrenamt in den Wohlfahrtsverbänden dabei keineswegs nur einem überschaubaren Kreis von Wissenschaftlern und anderen Fachleuten dienen, beweist unter anderem sein Lehrbuch „Spitzenverbände der Freien Wohlfahrtspflege". Dieses Standardwerk liegt mittlerweile in der dritten, bearbeiteten und ergänzten Auflage vor, und es gibt wohl kaum Studierende des Sozialwesens in Deutschland, die bei einer eingehenden Beschäftigung mit dem Thema um Karl-Heinz Boeßenecker herumkommen.

Doch wie oben angedeutet, würde es Kalle Boeßenecker jedoch nicht gerecht werden, sein wissenschaftliches Interesse auf die genannten Themenbereiche zu reduzieren. Vielmehr ist er auch ein engagierter Streiter für zukunftsfähige Perspektiven kommunaler Sozialpolitik, für mehr Bürgerbeteiligung, für Studien- und Hochschulreformen jenseits ideologischer Blockaden. Der Bezugspunkt seines Engagements ist dabei stets derselbe: Karl-Heinz Boeßenecker definiert sich und seine Arbeit nicht allein über die Fachdisziplinen der Sozialen Arbeit oder der Sozialwirtschaft. Ihm geht es vielmehr immer um die Umsetzung des Wissens in die soziale und (fach-) politische Praxis sowie umgekehrt, um die Integration von Praxisanforderungen in die disziplinären Diskurse der Sozialen Arbeit und der Sozialwirtschaft.

Diese Ausrichtung ist sicherlich auch in Zusammenhang mit der Biographie Kalle Boeßeneckers zu sehen. Nach einer Ausbildung als Verwaltungsangestellter und anschließendem Grundwehr- bzw. Zivildienst beginnt er Sozialarbeit zu studieren. Dabei konzentriert sich Kalle Boeßenecker bewusst auf die Schwerpunkte Jugend-/Erwachsenenbildung und Gemeinwesenarbeit und wählt vor diesem Hintergrund seine Studienorte aus: Die Fachhochschulen in Detmold (später aufgegangen in der Fachhochschule Bielefeld) und Hannover. Nach dem Abschluss als graduierter Sozialarbeiter arbeitet er in der außerschulischen Jugend- und Erwachsenenbildung, unter anderem an der Evangelischen Akademie Loccum. Es folgt ein Studium der Soziologie und der Politikwissenschaften an der Universität Hannover. Später geht Kalle Boeßenecker nach Köln, wo er den Kölner Jugendpark leitet und freiberufliche Mandate als Lehrbeauftragter der Fachhochschule Köln sowie in der Organisations-, Projekt- und Politikberatung übernimmt. Nach seiner Promotion in Soziologie, die er mit einer Dissertation zur Geschichte der Kölner Arbeiterjugendbewegung nach 1945 abschließt, wird er 1988 Bundesgeschäftsführer der im Feld der „Demokratieentwicklung von unten" aktiven Stiftung Mitarbeit in Bonn. 1991 folgt seine Berufung als Professur ins damalige Lehrgebiet „Verwaltung und Organisation sozialer Dienste" an die Fachhochschule Düsseldorf. Kurz darauf erfolgt dort unter seiner Federführung der Aufbau des Forschungsschwerpunktes Wohlfahrtsverbände / Sozialwirtschaft, unter dessen Dach seit nunmehr über 15 Jahren zahlreiche Forschungs- und Beratungsprojekte sowie Aus- und Weiterbildungsmaßnahmen zu aktuellen Themen der Sozialen Arbeit und Sozialwirtschaft durchgeführt werden. 1998 wird Kalle Boeßenecker Mitglied des Zentrums für Planung und Evaluation sozialer Dienste der Universität Siegen und engagiert sich zugleich verstärkt für eine weitere Akademisierung der Sozialen Arbeit. Im Jahr 2005 wird Kalle Boeßenecker zum Präsidenten der Fachhochschule im DRK in Göttingen berufen. Dieses Amt gibt er zwei Jahre später wieder ab.

An jeder dieser Stationen hat Kalle Boeßenecker Spuren hinterlassen. Zugleich prägen die dort gemachten Erfahrungen wiederum seine Arbeit als Wissenschaftler. Kalle Boeßeneckers von Jahr zu Jahr länger werdende Publikationsliste spricht dementsprechend Bände. Im Jahr 2007 ist Karl-Heinz Boeßenecker 60 Jahre alt geworden. Wir nehmen dieses Jubiläum zum Anlass, ihm die nun vorliegende Festschrift zu widmen. Darin kommen Kollegen, Schüler und Weggefährten zu Wort. Jede/r von ihnen hat eine individuelle, teilweise langjährige Verbindung zu Kalle Boeßenecker – ihnen allen möchten wir für die Unterstützung des vorliegenden Buchprojektes danken. In diesem Zusammenhang möchten wir aber auch jene Kolleginnen und Kollegen nicht unerwähnt lassen, die gerne einen Beitrag für diese Festschrift geschrieben hätten, dies jedoch aus nachvollziehbaren, teilweise widrigen Umständen leider nicht realisieren konnten.

Seitens des Herausgeberteams haben wir bewusst keinen Einfluss auf die inhaltliche Ausrichtung der Beiträge genommen. Die einzige Vorgabe findet sich im Titel des Buches: „Soziale Arbeit und Sozialwirtschaft – Beiträge zu einem Feld im Umbruch". Welche Umbrüche in diesem Feld auszumachen und welche Schlüsse zu ziehen sind, bleibt – ganz im Sinne des von Kalle Boeßenecker gepflegten scheuklappenfreien Diskussionsstils – Sache der oder des jeweiligen Autorin/Autors. Lediglich die Zuordnung der einzelnen Beiträge zu den nicht-trennscharfen Bereichen Soziale Arbeit und Sozialwirtschaft wurde von uns vorgenommen.

Uns als Herausgeberteam dieses Bandes bleibt eine persönliche Bemerkung: Für die vertrauensvolle und konstruktive Zusammenarbeit und die vielfältigen und vielfachen Unterstützungen gebührt Kalle Boeßenecker an dieser Stelle unser ausdrücklicher Dank. Auch im Namen aller beteiligten Kolleginnen und Kollegen verstehen wir die vorliegende Festschrift als entsprechenden symbolischen Dank für die vielen fachlichen Kooperationen und persönlichen Begegnungen sowie für die offenen und kritischen Diskussionen mit Kalle Boeßenecker.

Görlitz/Como/Münster/Luzern im Januar 2008,
Andreas Markert, Andrea Buckley, Michael Vilain und Martin Biebricher

Subsidiarität – die Metamorphosen eines gesellschafts- und sozialpolitischen Ordnungsprinzips

Heinz-Jürgen Dahme, Norbert Wohlfahrt

Subsidiarität: Ein katholisches Ordnungsprinzip

In der Forschung ist immer wieder betont worden, dass das Subsidiaritätsprinzip katholischen Ursprungs sei und auf diesem Weg Eingang gefunden habe in die deutsche Sozialpolitik. Oswald von Nell-Breuning (1976) hat aber zu Recht darauf hingewiesen, dass sich die der katholischen Soziallehre entstammende Idee der Subsidiarität auch in anderen neuzeitlichen Sozial- und Gesellschaftslehren wieder finden lässt und auf Abraham Lincoln verwiesen, der sich dazu wie folgt äußerte: „Die Regierung hat für die Bevölkerung das zu besorgen, wonach die Leute ein Bedürfnis haben, was sie aber selbst überhaupt nicht tun können oder doch, auf sich gestellt, nicht ebenso gut können. In all das, was die Leute ebenso gut selber tun können, hat die Regierung sich nicht einzumischen" (Nell-Breuning 1976: 173).

Dass das, „was die Leute selber tun können" (oder müssen), eine sehr flexible Angelegenheit darstellt und deshalb einer laufenden sozialrechtlichen Überprüfung unterliegt, ist ein bekannter Tatbestand. Aber schon mit dieser Begriffsbestimmung wird darauf hingewiesen, dass die Überwälzung materieller Folgeprobleme einer kapitalistischen Ökonomie auf „die Leute" aus Sicht der Subsidiaritätsidee etwas ganz anderes darstellt: Hilfen sollen so weit wie möglich aus der Gesellschaft heraus erwachsen und damit wird die Familie in den Mittelpunkt sozialpolitischer Überlegungen gerückt. Diese *konservative* Sichtweise prägt denn auch das deutsche Subsidiaritätsverständnis und ist einer der Gründe dafür, dass in jüngster Zeit Korrekturen am Sozialstaat für nötig befunden werden, die es den Frauen ermöglichen sollen, berufliche Belastung und Kindererziehung besser zu vereinbaren (vgl. zu dieser Kritik Esping-Andersen et. al. 2003).

Der Begriff „Subsidiarität" ist erst neueren Datums und in Nachschlagewerken und Lexika bis Mitte des 20. Jh. nicht nachweisbar, so Nell-Breuning (vgl. auch Boeßenecker 2005: 25). Allerdings gibt es in Deutschland schon länger Begriffe, die den gleichen Wortstamm teilen, aber unterschiedlichste Bedeutung haben, so dass man sich auf diesem Wege wenig Klarheit über die Sache verschaffen kann: „Subsidiäres Recht" z. B. sind „Rechtsbestimmungen, die erst dann zur Anwendung kommen, wenn das an erster Stelle zur Anwendung kommende [. . .] keine Vorschriften enthält", so Meyers Konversations-Lexikon (1908); „subsidiär" hat dagegen die Bedeutung: „unterstützend, hilfeleistend" (vgl. ebd.), wohingegen „subsidiäre Haftung" auf dritte Personen, meist die Familie, verweist, die in Geldangelegenheiten für den Schuldner eintreten müssen, ein Sachverhalt, welcher der Grundidee nach bis heute das deutsche Sozialhilferecht prägt. Aber auch die anderen Bedeutungen sind im Subsidiaritätsprinzip enthalten, was es facettenreich und flexibel macht (vgl. auch Nell-Breuning 1976).

Auch im Protestantismus gibt es (der Sache nach) ein ausgeprägtes Subsidiaritätsverständnis, das vor allem die Eigenständigkeit der Kirchengemeinden gegenüber der Amtskirche betont und dadurch (im Gegensatz zur katholischen Kirche) den „kirchliche(n) Aufbau von der Gemeinde her" organisiert. Das Subsidiaritätsverständnis des Protestantismus bezieht sich jedoch vor allem auf „innerkirchliche Entscheidungs- und Ordnungsstrukturen" (Boeßenecker 2005: 27) und ist demnach weder staats- noch gesellschaftspolitisch von Bedeutung und wirksam geworden. Erst der Katholizismus hat im ausgehenden 19. Jh. das Subsidiaritätsprinzip als ein sozial- und gesellschaftspolitisches Ordnungsprinzip geschaffen und durchgesetzt, das sich später auch für andere kirchliche wie gesellschafts- und sozialpolitische Interessen als anschlussfähig erwies.

Gewöhnlich wird darauf hingewiesen, dass die Sozialenzyklika „*Quadragesimo Anno* – Über die Gesellschaftsordnung" (1931) von Papst Pius XI das Subsidiaritätsprinzip in seiner heutigen Form ausformuliert habe und dass das Subsidiaritätsprinzip als Ergänzung und als Korrektiv zum Personal- und Solidaritätsprinzip eingeführt und ausformuliert worden sei. Richtig ist, dass die katholische Kirche hier ihr gesellschaftspolitisches Leitbild neu formuliert und ihre Ordnungsvorstellung des „Sozialkörpers" darstellt. Die Enzyklika ist davon getragen, nachzuweisen, dass es gegen die Gerechtigkeit verstößt, wenn der Staat die kleineren und untergeordneten Gemeinwesen des Sozialkörpers „zerschlagen oder aufsaugen" will. Die katholische Kirche verfolgt das Ziel, das Subsidiaritätsprinzip als *gravissimum principium* (gestritten wird, ob das mit „oberster" oder „hochbedeutsamer Grundsatz" übersetzt werden muss; vgl. Matthes 1964: 17) zu begründen und hat die Absicht, nicht ihre Eigenständigkeit und Unabhängigkeit zu verteidigen, sondern eine Vorrangstellung ihrer Tätigkeiten gegenüber hoheitlichen Stellen zu begründen (vgl. Münder 1998: 3). Die Sozialenzyklika von 1931, in der es um die Verteidigung einer berufsständischen Gesellschaftsordnung (vgl. Nolte 2000: 298ff.) und einer Subsidiaritätspolitik zur Eindämmung staatlicher Interventionsansprüche geht, hat fortgeschrieben, was die katholische Kirche in der Enzyklika „*Rerum Novarum* – Über die Arbeiterfrage" von Papst Leo XIII aus dem Jahre 1891 vorgedacht und grundgelegt hatte. Hier wurden Grundgedanken einer katholischen Soziallehre entwickelt, die sich als Alternative zum Liberalismus und Sozialismus verstand. Das katholische Subsidiaritätsverständnis und das dazu gehörige Gesellschaftsbild reflektieren eine gesellschaftliche Ordnungsvorstellung, die schon im ausgehenden 19. Jh. aufgrund des unübersehbaren Klassengegensatzes in der Gesellschaft überholt war. Die tatsächliche Funktion des Staates im ausgehenden 19. Jh. (Historiker sprechen von einer Phase des Neo-Merkantilismus und betonen damit die dirigistische Funktion des Staates bei der Durchsetzung neuer Akkumulationsstrukturen) wird durch das Subsidiaritätsprinzip nicht nur nicht erfasst, sondern auch idealisiert, weil der Staat jenseits seiner praktischen Eingriffe in die Gesellschaft als „Ausfallbürge" für Notlagen stilisiert wird. Ideologisch war dieses Subsidiaritätsverständnis aber trotzdem (oder deswegen) wirkmächtig und hat noch bis in die 1960er Jahre hinein die sozialpolitischen Debatten mit bestimmt.

Die von der katholischen Kirche vertretene Subsidiaritätsvorstellung war geprägt durch den von Bismarck nach der Reichsgründung geführten Kulturkampf gegen die katholische Kirche. Bismarck sah die katholische Kirche als „staatsgefährdend" an. Die katholische Kirche unterstütze im spanischen Erbfolgestreit, der Bismarck als Vorwand für den deutsch-französischen Krieg von 1870/71 diente, die französische Seite gegen die Hohenzollern. Bismarck, der in seinem innenpolitischen Handeln häufig gesellschaftliche Polarisierung als Herrschaftsinstrument einsetzte, warf der katholischen Kirche vor, im Sinne Frankreichs zu agieren und in den polnischen Provinzen Preußens gegen den Protestantismus zu agitieren. Das kurz zuvor von Papst Pius IX verkündete Unfehlbarkeitsdogma war dabei für die Konfrontation mit der katholischen Kirche hilfreich. Bismarck verbündete sich im Parlament mit den Nationalliberalen gegen die Zentrumspartei, dem politischen Arm der katholischen Kirche in Deutschland, und mit einer Reihe von Maßnahmen (Einführung der Zivilehe, Schulaufsichtsgesetz zur Ausschaltung kirchlicher Einflüsse, Abbruch der diplomatischen Beziehungen zum Vatikan, Verbot von Neugründungen durch die Societas Jesu, Reglementierung der katholischen Kirche durch die sog. Maigesetze) war der „Kulturkampf", wie ihn Rudolf Virchow nannte, entbrannt. Den Kulturkampf (1871 – 1878) hat Bismarck verloren, da die 1873 einsetzende Große Depression schon bald andere ökonomische Fragen auf die Tagesordnung setzte und diese Baustelle beendet werden musste.

Subsidiarität: Das wohlfahrtsstaatliche Ordnungsprinzip

Das Subsidiaritätsprinzip erwies sich schon um die Jahrhundertwende als ein wichtiges und anschlussfähiges sozialpolitisches Ordnungsprinzip. Sowohl die protestantische Kirche und ihre Werke wie auch die zeitlich später entstandenen weltlichen Wohlfahrtsverbände sahen in dem Subsidiaritätsprinzip ein ihre organisatorische und fachliche Unabhängigkeit garantierendes Ordnungsprinzip. Als mit der Weimarer Republik eine verstärkte zentralstaatliche Regulierung der zuvor lediglich lokalen und durch den Deutschen Verein koordinierten Fürsorgeaktivitäten begann, stellte sich die Frage, welche Rolle die öffentliche und welche die private Wohlfahrtspflege in diesem neuen System spielen sollten. Hier erwies sich das katholische Subsidiaritätsprinzip geeignet, eine Arbeitsteilung zwischen öffentlicher und freigemeinnütziger Wohlfahrtspflege zu entwickeln, zumal sich wieder Bestrebungen bemerkbar machten, die private Fürsorge zu kommunalisieren und vor allem zu entkonfessionalisieren, was prominent die Sozialdemokratie forderte (vgl. Backhaus-Maul/Olk 1994: 103). Die katholische Zentrumspartei, die im Reichsarbeitsministerium wichtige Positionen besetzt hielt, konnte ihr katholisch geprägtes Subsidiaritätsverständnis in der Fürsorge- und Jugendpflegegesetzgebung verankern. So wurde vor allem die Zusammenarbeit von öffentlicher und freier Wohlfahrtspflege gesetzlich festgeschrieben, die Verbände der Freien Wohlfahrtspflege wurden als Mitwirkende bei der Erledigung öffentlicher sozialer Aufgaben genannt und schließlich wurden alle Spitzenverbände förmlich staatlich anerkannt („Reichsspitzenverbände"), was ihnen Privilegien und politischen Einfluss sicherte (vgl. Kaiser 1993), sie aber auch von staatlichen Subventionen abhängig machte. Das Subsidiaritätsprinzip, so wie es damals verstanden wurde, hat maßgeblich dazu geführt, dass sich das sog. „duale System der Wohlfahrtspflege" etablierte (vgl. Sachße/Tennstedt 1988: 152; Heinze/Olk 1981).

Das Subsidiaritätsverständnis scheint, oberflächlich betrachtet, weiterhin mit der katholischen Idee von Subsidiarität konform zu gehen, insbesondere wenn die Spitzenverbände gegenüber staatlichen Reglementierungsversuchen und sozialdemokratischen Verstaatlichungsabsichten den Schulterschluss üben und Einmischungen des Staates in ihr Aufgabengebiet ablehnen. Das erinnert an den Kulturkampf: Organisatorische Autonomie und fachlich-methodische Eigenständigkeit werden gegenüber übergeordneten kommunalen und staatlichen Gebilden beschworen und als schützenswerte Güter dargestellt. Reminiszenzen an die von katholischer Seite entwickelte Vorstellung eines staatsfernen bzw. staatsfreien Vereinswesens sind in dieser von den Verbänden bis heute gepflegten Semantik noch gegenwärtig. Staatlicher Beistand in Form von Subventionen ist hilfreich, wenn er der Erhaltung der organisatorischen Selbständigkeit dient und ohne größere Auflagen oder Verpflichtungen daher kommt. Das ist aber spätestens seit der Weimarer Republik selten der Fall, denn die gesetzliche Verankerung des Subsidiaritätsprinzips hat es eine „Metamorphose" (Castel 2000) durchmachen lassen, die teilweise zu einem Bedeutungswandel geführt hat: Das Subsidiaritätsprinzip ist nun primär ein *Organisationsprinzip des deutschen Wohlfahrtsstaates*, welches das private Fürsorgewesen charakterisiert und zur Bürokratisierung und Professionalisierung der freien Wohlfahrtspflege führt, eine Entwicklung, die schon in den 1880er Jahren mit dem Aufbau der Sozialversicherung und anderen kommunal gesteuerten Fürsorgearrangements beginnt. Die Regulierungskompetenzen des Staates erweitern sich, weil dieser einerseits über die Verbände in die Gesellschaft hineinregieren will, anderseits diese als bürgernahe, aber staatsabhängige Dienstleistungserbringer instrumentalisiert. Diese steigern im Gegenzug ihren Organisationsgrad, zentralisieren ihre Entscheidungs- und Einflussstrukturen, betreiben Lobbyarbeit in eigener Sache und professionalisieren ihre Klientenarbeit, die sich ansatzweise schon zur sozialen Dienstleistung entwickelt. Dieser von der wachsenden staatlichen Steuerung ausgelöste Prozess stieß auf wenig Widerstand der Wohlfahrtsverbände, da sich schon seit Ende des 19. Jh. „in der Privatwohltätigkeit selbst die Ansicht" durchgesetzt hatte, „dass das planlose Nebeneinander heterogener Vereinstätigkeit von einer planvollen Koordination privater Fürsorgeanstrengungen durch freiwillige Zentralisierung der privaten Fürsorge abgelöst werden müsse" (Sachße 1995: 127). Die Subsidiaritätspolitik in der Weimarer Republik lässt sich schon als Förderung von Großorganisationen seitens des Wohlfahrtsstaates beschreiben: „In der Weimarer Republik [...] zielt die Subsidiaritätspolitik des Reichsarbeitsministeriums auf die staatliche Förderung privater Großorganisationen der Wohlfahrtspflege, auf den staatlich unterstützten Auf- und Ausbau von privaten Wohlfahrtsbürokratien als Gegengewicht zu den Sozialisierungstendenzen kommunaler Sozialpolitik [...]. Faktisch entwickelte sich die Organisation der freien Wohlfahrtspflege in Weimar als verbandliches Pendant zum Ausbau eines zentralisierten Wohlfahrtstaates" (Sachße/Tennstedt 1988: 172). Der Wohlfahrtsstaat der Weimarer Republik lässt sich auch schon als korporatistisch beschreiben, da die Inkorporierung der Wohlfahrtsverbände in die sozialpolitische Entscheidungsfindung und deren durch den Gesetzgeber festgeschriebene privilegierte Stellung bei der Umsetzung staatlicher Sozialprogramme hier seinen Ausgang findet. Ferner beginnt zu dieser Zeit auch die staatliche Steuerung der kommunalen Ebene und die Beeinflussung der kommunalen Sozialpolitik durch den Staat. Das Subsidiaritätsprinzip im katholischen Sinne wird ideell weiter hochgehalten, hat sich aber faktisch verkehrt bzw. eine andere Bedeutung angenommen. Diese Strukturmerkmale des Wohlfahrtsstaates der Weimarer Republik werden sich später in der Bundesrepublik wieder finden lassen.

Subsidiaritätspolitik in der Bundesrepublik: Zwischen sozialer Marktwirtschaft und Verstaatlichung

Betrachtet man „Die Weimarer Republik als Wohlfahrtsstaat" (so der Titel eines von Abelshauser besorgten Buches), dann schärft das den Blick dafür, wie die Diskussion über die Rolle des Staates und seiner Sozialpolitik in den gesellschafts- und wirtschaftspolitischen Entwürfen in den Anfängen der Bundesrepublik verlaufen ist (vgl. Nolte 2000: 298ff.). Betrachtet man lediglich die Diskurse über Subsidiarität in der Wohlfahrtspflege, dann gewinnt man den Eindruck, dass ein Grossteil der politischen Akteure meinte, man könne die Wohlfahrtspflege auf der Basis des katholisch interpretierten Subsidiaritätsprinzips reorganisieren; andere glaubten weitergehend, hierdurch auch den Aufbau einer berufsständischen Gesellschaftsordnung („Leistungsgemeinschaft") betreiben zu können, um so der Entstehung einer als Bedrohung der Ordnung empfundenen Klassengesellschaft (die ja längst Realität war) „vorzubeugen" (z. B. Nell-Breuning und andere linkskatholische Kreise). Die gesellschaftliche Entwicklung in der neuen Bundesrepublik führte bald dazu, dass sich berufsständische Gesellschaftskonzepte und das Subsidiaritätsprinzip auseinander entwickeln sollten. Das Festhalten an ständisch geprägten Ordnungskonzepten wirkte angesichts der wirtschaftlichen und sozialen Entwicklungen in Europa antiquiert, so dass sich die Katholische Kirche in der neuen Sozialenzyklika „Mater et Magistra" von Papst Johannes XXIII auch für einen wohlfahrtstaatlich gezügelten Kapitalismus und seine Umverteilungspolitik aussprach. Das Subsidiaritätsprinzip wurde nicht aufgegeben, sondern flexibilisiert und den neuen Verhältnissen der Bundesrepublik angepasst.

Dass die sozialen Probleme und die Eigendynamik der staatlichen Sozialpolitik und ihrer Großverwaltungen schon in der Weimarer Republik eine andere Arbeitsteilung in der Wohlfahrtspflege erzwungen und damit auch ein verändertes Subsidiaritätsverständnis mit sich gebracht haben, wurde in den Anfangsdiskussionen übersehen oder geleugnet. Die in der Bundesrepublik anfänglich politisch und verbandlich vertretene „Theorie" der Subsidiarität war deshalb fragwürdig, da sie nicht die schon in der Weimarer Republik vorhandene Realität moderner wohlfahrtsstaatlicher Politik reflektierte, sondern lediglich modellplatonisch eine durch die Realität überholte Idee reaktivierte. Die „Praxis" der Wohlfahrtspflege entwickelte sich in der neuen Bundesrepublik dann auch in eine andere Richtung und der Staat (der sich selber auch als Rechtsnachfolger des Dritten Reichs definierte) war wieder schnell in der gleichen sozialpolitischen, steuernden Rolle wie in der Weimarer Republik (vgl. Abelshauser 2004).

Erst die Ende der 1950er Jahre beginnenden Diskussion zur Novellierung des Bundessozialhilfe- (BSHG) und des Jugendwohlfahrtsgesetzes (JWG) hat wieder die ideologisch besetzte Frage der Aufgaben- und Kompetenzverteilung in der Wohlfahrtspflege auf die Tagesordnung gesetzt und öffentlichkeitswirksam diskutiert. Der Subsidiaritätsstreit der 1960er Jahre (vgl. Sachße 1990) entbrannte anlässlich des im BSHG und JWG verankerten Subsidiaritätsprinzips, das ganz im Sinne der katholischen Auffassung einen relativ staatsfreien Raum für die private Wohlfahrtspflege und damit eine in der Weimarer Republik nicht gekannte Vorrangstellung von Kirchen und Wohlfahrtsverbänden schuf, da es auch eine „Funktionssperre" für den öffentlichen Träger formulierte: Dieser sollte nicht Träger von Einrichtungen sein, wenn es geeignete freie Träger zur Erledigung dieser Aufgaben gäbe. Es schien so, als habe sich die katholische Auffassung der Nachrangigkeit des Staates gegenüber anderen (ständisch gedachten) Gemeinschaften durchgesetzt. Vor dem Hintergrund der in den 1950er Jahren massiv geführten Debatte über die Auslegung des Sozialstaatsartikels im Grundgesetz (Forsthoff-Abendroth-Debatte) und dem vom CDU-Kanzler Adenauer 1957 losgetretenen Streit über das „Abgleiten in den totalen Versorgungsstaat" (vgl. Sachße 1990: 35) wird die Kontroverse über die Subsidiaritätspolitik erst richtig verständlich, denn verhandelt wurde hier, aufgehängt an einigen gar nicht so neuen Regelungen der Sozial- und Jugendhilfe (vieles stammte noch aus der Weimarer Gesetzgebung), welche gesellschaftspolitischen Strukturmerkmale die Bundesrepublik eigentlich kennzeichnen sollten. Diskutiert wurde über Grundsätzliches: Das Wohlfahrtsregime, das Verhältnis von Eigenverantwortung und die Rolle des Staates. Der Subsidiaritätsstreit entbrannte voll, als vier sozialdemokratisch geführte Kommunen und vier Bundesländer gegen das in den neuen Sozialgesetzen verankerte Subsidiaritätsprinzip Verfassungsbeschwerde einreichten, da es ihre Aufgaben auf dem Gebiet der öffentlichen Wohlfahrtspflege erheblich zugunsten der (konfessionellen) Wohlfahrtsverbände einengen würde.

Die „Instrumentalisierung des Subsidiaritätsprinzips für gesellschaftspolitische Auseinandersetzungen" (Backhaus-Maul/Olk 1994: 107) hat verschiedene Motive. Den kirchlichen Wohlfahrtsverbänden ging es um die Bestandssicherung ihrer Einrichtungen angesichts der schon spürbaren Säkularisierungstendenzen und des Aufweichens der kirchlich geprägten Milieus wie auch um die Absicherung und Festigung ihres Einflusses auf die Sozialpolitik. Das vom Gesetzgeber formulierte Subsidiaritätsprinzip entsprach deshalb prinzipiell ihren Erwartungen. Die politischen Motive auf Seiten der Konservativen waren dagegen eher ideologischer Natur, denn ein Wohlfahrtsstaat wie in der Weimarer Republik sollte nicht wieder entstehen. Freiheitsbedrohung durch den „totalen Versorgungsstaat", die „Bürokratisierung der Nächstenliebe", „Großadministrationen" und „professionelle Entmündigung" (Sachße 1990: 36) sollten in der Sozialpolitik der Bundesrepublik verhindert werden. Soziale Marktwirtschaft statt Bürokratie und (totalem) Wohlfahrtsstaat, so das politische Kernprogramm der CDU, hat den Subsidiaritätsstreit der 60er Jahre unterschwellig mitbestimmt, denn auch Ludwig Erhards Konzept der Sozialen Marktwirtschaft war getragen von dem (katholisch-ständisch geprägten) Subsidiaritätsgedanken.

Als Ende der 1940er Jahre unter dem Vorsitz von Ludwig Erhard (in seiner Funktion als Vorsitzender der Wirtschaftsverwaltung der Bizone und Mitglied des Wirtschaftsrates) mit Unterstützung führender Vertreter des Freiburger Ordoliberalismus die Soziale Marktwirtschaft als neues Gesellschaftsmodell für die neue Bundesrepublik aus der Taufe gehoben wurde, geschah das auch mit Blick auf den Subsidiaritätsgedanken, denn der durch die Soziale Marktwirtschaft zu entfachende und zu regulierende Wettbewerb garantierte aus Sicht der Ordoliberalen nicht nur Wohlstand für alle, sondern konnte auch negative Auswirkungen mit sich bringen. Ein funktionierender Wettbewerb sorgt – so die Vorstellung – dafür, dass die Individuen mit einem ausreichend hohen Einkommen versorgt werden. Wirtschaftswachstum sollte Sozialpolitik letztlich überflüssig machen, lautet die ordoliberale Grundmaxime. Andererseits argwöhnten einige Vertreter des deutschen Liberalismus, dass eine primär auf der Wirtschaft basierende gesellschaftliche Ordnung die sozialen Bindungen auflösen könnte und kompensatorische Maßnahmen notwendig machen wird. Kompensatorische staatliche Sozialleistungen dürften aber nur vorübergehend das Existenzminimum sichern. Wirtschaftspolitik statt Sozialpolitik, so definierten die deutschen Liberalen die Aufgabe des Staates in einer Sozialen Marktwirtschaft.

Die Zweifel an den sozialen Segnungen des Wettbewerbs waren wesentlich durch die Erfahrungen mit der noch nicht lange zurückliegenden Weltwirtschaftskrise geprägt. Die zerstörerischen Wirkungen des kapitalistischen Wettbewerbs auf Moral, Familie und Gesellschaft (so z. B. Rüstow, Röpke, Müller-Armack, die in der soziologischen Tradition der Kapitalismuskritik eines Max

Weber oder Werner Sombart dachten), machten aus Sicht der Ordoliberalen eine über die Wettbewerbspolitik hinausgehende soziale Politik notwendig. Zu den Aufgaben des Staates in der Sozialen Marktwirtschaft gehören deshalb auch Interventionen zur Linderung der schädlichen und zerstörerischen Auswirkungen des Wettbewerbs: Der ordoliberale Staat bekommt deshalb vor allem die Aufgabe zugesprochen, die gesellschaftliche Werte- und Moralstruktur wie die Familie als Basis der Gesellschaft zu schützen. Ordoliberale Sozialpolitik ist vor allem Werte- und Familienpolitik, welche die Unabhängigkeit und Selbstständigkeit der Familie unterstützt, was sich auch im Grundgesetz niedergeschlagen hat: Die Sozialstaatsbestimmung erfolgt als inhaltsleere abstrakte Zielbestimmung und die Familie bleibt die zu schützende (als „staatsfrei" definierte) Keimzelle der Gesellschaft.

Im Subsidiaritätsstreit der 60er Jahre wurde von politischer Seite noch einmal die Theorie gegen die Praxis in Stellung gebracht. Der Subsidiaritätsstreit, ein von der Sozialdemokratie angefachter Konflikt angesichts des von ihr befürchteten sozialpolitischen Bedeutungsverlustes staatlicher und kommunaler Ebenen zugunsten der freien Wohlfahrtspflege, war ein von der CDU ideologisch geführter Kampf durch Rückbesinnung auf ihre Grundwerte. Die Kirchen konnten sich in dieser Auseinandersetzung zurückhalten, da das neu verfasste Subsidiaritätsprinzip des BSHG und JWG ihren Interessen entsprach.

Der ideologisch aufgeladene Subsidiaritätsstreit wurde 1967 vom Bundesverfassungsgericht entschieden und als mit dem Sozialstaatsauftrag des Grundgesetzes vereinbar eingestuft: Der Sozialstaatsauftrag besagt nicht, dass alle Leistungen durch den Staat selber zu erbringen sind, er kann sich bei der Erfüllung dieses Auftrages auch Dritter bedienen, was dem verwaltungsrechtlichen Grundsatz der Wirtschaftlichkeit entspricht. Die dem Subsidiaritätsprinzip zugrunde liegende Arbeitsteilung sei vernünftig, da so „eine möglichst wirtschaftliche Verwendung der zur Verfügung stehenden öffentlichen und privaten Mittel sichergestellt" werden kann; auch habe sich die „Zusammenarbeit von Staat und freien Verbänden" seit Jahrzehnten bewährt, urteilte das Bundesverfassungsgericht (zit. bei Münder 1998: 4). Wie schon zur Weimarer Zeit ist das Subsidiaritätsprinzip seitdem auch für die Bundesrepublik prägend für das korporatistische Zusammenwirken von öffentlichen und freien Trägern der Wohlfahrtspflege.

Von Bedeutung ist der vom Bundesverfassungsgericht geprägte Begriff der *partnerschaftlichen Zusammenarbeit*, ein zur Klärung des Subsidiaritätsstreites zwischen Kommunen und kirchlichen Wohlfahrtsverbänden Ende der 1960er Jahre bemühter Begriff, der klarstellen sollte, dass der Sozialgesetzgeber mit dem im BSHG und im JWG formulierten Subsidiaritätsprinzip eine Finanzierungspflicht des öffentlichen Trägers für soziale Dienste in freier Trägerschaft festgeschrieben, gleichzeitig aber auch einen Vorrang freier Träger bei der Erbringung dieser Dienste intendiert hat. Das Bundesverfassungsgericht interpretierte das Subsidiaritätsprinzip in seiner damaligen Fassung als bedingten Vorrang freier Träger bei der Erstellung und Erbringung sozialer Dienste und als bedingte Funktionssperre für den öffentlichen Träger. Durch die Einführung der partnerschaftlichen Zusammenarbeit hat das Bundesverfassungsgericht dem Subsidiaritätsprinzip noch einmal eine erweiterte und veränderte Bedeutung gegeben, die in der weiteren sozialpolitischen Entwicklung (trotz späterer sozialgesetzlicher Verankerung in § 17 SGB I) sich praktisch nicht mehr entfalten konnte. Das Urteil des Bundesverfassungsgerichts markiert – rückblickend betrachtet – nicht den Neubeginn einer Zusammenarbeit auf Augenhöhe von öffentlicher und freier Wohlfahrtspflege, als vielmehr den schleichenden Beginn einer zunehmenden Verstaatlichung von Sozial- und Jugendhilfe (Sachße 1990, 1995), d. h. einer seitdem beobachtbaren wachsenden Einbindung der freien Träger in einen immer umfassender werdenden öffentlichen Planungsprozess. Verstaatlichung meint, dass entgegen der Auslegung des Subsidiaritätsprinzips durch das Bundesverfassungsgericht Betrieb und Förderung von Einrichtungen und Diensten zunehmend von öffentlichen Vorgaben abhängig und der Gestaltungsspielraum der freien Träger durch bürokratische Regelungen eingeschränkt wurden, eine Entwicklung, die schon die Sozialpolitik der Weimarer Republik gekennzeichnet hat. Das Subsidiaritätsprinzip ist aufgrund der den wohlfahrtsstaatlichen Arrangements innewohnenden Eigendynamik schnell wieder zu einem wohlfahrtsstaatlichen Ordnungsprinzip geworden; es ist seit den 1970er Jahren durch eine Vielzahl gesetzlicher (Neu-)Regelungen weiterentwickelt worden, und zwar zugunsten der vom Bundesverfassungsgericht den Kommunen zugestandenen *Gewährleistungsfunktion*, die als Gesamtverantwortung beschrieben wurde und sich von der Planungs- bis zur Letztverantwortung erstreckt. Die vom Bundesverfassungsgericht hervorgehobene öffentliche Gesamtverantwortung erwies sich letztlich als Einfallstor für zunehmende Verstaatlichungstendenzen in der Wohlfahrtspflege. Die gesetzlichen Regelungen seit Beginn der 1970er Jahre verdeutlichen, dass das Subsidiaritätsprinzip schrittweise seiner originären katholisch-ständischen Ordnungsfunktion zur Absicherung der Eigenständigkeit und der Selbstbestimmungsrechte freier Träger und der von ihnen beschäftigten Fachkräfte verlustig ging – zugunsten der Stärkung staatlicher Planungs- und Steuerungsrechte. Aber auch der Ausbau kommunal getragener Einrichtungen ging – entgegen den ursprünglichen Befürchtungen der sozialdemokratischen Klageführer – weiter: Der Bestand an Plätzen und Einrichtungen in kommunalen Einrichtungen ist bis in die 1980er Jahre kontinuierlich gestiegen (vgl. Sachße 1990: 37), ein Trend, der sich erst in jüngster Zeit umgekehrt hat, seitdem die Sozialpolitik eine nochmalige Wendung genommen hat.

Subsidiarität im Gewährleistungsstaat: Auftraggeber-Auftragnehmer-Beziehung in der Sozialwirtschaft

Fasst man die Entwicklungen in den europäischen Wohlfahrtsstaaten seit den 1990er Jahren ins Auge, dann lassen sich seit einigen Jahren Konturen eines neuen Leitbilds für die *Modernisierung* des alten Wohlfahrtsstaates erkennen. In Europa hat sich unter sozialdemokratischer Federführung eine „Politik des Dritten Weges" (Giddens) zur Reform des Wohlfahrtsstaates entwickelt. In Staat und Gesellschaft werden auf verschiedensten Ebenen Markt- und Wettbewerbselemente eingebaut, um deren Effizienz angesichts der Globalisierung zu steigern; der Um- und Rückbau des Sozialstaats findet dabei unter der Losung statt, dass in Zeiten der Globalisierung bzw. Europäisierung der Sozialstaat auch weiterhin zur Sicherung des gesellschaftlichen Zusammenhalts gebraucht wird; aus Wettbewerbsgründen mit anderen Wirtschaftsstandorten dieser Welt müssten aber Leistungstiefe und Finanzierung neu organisiert werden. Durch angebotsorientierte Politik soll die Wirtschaft für den globalisierten Wettbewerb gestärkt werden; durch präventive wie durch kompensatorische Sozial-, Familien- und Bildungspolitik soll auf der anderen Seite der Bürger dazu befähigt werden, (wieder) aktiv am Marktgeschehen teilzunehmen. Der Staat investiert – so sein heutiges Selbstbild – in die *employability* (Beschäftigungsfähigkeit) seiner Bürger und Sozialtransfers werden zu Sozialinvestitionen, die den *re-entry* in den Arbeitsmarkt fördern, statt den Konsum (Priddat 2000, 2003; Streeck 1998). Andererseits will der neue Sozialstaat auch diejenigen aktivieren, die nicht (mehr) am Wirtschaftsleben teilnehmen und sie wieder dem Arbeitsmarkt zuführen; Zielgruppen der neuen Aktivierungspolitik sind vor allem Arbeitslose und Sozialhilfebezieher (Lødemel/Trickey 2001; Hilkert/Leisering 2001). Dieser neue Typus von Sozialpolitik hat sich mittlerweile in Europa parteiübergreifend durchgesetzt, nicht zuletzt, weil die EU im Zuge der „Europäischen Beschäftigungsstrategie" Aktivierung und Sozialinvestition zu den zentralen Leitprinzipien sozialstaatlichen Handelns erhoben und in verschiedenen Programmen festgeschrieben hat.

   Der Umbau des alten Sozialstaates, den die Sozialdemokratie eingeleitet hat und bis heute forciert betreibt, erfolgt grob zusammengefasst folgende Ziele: Man will
– die Selbstregulierungskräfte der Gesellschaft stärken;

- Ehrenamt, Bürgerengagement und Gemeinwohlorientierung fördern;
- die Eigenverantwortung des Einzelnen aktivieren und stärken, um ihn so an seine Pflichten zu erinnern;
- Bürgerbeteiligungsrechte an politischen und administrativen Entscheidungen weiterentwickeln;
- effizientes Verwaltungshandeln und Verwaltungsorganisation durch Wettbewerb und Leistungsvergleiche befördern;
- ein neues Prinzip der Verantwortungsteilung etablieren, das den Staat zum Moderator und Impulsgeber der gesellschaftlichen Entwicklung macht, der mit staatlichen, halbstaatlichen und privaten Akteuren kooperiert, um gemeinsame Ziele zu erreichen.

Durch diese überall in Europa zu beobachtenden Umsteuerungsmaßnahmen soll der alte Sozialstaat zum einen erneuert (so die offizielle Version), aber vor allem so umgebaut werden, dass es zu einer ganz neuen Beziehung von Staat und Bürger kommt. Bei uns ist zur Bezeichnung dieses neuen Typs von Sozialstaat der Name *aktivierender Staat* gebräuchlich geworden. Ein aktivierender Staat soll nur noch Kernaufgaben erledigen und andere, bislang öffentlich erbrachte Aufgaben, durch Dritte erledigen lassen. Der Abbau der Leistungstiefe steht auf dem Programm wie der Umbau des Leistungsstaats zum *Gewährleistungsstaat* (vgl. Schuppert 2000: 933ff.); d.h., der Staat will zwar sicherstellen, dass wichtige Aufgaben wahrgenommen werden, nur nicht von ihm selbst auch durchgeführt und finanziert werden müssen (Dahme/Wohlfahrt 2005; Dahme u. a. 2003; Dahme/Kühnlein/Wohlfahrt 2005). Die Neuordnung der sozialstaatlichen Grundlagen erfolgt wiederum unter Zuhilfenahme des Subsidiaritätsprinzips, wobei sich auch diesmal eine Metamorphose des Subsidiaritätsprinzips erkennen lässt: Wieder mal ist ein Bedeutungswandel registrierbar, der aber auch Bestandteile der alten Bedeutung beibehält. Das Neue des Subsidiaritätsprinzip liegt heute in seiner Ausweitung unter dem Primat der Aktivierung, was umfasst, dass Eigenverantwortung und Selbstaktivierung nicht erwartet, sondern gefordert und (falls notwendig: mit Zwang) durchgesetzt werden, eine dem Subsidiaritätsprinzip bislang fremde Dimension. Fremd deshalb, weil es anfänglich als Abwehrmechanismus gegenüber staatlichen Vorschriften und Interventionen verstanden wurde.

Vor allem in der Organisation und Finanzierung der Wohlfahrtspflege verschieben sich im Namen des neuen Subsidiaritätsverständnisses die Koordinaten stark. Die duale Struktur der Wohlfahrtspflege war im Zuge der zunehmenden Verstaatlichung der Sozial- und Jugendhilfe seit den 1970er Jahren schon fragil geworden. Unter dem Stichwort „Neue Subsidiarität" wurde zu Beginn der 1980er Jahre über Selbsthilfeorganisationen und neue soziale Bewegungen diskutiert, die anfänglich die Dominanz der Wohlfahrtsverbände aufzubrechen schienen, letztendlich von dieser aber weitgehend aufgesogen und in die Organisationsstrukturen integriert wurden (vgl. Heinze/Olk 1981; Münder 1998: 5). Lediglich Verbände wie der Paritätische oder die Behindertenselbsthilfe haben hiervon nachhaltig profitiert, da sie ihre Erfolgsgeschichte weitgehend dem Aufschwung der ursprünglich verbandsunabhängigen Selbsthilfe zu verdanken haben.

Seitdem die Wohlfahrtspflege (seit etwa Mitte der 1990er Jahre) in einen wettbewerblichen Ordnungsrahmen eingepasst wurde, ist die duale Struktur, das alte Wohlfahrtsregime, nur oberflächlich noch als duale Struktur erkennbar. Das mittlerweile (fast) flächendeckend praktizierte Kontraktmanagement hat die private Wohlfahrtspflege weitgehend von staatlichen bzw. kommunalen Vorgaben abhängig gemacht: Berichtswesen, Controlling, Evaluation, Qualitätsmanagement, Wirkungsorientierung, jeder dieser neuen sozialstaatlichen Steuerungsbausteine lässt die private Wohlfahrtspflege nicht nur wie den verlängerten Arm des neuen Sozialstaats erscheinen, sondern vielfach auch so agieren. An die Stelle des lange gepflegten Prinzips der partnerschaftlichen Zusammenarbeit treten mehr und mehr Auftraggeber-Auftragnehmer-Verhältnisse.

Die Weiterentwicklung des Kontraktmanagements durch das *Strategische Management* hat die duale Struktur in der Wohlfahrtspflege noch weiter erodieren lassen. Strategisches Management, aber auch das dabei verfolgte Konzepte der *Bürgerkommune*, sind nicht nur Versuche der Kommunen, sozialpolitische Steuerungsfähigkeit zurück zu gewinnen, sondern kommunale Ansätze, die sozialpolitischen Aktivitäten der Bürger wie auch die Arbeit der organisierten Wohlfahrtspflege als kommunale Ressourcen strategisch zu nutzen, um sie in eine sozialpolitische kommunale Gesamtstrategie einzubinden. Strategisches Management (vgl. Heinz 2000) soll deshalb vor allem die als dysfunktional bezeichneten Folgen einer lediglich outputorientierten Steuerung (Verselbstständigungstendenzen, Qualitätsprobleme, Verlust des Gemeinwohlbezugs, Vernachlässigung „bösartiger" Probleme u. ä.; vgl. z. B. Naschold/Bogumil 2000) dadurch überwinden, dass auf der Basis eines normativen Managements Visionen und ein verbindliches Organisationsleitbild entwickelt werden, durch das sowohl strategische wie operative Ziele und eine langfristige Ergebnis- und Wirkungsorientierung hergestellt werden. Ergebnissteuerung im Rahmen eines strategischen Managements geschieht durch (indirekte) Kontextsteuerung, die sich durch produkt- und bereichsübergreifendes Handeln innerhalb der Verwaltung wie auch durch strategische Kooperationen zwischen öffentlichen und privaten Akteuren auszeichnet. Zentrale Aufgabenstellung des strategischen Managements ist die Beantwortung der Frage, welche Aufgaben öffentlich überhaupt wahrgenommen werden sollen und welche davon prioritär unter Berücksichtigung zur Verfügung stehender Ressourcen bearbeitet werden sollen.

Betrachtet man einmal das Instrument des *Strategischen Controlling* etwas genauer, dann versteht man die gegenwärtige grundlegende Veränderung des Subsidiaritätsprinzips besser: Der parteiübergreifende Konsens, im sozialpolitischen Bereich zentralstaatliche Leistungen und Leistungsstandards abzubauen, zwingt die Kommunen, zunehmend auch zur Festlegung kommunaler Versorgungsstandards. Das Strategische Controlling soll dazu beitragen, dass es zu einer Effektivitäts- und Effizienzsteigerung im gesamten kommunalen sozialpolitischen Handeln kommt. Es besteht vor allem aus Informations- und Beobachtungsinstrumenten, die frühzeitig sozial- und gesellschaftspolitisch relevante Entwicklungen erfassen und prognostizieren sollen, um Handlungsoptionen zu entwickeln und Fehlentwicklungen vorzubeugen. Das Leitmotiv des strategischen Controllings lautet deshalb etwas lapidar: *„doing the right things"*. Kernaufgabe des strategischen Controllings ist die Beschaffung, Bereitstellung und Analyse strategisch relevanter Informationen. „Damit sollen erstens die Position der Stadt im nationalen und ebenfalls europäischen Kontext, insbesondere im Hinblick auf die ökonomische und soziale Lage, beurteilt werden. Zweitens werden Informationen über relevante intrakommunale und intraregionale demographische, soziale, ökonomische und ökologische Entwicklungsprozesse erarbeitet sowie drittens globale gesellschaftliche, soziale, ökonomische und rechtliche Entwicklungsprozesse mit mittel- und langfristigen Auswirkungen auf die Stadtentwicklung dargestellt" (Richter 1998: 352). Die Verstaatlichungstendenzen in der Wohlfahrtspflege verstärken sich, denn die Träger der privaten Wohlfahrtspflege werden durch diese Entwicklung – stärker als zuvor – wie eine Zulieferstruktur der fokal agierenden Sozialpolitik behandelt. Der Gesetzgeber spricht schon seit einiger Zeit von den Leistungserbringern im sozialen Dienstleistungsbereich und macht keinen Unterschied zwischen Kirchen und frei-gemeinnützigen Wohlfahrtsverbänden und der anwachsenden Anzahl privat-gewerblicher Anbieter.

Kontraktmanagement und Strategisches Management sind nicht ohne Auswirkungen auf die Leistungserbringer in den Sozialen Diensten geblieben: Neue wettbewerbsorientierte lokale Finanzierungsregeln, ein umfängliches Berichtswesen, die Einführung von Qualitätsmanagementsystemen in ihren Einrichtungen, ein verschärfter Kostenwettbewerb unter den Leistungserbringern und als Folge davon neue Entlohnungsregeln für die Mitarbeiter und Mitarbeiterinnen der Leistungserbringer u. ä. haben sich im sozialen Dienstleistungssektor mittlerweile flächendeckend etabliert und verändern nicht nur das Verhältnis zwischen Kostenträgern und Leistungserbringern, sondern haben auch gravierende Auswirkungen auf die Organisation der Arbeit bei den Leistungserbringern selbst (vgl. Dahme/Kühnlein/Wohlfahrt 2005), deren Organisationsformen und Strukturen der Arbeitserledigung sich – trotz angeblicher Werteorientierung – immer ähnlicher werden. *„Structure follows function"* (Manderscheid 2005: 178), so könnte man die durch die neue Sozialpolitik und Steuerungsphilosophie ausgelöste Nivellierung der Leistungserbringung und -organisation beschreiben. Die vormals werteorientierten Wohlfahrtsverbände verlieren in der Konkurrenz mit privat-gewerblichen Anbietern ihre Multifunktionalität (also: Dienstleistungs-, advokatorische wie auch Gemeinwohlfunktion), was zur Differenzierung zwischen Idealverein und Betrieb und zu Konflikten zwischen Vereins– und Verbandslogik führt. Leistungskontrollen, wirkungsorientierte Entgelte, Evaluation und Controlling im Rahmen des kommunalen Strategischen Managements stärken merklich die öffentlichen Träger und verstärken den vom Kontraktmanagement eingeleiteten Prozess, das Verhältnis von öffentlichen und privaten Trägern durch die Etablierung eines Monitoring des Leistungsgeschehens zu transformieren.

Auch wenn die sozialwirtschaftliche Revolution das Handeln der Verbände nachhaltig verändert, bleiben auch im wettbewerblich organisierten Sozialsektor Elemente des Subsidiaritätsprinzips erhalten, manche werden sogar verstärkt. Der Grundsatz, dass die Gesellschaft an erster Stelle die ihr aufgezwungenen sozialen Schädigungen kompensieren soll, zieht sich durch alle Veränderungen des Subsidiaritätsgedankens. Gegenwärtig wird er vor allem dahingehend akzentuiert, dass der Bürger selbst durch Engagement, Mitwirkung an der sozialen Dienstleistungserbringung und gemeinnützige Tätigkeit gefordert ist, sozialpolitisch Wirksames auf die Beine zu stellen. Die Metamorphosen des ordnungspolitischen Subsidiaritätsgedankens erscheinen zwar als „fundamentale Umwälzungen", sind aber nie absolute Neuerungen, sondern immer wieder Varianten ein und desselben Gedankens. In jeder Metamorphose ordnet der Wohlfahrtsstaat seinen Leistungsumfang und seine Leistungstiefe und (re-)definiert dabei in regelmäßigen Abständen die jeweilige Rolle, die er den Bürgerinnen und Bürgern zuerkennt, neu. Kalle Boeßenecker hat diese Veränderungen des Subsidiaritätsprinzips in den vergangenen Jahren genau beobachtet und kommentiert. Dabei hat er in den letzten Jahren immer wieder kritisch auf die zurückhaltende Reaktion der Sozialverbände mit Blick auf die sozialwirtschaftlichen Veränderungen hingewiesen. Die Metamorphosen des Subsidiaritätsprinzips verdeutlichen die ordnungspolitische Kontinuität des deutschen Sozialstaatsmodells und sind in diesem Sinne auch ein Stück

Geschichte der privaten und gemeinnützigen Wohlfahrtspflege in Deutschland, mit deren Entwicklung sich Kalle Boeßenecker so intensiv beschäftigt hat.

Literatur

Abelshauser, W. (Hrsg.) (1987): Die Weimarer Republik als Wohlfahrtsstaat. Stuttgart.

Abelshauser, W. (2004): Deutsche Wirtschaftsgeschichte seit 1945. München.

Backhaus-Maul, H./Olk, Th. (1994): Von Subsidiarität zu „outcontracting". Zum Wandel der Beziehungen von Staat und Wohlfahrtsverbänden in der Sozialpolitik. In: Streeck, W. (Hrsg.): Staat und Verbände. Opladen, S. 100–135.

Boeßenecker, K.-H. (2005): Spitzenverbände der Freien Wohlfahrtspflege. Eine Einführung in Organisationsstrukturen und Handlungsfelder der deutschen Wohlfahrtsverbände. Neuausgabe. Weinheim.

Castel, R. (2000): Die Metamorphosen der sozialen Frage. Eine Chronik der Lohnarbeit. Konstanz.

Dahme, H.-J./Otto, H.-U./Trube, A./Wohlfahrt, N. (Hrsg.) (2003): Soziale Arbeit für den aktivierenden Staat. Opladen.

Dahme, H.-J./Wohlfahrt, N. (Hrsg.) (2005): Aktivierende Soziale Arbeit. Baltmannsweiler.

Dahme, H.-J./Kühnlein, G./Wohlfahrt, N. (2005): Zwischen Wettbewerb und Subsidiarität, Wohlfahrtsverbände unterwegs in die Sozialwirtschaft. Berlin.

Esping-Anderson, G. et. al. (2003): Why We Need a New Welfare State? Oxford (UK).

Heinz, R. (2000): Kommunales Management. Überlegungen zu einem KGSt-Ansatz. Stuttgart.

Heinze, R. G./Olk, Th. (1981): Die Wohlfahrtsverbände im System sozialer Dienstleistungsproduktion. Zur Entstehung und Struktur der bundesrepublikanischen Verbändewohlfahrt. In: Kölner Zeitschrift für Soziologie und Sozialpsychologie 33. S. 94–114.

Hilkert, B./Leisering, L. (2001): „New Britain", „New Labour", „New Deal". Innovation oder Rhetorik? Das Beispiel aktivierender Sozialhilfepolitik unter Blair. In: Stelzer-Orthofer, Ch. (Hrsg.): Zwischen Welfare und Workfare. Soziale Leistungen in der Diskussion. Linz.

Kaiser, J.-Ch. (1993): Freie Wohlfahrtsverbände im Kaiserreich und in der Weimarer Republik. In: Westfälische Forschungen 43. S. 2–57.

Lødemel, I./Trickey, H. (2001): Ein neuer Vertrag für Sozialhilfe. In: Stelzer-Orthofer, Ch. (Hrsg.). Zwischen Welfare und Workfare. Soziale Leistungen in der Diskussion. Linz.

Manderscheid, H. (2005): Wie wirken sich Markt und Wettbewerb auf Selbst- und Fremdbild, auf Aufbau- und Ablaufstrukturen verbandlicher Caritas aus? Beobachtungen und Anmerkungen aus der Praxis. In: Gabriel, K./Ritter, K. (Hrsg.): Solidarität und Markt. Die Rolle der kirchlichen Diakonie im modernen Sozialstaat. Freiburg/Br.. S. 178–191.

Matthes, J. (1964): Gesellschaftspolitische Konzeptionen im Sozialhilferecht. Zur soziologischen Kritik der neuen deutschen Sozialhilfegesetzgebung 1961. Stuttgart.

Münder, J. (1998): Von der Subsidiarität über den Korporatismus zum Markt? In: neue praxis, H. 1/98. S. 3 – 12.

Naschold B./Bogumil, J. (2000): Modernisierung des Staates. New Public Management in deutscher und internationaler Perspektive (2. Auflage). Opladen.

Nell-Breuning, O. v. (1976): Das Subsidiaritätsprinzip. In: Münder, J./ Kreft D. (Hrsg.) (1990): Subsidiarität heute. Münster. S. 173 – 184.

Nolte, P. (2000): Die Ordnung der deutschen Gesellschaft. Selbstentwurf und Selbstbeschreibung im 20. Jahrhundert. München.

Priddat, B. (2000): Soziale Diversität. Skizze zur Zukunft des Sozialstaates. In: Hildemann, K.D. (Hrsg.): Abschied vom Versorgungsstaat? Erneuerung sozialer Verantwortung zwischen Individualisierung, Markt und bürgerschaftlichem Engagement. Institut für interdisziplinäre und angewandte Diakoniewissenschaft. Universität Bonn.

Priddat, B. (2003): Umverteilung. Von der Ausgleichssubvention zur Sozialinvestition. In: Lessenich, St. (Hrsg.): Wohlfahrtsstaatliche Grundbegriffe. Historische und aktuelle Diskurse. Frankfurt/M..

Rendtorff, T. (1962): Kritische Erwägungen zum Subsidiaritätsprinzip. In: Münder, J./ Kreft D. (Hrsg.) (1990): Subsidiarität heute. Münster. S. 185 – 210.

Richter, W. (1998): Controlling und Berichtswesen. In: Blanke, B. u. a. (Hrsg.): Handbuch zur Verwaltungsreform. Opladen. S. 347–356.

Sachße, Ch. (1990): Zur aktuellen Bedeutung des Subsidiaritätsstreits der 60er Jahre. In: Münder, J./Kreft D. (Hrsg.): Subsidiarität heute. Münster 1990. S. 32 – 43.

Sachße, Ch. (1995): Verein, Verband und Wohlfahrtsstaat: Entstehung und Entwicklung der „dualen" Wohlfahrtspflege. In: Rauschenbach Th. u. a. (Hrsg.): Von der Wertegemeinschaft zum Dienstleistungsunternehmen. Jugend- und Wohlfahrtsverbände im Umbruch. Frankfurt/M.. S. 123 – 149.

Sachße, Ch./Tennstedt, F. (1988): Geschichte der Armenfürsorge in Deutschland. Bd. 2: Fürsorge und Wohlfahrtspflege 1871 bis 1929. Stuttgart.

Schuppert, G. F. (2000): Verwaltungswissenschaft. Verwaltung, Verwaltungsrecht, Verwaltungslehre. Baden-Baden.

Streeck, W. (1998): Einleitung: Internationale Wirtschaft, nationale Demokratie? In: Streeck, W. (Hrsg.): Internationale Wirtschaft, nationale Demokratie. Herausforderungen für die Demokratietheorie. Frankfurt/M..

Ein vergessener Pionier –
Walter A. Friedländers Beiträge zu Jugendhilfereform und Professionsentwicklung Sozialer Arbeit. [1]

Martin Biebricher

Vorbemerkung

Wohlfahrtsverbändeforschung, Sozialmanagement, Qualitätskonzepte und Qualitätsentwicklung, neue Trägerstrukturen – diese Themen bestimmen den (Forschungs-)Alltag von Karl-Heinz Boeßenecker. Seine beruflichen Wurzeln liegen jedoch in der „klassischen" Sozialarbeit. Nach einer Verwaltungslehre und dem Sozialarbeitsstudium an den Fachhochschulen in Hannover und Bielefeld folgten Stationen in der Jugendförderung, in der außerschulischen Jugend- und Erwachsenenbildung und in der Gemeinwesensarbeit. Ein Buch prägte „seine" Sozialarbeitergeneration besonders: Es gab in den 1960er und 1970er Jahren wohl kaum Absolventen der Höheren Fachschulen oder Fachhochschulen für Sozialarbeit, die die von Walter A. Friedländer (in der deutschsprachigen Ausgabe gemeinsam mit Hans Pfaffenberger) herausgegebenen „Grundbegriffe und Methoden der Sozialarbeit" (1966) nicht kannten.

Heute dagegen ist Walter A. Friedländer in der Praxis Sozialer Arbeit wie in den wissenschaftlichen Methodendebatten weitgehend in Vergessenheit geraten. Einzig in historisch geprägten Diskursen zu den Entwicklungslinien Sozialer Arbeit taucht sein Name gelegentlich auf. Verglichen mit anderen zentra-

---

[1] Wo immer möglich und sinnvoll, werden im Folgenden die Begriffe Sozialarbeit und Sozialpädagogik synonym verwendet, wobei der Terminus „Soziale Arbeit" gewissermaßen als Oberbegriff fungiert. Dies geschieht im Wissen um die sozial- und ideengeschichtlichen Entwicklungslinien, die zu der im deutschen Sprachraum lange verbreiteten Unterscheidung der Begriffe Sozialarbeit und Sozialpädagogik geführt haben. Bereits Walter Friedländer selbst hat die Begriffe Sozialarbeit, Sozialpädagogik und Soziale Arbeit weitgehend synonym verwendet und sich stets gegen eine durch die Begrifflichkeit implizierte Trennung des Gesamtbereichs Soziale Arbeit in Einzeldisziplinen ausgesprochen.

len Persönlichkeiten der Profession führt Friedländers Biographie jedoch auch in der historischen Forschung ein Schattendasein.

Bei näherer Betrachtung von Leben und Werk Friedländers ist dies erstaunlich: So war Walter A. Friedländer ab 1921 als Jugendamtsleiter im Berliner Bezirk Prenzlauer Berg ein wichtiger Geburtshelfer der mit dem Reichsjugendwohlfahrtsgesetz von 1922 beziehungsweise 1924 einhergehenden Professionalisierung und Institutionalisierung der modernen Jugendhilfe. Auch hat er, geprägt von seiner Herkunft aus der Friedens- und Arbeiterjugendbewegung, in den Folgejahren zahlreiche Reformvorhaben in der Jugendhilfe angestoßen und/oder begleitet. Später leistete Friedländer (mittlerweile Professor of Social Welfare an der Universität von Kalifornien in Berkeley) mit der Herausgabe des Lehrbuchs „Concepts and Methods of Social Work" einen wesentlichen Beitrag zum (Wieder-)Aufbau und zur Professionalisierung der Sozialen Arbeit in Deutschland nach der Nazidiktatur und Zweitem Weltkrieg. Spätestens seit der Vorlage der deutschen Übersetzung seiner „Concepts and Methods of Social Work" im Jahr 1966 gehörte die begriffliche Dreifaltigkeit der sozialarbeiterischen Grundmethoden – Einzel(fall)hilfe („Social Casework"), Gruppenarbeit („Social Group Work") und Gemeinwesenarbeit („Social Community Organization") – zum Standard in Studium und Praxis Sozialer Arbeit.

Heute sind diese Grundmethoden offenbar so sehr Common Sense der Profession, dass eine vertiefte Auseinandersetzung mit ihrer Herkunft und ihren wichtigsten Vertretern in Lehre, Forschung und wissenschaftlichem Diskurs nur noch selten stattfindet. Man hat vielmehr den Eindruck, die permanente Rezeption einer Vielzahl der sich mittlerweile aus diesen drei grundlegenden Methoden herausentwickelten und -entwickelnden weiterführenden Ansätze versperrt gelegentlich den Blick auf das elementare Set sozialarbeiterischer Grundbegriffe. Die aktuellen Diskurse rund um den Begriff des Casemanagements sind dafür sicher nur ein Beispiel unter vielen.

Für Karl-Heinz Boeßenecker waren und blieben Friedländers „Grundbegriffe und Methoden der Sozialarbeit" und sein Wirken als Verwaltungs- und Professionsreformer aber prägend. Als es in den Jahren 1999 und 2000 daran ging, einen von der Stadt Düsseldorf für herausragende Examensarbeiten gestifteten Preis zu benennen, stand der Name des Preises schnell fest: Der neue Düsseldorfer Diplomandenpreis wurde auf den Vorschlag von Karl-Heinz Boeßenecker „Walter A. Friedländer-Preis" getauft. Die Biographie Friedländers bietet zwar kaum Berührungspunkte zur Düsseldorfer Sozial- und Jugendhilfeszene, doch illustriert die Wahl des Preisnamens eine wesentliche Traditionslinie der Düsseldorfer Fachhochschule: Bevor die dort angebotenen Studiengänge in Sozialer Arbeit 1971 aus der Höheren Fachschule für Sozialarbeit und Sozialpädagogik der Arbeiterwohlfahrt im Düsseldorfer „Marie-Juchacz-Haus" in die neugegründete staatliche Fachhochschule überführt wurden, stand die dortige Ausbildung in Sozialer Arbeit in der Tradition der 1948 als Seminar für Sozialberufe wieder gegründeten Wohlfahrtsschule der Arbeiterwohlfahrt. [2] Dieses Seminar wiederum verstand sich als direkte Nachfolgeeinrichtung der 1933 geschlossenen AWO-Wohlfahrtsschule in Berlin, die 1928 von Hedwig Wachenheim, Walter A. Friedländer und anderen begründet worden war (vgl. Merten 2002: 14ff.).

Schon während der Konzeption des „Walter A. Friedländer-Preises" zeigte sich allerdings, dass der (Fach-)Öffentlichkeit nur wenig über Leben und Werk Friedländers bekannt ist. Zwar liegt seit 1987 eine Dissertation der britischen Historikerin Elizabeth Harvey zu seiner Zeit als Jugendamtsleiter im Berliner Bezirk Prenzlauer Berg während der Jahre 1921 bis 1933 vor (Harvey 1987) [3]. Darüber hinaus veröffentlichte der Historiker Karl-Heinz Füssl 2004 eine Studie, in der er unter anderem anhand von Friedländers Biographie die Entwicklungslinien des deutsch-amerikanischen Kulturaustausches im 20. Jahrhundert nachzeichnet (Füssl 2004). In der Fachdebatte der Sozialen Arbeit beschränken sich die bislang vorliegenden Abhandlungen zu historischen Entwicklungslinien und zur Professionsgeschichte Sozialer Arbeit aber zumeist nur auf eine randnotizenartige Nennung seines Namens, während andere Akteurinnen und Akteure aus Friedländers Zeit einen deutlich breiteren Raum einnehmen. Dies verwundert umso mehr, als dass Walter A. Friedländer selbst bereits 1982 in einem kurzen autobiographischen Beitrag zu den Pongratzschen „Pädagogik in Selbstdarstellungen"-Bänden spannend wie anschaulich über sein Leben, seine Arbeit und seine Weggefährtinnen und -gefährten in Wissenschaft, Politik und sozialarbeiterischer Praxis berichtet hat (Friedländer 1982: 58ff.).

Die Forschungslücke war also aufgetan, jedoch gab es damals weder Zeit noch Ressourcen, sich intensiver mit Walter A. Friedländer zu beschäftigen. Acht Jahre später soll hiermit ein erster Versuch dazu gemacht werden.

---

[2]　Wie eng Karl-Heinz Boeßenecker sich selbst der Tradition der AWO-Wohlfahrtsschule in Düsseldorf-Eller und ihrem großen Mentor und Leiter Hans Pfaffenberger verbunden fühlt, mag folgende Anekdote verdeutlichen: In seinem Büro im fünften Stock des Fachhochschulgebäudes auf dem Düsseldorfer Universitätscampus steht eine blaue Couchgarnitur. Diese Couchgarnitur wurde ihm beim Antritt seiner Professur 1991 zunächst übergangsweise zur Verfügung gestellt und sollte einige Zeit später durch eine neue, moderne Sitzgelegenheit ersetzt werden. Es stellte sich jedoch schon bald heraus, dass selbige Couchgarnitur schon im „Marie-Juchacz-Haus" in Düsseldorf-Eller in Hans Pfaffenbergers Büro gestanden hat. Seither hält Karl-Heinz Boeßenecker dieses mittlerweile historische Artefakt in höchsten Ehren und wehrt sich standhaft gegen jegliche Versuche von Mitarbeitern, Hochschulverwaltung oder Kollegen, ihn mit einem zeitgemäßen Möbelstück zu beglücken.

[3]　Diese Arbeit erschien 1991 auch in einer deutschsprachigen Kleinstauflage.

Walter A. Friedländer – Ein Leben für die Soziale Arbeit

Am 20. September 1891 in Berlin geboren, wuchs Walter Andreas Friedländer als „lange ersehntes Wunschkind" (Mindlin 1991: 75) in einem pazifistisch und sozialistisch geprägten Elternhaus mit jüdischem Hintergrund auf. Sein Vater engagierte sich schon im wilhelminischen Kaiserreich als Gründungsmitglied und Schatzmeister der deutschen Friedensgesellschaft. Sein Patenonkel war der Rechtsanwalt und Reichstagsabgeordnete Hugo Haase. Haase wurde nach August Bebels Tod gemeinsam mit Friedrich Ebert Parteivorsitzender der Sozialdemokratischen Partei Deutschlands (SPD), dann 1916/17 Mitbegründer und erster Vorsitzender der Unabhängigen Sozialdemokratischen Partei Deutschlands (USPD). Hugo Haase verstarb am 7. November 1919 an den Folgen eines Attentats vor dem Reichstag. Seine Person und sein Wirken hatten großen Einfluss auf den jungen Friedländer: „Sein Tod erschütterte mich unsagbar. Ich hatte mit ihm nicht nur meinen Paten und Onkel, sondern den teuersten Menschen verloren, der mein Leben am stärksten beeinflusst hat" (Friedländer 1982: 58).

Nach dem Abitur 1909 studierte Walter A. Friedländer an den Universitäten Berlin und München Jura, Soziologie und Philosophie. Bereits während des Studiums übernahm er sogenannte Schutzaufsichten für gefährdete Jugendliche, die er später als Rechtsreferendar auch juristisch vertrat. Darüber hinaus engagierte er sich im Sozialistischen Studentenbund und hatte Kontakte zu Gruppen aus der sozialistischen wie der bürgerlichen Jugendbewegung. Als besonders prägend beschrieb Friedländer jedoch seine Mitarbeit in der Berliner Friedensgesellschaft, zu der er von seinem Vater eingeladen wurde: „[Dort] lernte ich die führenden Pazifisten Deutschlands kennen" (Friedländer 1982: 58). Mit vielen von ihnen arbeitete er später als Jugendhilfereformer und -ausbilder zusammen.

Nach bestandenem juristischem Examen 1914 durchlief Friedländer als Rechtsreferendar verschiedene Ausbildungsstationen. Die Einberufung in den Kriegsdienst 1916 zwang ihn jedoch, die Referendarausbildung immer wieder zu unterbrechen, obgleich er Teile des Referendariats bei Kriegsgerichten in Kriegsgefangenenlagern ableisten konnte. Im Frühjahr 1919 konnte er sein Jurastudium und ein philosophisches Doktorat endgültig abschließen, heiratete im gleichen Jahr seine langjährige Verlobte Li Bergmann und wurde Gerichtsassessor am Jugendgericht des Amtsgerichts Potsdam. Seine Tätigkeit als Jugendrichter gab er jedoch bereits 1920 wieder auf und wurde Rechtsanwalt, um sich stärker politischen Fragen widmen zu können.

In diesem Zusammenhang wurde das Jahr 1917 für Walter A. Friedländers Biographie von besonderer Bedeutung: Nachdem Hugo Haase und 18 weitere Reichstagsabgeordnete im März gegen den Notetat der Reichsregierung und weitere Kriegskredite gestimmt hatten, spaltete sich der linke, pazifistische Flügel der SPD im deutschen Reichstag von der Fraktion ab und gründete im April 1917 die USPD. Hugo Haase wurde Vorsitzender der USPD, sein Neffe Walter etwa um diese Zeit Parteimitglied. Auch nach dem Weltkrieg blieb Friedländer in der USPD und engagierte sich zunächst kommunalpolitisch in seiner Heimat Berlin-Schmargendorf sowie als Mitbegründer der Arbeiterwohlfahrt: Im Dezember 1919 gewann Marie Juchacz den damaligen Jugendrichter Friedländer für eine Mitarbeit im Sachverständigenbeirat des Hauptausschusses für Arbeiterwohlfahrt in der SPD (vgl. Füssl 2004: 150). Dies ist insofern bemerkenswert, als dass „die offizielle Parteilinie der SPD die Integration von Mitgliedern der USPD [zu diesem Zeitpunkt] noch ausschloss" (Schwind 2004: 4). Erst nachdem sich die USPD Ende 1920 spaltete, wechselte Friedländer 1922 gemeinsam mit einem großen Teil der USPD-Mitglieder in die (M)SPD. Der Arbeiterwohlfahrt blieb Friedländer sein Leben lang verbunden; 1969 erhielt er vom Bundesverband der Arbeiterwohlfahrt die „Marie-Juchacz-Plakette" (vgl. Füssl 2004: 150) und bis zu seinem Tod 1984 verfolgte er die Debatten im sozialdemokratischen Wohlfahrtsverband aufmerksam (vgl. beispielhaft Friedländer 1981: 477f.).

Jugendamtsleiter im Muster-Jugendamt Prenzlauer Berg

Die Basis seines weiteren Schaffens legte Friedländer aber noch in der USPD: Im Jahr 1921 trat er für die Unabhängigen Sozialdemokraten ein Mandat als besoldeter Stadtrat im Bezirk Prenzlauer Berg an. Mit seiner Wahl zum Stadtrat übernahm Walter A. Friedländer die Leitung des Jugendamtes Berlin-Prenzlauer Berg und später auch das Dezernat des Wohlfahrtsamtes samt dazugehöriger Fürsorgestellen. In der Folgezeit baute er das Jugendamt zu einem „Muster-Jugendamt aus, in dem sich alle progressiven Bestrebungen der Zwanziger Jahre widerspiegelten" (Müller 2006: 90)." Dabei betätigte Friedländer sich als Verwaltungsreformer, baute (noch heute renommierte) sozialpädagogische Modellprojekte mit auf, beziehungsweise begleitete diese als Vertreter der öffentlichen Jugendhilfe. In der Jugendwohlfahrtspolitik der Weimarer Zeit und in der reichsweiten Umsetzung des neuen Reichsjugendwohlfahrtsgesetztes (RJWG) war Friedländer ebenfalls ein wichtiger Akteur. Darüber hinaus machte er sich einen Namen als Autor zahlreicher Schriften und

Handreichungen zur Jugendwohlfahrt und dem Jugendrecht der Weimarer Zeit.

Mit Friedländers Amtsantritt 1921 als hauptberuflicher Stadtrat war seine Kraft jedoch zunächst in der Reform der Jugendamtsverwaltung im Bezirk Prenzlauer Berg gefordert. Die Überführung der Verwaltung aus den monarchistischen, obrigkeitshörigen und autoritären Strukturen des Wilhelminismus hin zu einer demokratisch kontrollierten und rechtsstaatlich legitimierten republikanischen Behörde war für Friedländer und seine Mitarbeiter eine enorme Herausforderung. Nach der Revolution von 1918/19 war ein großer Teil der Beamten aus der Kaiserzeit von der neuen Stadtverwaltung übernommen worden. Friedländer musste sich beim Aufbau des Jugendamtes zunächst auf zahlreiche dieser alten Kader stützen. Seine ersten Maßnahmen zielten deshalb darauf ab, „den bürokratischen Untertanengeist des in der Fürsorge ungeschulten Personals durch ein modernes Dienstleistungsverständnis zu ersetzen" (Füssl 2004: 152). Dazu schrieb Friedländer in seinen Erinnerungen:

„So musste ich zunächst mit einem Stab von Beamten und Angestellten arbeiten, die in keiner Weise auf eine neue demokratische Verwaltung eingestellt waren. Die Mehrzahl der Amtshandlungen wurde in bürokratischer Weise vorgenommen. Es war notwendig, sie mit einem neuen Geist des Dienstes am Volke und nicht nur für die herrschende Elite zu erfüllen. Fürsorgerische Kräfte waren meist ungeschult und in ungenügender Zahl vorhanden" (Friedländer 1982: 61f.).

Wichtige Unterstützung dabei erfuhr Friedländer durch den von ihm zu seinem Amtsantritt und damit noch vor Inkrafttreten des RJWG eingerichteten Jugendwohlfahrtssausschuss. Diesem gehörten „neben einigen Stadt- und Bezirksverordneten auch die bekannte Malerin Käthe Kollwitz und ihr Mann, Dr. Karl Kollwitz, als ärztlicher Berater" (Friedländer 1982: 61f.) an. Friedländer kannte die Eheleute Kollwitz über seinen Patenonkel Hugo Haase, der mit ihnen noch aus ihrer Königsberger Zeit befreundet war. Aufgabe der Kommission war es, die Leitungsebene des Jugendamtes in allen Fragen der örtlichen Jugendhilfe zu beraten. Aus diesem Gremium ging nach dem Inkrafttreten des RJWG der Jugendwohlfahrtssausschuss als Verwaltungsausschuss des Jugendamtes hervor.

Friedländers Konzept einer modernen Jugendhilfe sah das örtliche Jugendamt als Fachamt für alle Fragen der Jugendwohlfahrt vor, das eigenständig und unbeeinflusst von Gesundheits- und Wohlfahrtsamt alle erzieherisch notwendigen Leistungen für Minderjährige, einschließlich der materiellen und medizinischen Leistungen, koordinieren sollte. Das Jugendamt musste sich also „als öffentliches Organ gegenüber der freien Jugendhilfe, [...] als örtliches

Organ gegenüber überörtlichen Behörden und als spezialisiertes Jugendamt gegenüber den allgemeinen Wohlfahrts- und Gesundheitsbehörden" (Harvey 1991: 46) durchsetzen. Die Leistungen und Einrichtungen des Jugendamtes Prenzlauer Berg entsprachen bereits damals in vielerlei Hinsicht denen eines heutigen SGBVIII-Jugendamtes: Den Kern des Amtes bildete die Familienfürsorge als zentrale Anlauf- und Betreuungsstelle für alle grundsätzlichen jugendfürsorgerischen Fragen. Daneben waren vorbeugende Fürsorgeangebote in Einrichtungen der Säuglingsfürsorge, in Krippen, Kindergärten und Horten vorgesehen. Auch die erste Erziehungsberatungsstelle in Berlin entstand im Jugendamt Prenzlauer Berg (vgl. AGJ/FHSS 1982: 64). Einen weiteren Schwerpunkt bildete die Heilerziehung, welche die bisherige Psychopathenfürsorge für Jugendliche ablösen sollte und auf eine wohnortnahe Betreuung anstatt auf Anstaltsunterbringung setzte. Abgerundet wurde der Leistungskanon des Bezirksjugendamtes Prenzlauer Berg durch Angebote der Jugendsozialarbeit und der Jugendpflege, die schon damals bald unter dem Begriff der Jugendförderung geführt wurde (vgl. AGJ/FHSS 1982: 66). Darüber hinaus war es das erklärte Ziel Friedländers, auch die Fürsorgeerziehung aus der Zuständigkeit des überörtlichen Trägers in die des örtlichen Jugendamtes zu überführen. Damit sollte gewährleistet sein, dass die Verbindung zu den in Heimerziehung lebenden Kindern und Jugendlichen des Bezirks nicht abgebrochen wurde. Gleichzeitig war die Hoffnung damit verbunden, mit sozialpädagogischen Maßnahmen vor Ort die Fürsorgeerziehung zukünftig vermeiden oder verkürzen zu können.

Vor diesem Hintergrund besetzte Friedländer neue Stellen gezielt mit „Personen mit sozialer Ausbildung und sozialer Gesinnung" (Friedländer 1982: 61f.). Die meisten von ihnen waren Frauen, viele stammten aus der Jugend- und/oder Arbeiterbewegung und alle hatten eine psychologische, erziehungswissenschaftliche oder wohlfahrtspflegerische Ausbildung – einen großen Teil seiner neuen Mitarbeiterinnen und Mitarbeiter hat Friedländer selbst an einer der Berliner Wohlfahrtsschulen unterrichtet und rekrutiert (vgl. Harvey 1987: 54). Eine dieser neuen Fachkräfte war die spätere Berliner Senatorin Ella Kay, die von Friedländer in einem Wohlfahrtskurs der neugegründeten Hochschule für Politik und der Arbeiterwohlfahrt ausgebildet worden war. Zusammen mit Ella Kay, der aus Wien stammenden Gertrud Pincus, dem Heilpädagogen Hans Nathanson, Erna Maraun, der von der Jugendbewegung beeinflussten Walburga Geiger und weiteren stieß Friedländer im eigenen Haus zahlreiche Veränderungen an.

Ella Kay kam eine Schlüsselrolle bei der Einführung der Familienfürsorge zu, die heute in ihrer Zuständigkeits- und Organisationsform als Vorläuferin des Allgemeinen Sozialdienstes gelten kann. Die Familienfürsorge wurde nun als zentrale „fallführende" Institution begriffen, die orientiert an einem Hilfeplan alle Leistungen und Maßnahmen für die betreute Familie koordinierte. Damit wurde erstmals in einer deutschen Kommune die lange vorherrschende Zersplitterung der Fürsorge in zahlreiche Einzeldienststellen beendet.

Gertrud Pincus übernahm die Organisation des Krippen-, Hort- und Kindergartenwesens. Im Jugendamt Prenzlauer Berg wurde bereits damals Wert darauf gelegt, dass diese Einrichtungen nicht nur der Betreuung und täglichen Versorgung der Kinder dienten. Friedländers Konzept sah vielmehr vor, dass „die pädagogischen Kindereinrichtungen familiale Defizite des sozial brisanten Arbeiterbezirks [Prenzlauer Berg] kompensieren" (Füssl 2004: 153). Dabei wurden neue Erziehungsmethoden eingesetzt, die denen der bisher bekannten Kindertageseinrichtungen diametral entgegenstanden: Anstatt die meiste Zeit still sitzen zu müssen, durften, ja, sollten die Kinder in den Einrichtungen des Jugendamtes Prenzlauer Berg spielen, malen und musizieren. Gemeinsam mit dem Musikpädagogen Julius Goldstein setzten Pincus und Friedländer neue Akzente zudem in der musikalischen Früherziehung.

Dem an der Heidelberger psychologischen Schule ausgebildeten Hans Nathanson kam die Aufgabe zu, die Betreuung von Kindern und Jugendlichen mit psychischen Störungen aus der diskriminierenden und stigmatisierenden Psychopathenfürsorge in die Heilerziehung zu überführen. Dazu bauten Friedländer und Nathanson Beratungsstellen vor Ort auf und planten Tagesheime, in denen die psychisch erkrankten Kinder und Jugendlichen nach neuesten sozialpädagogischen und psychiatrischen Erkenntnissen betreut wurden. Aus heutiger Perspektive erscheint es mit Blick auf die Debatten rund um die Leistungen des § 35a SGB VIII (Eingliederungshilfe für seelisch behinderte Kinder und Jugendliche) von Interesse, dass dieser Leistungsbereich des Jugendamtes bereits damals besonders umstritten war: „Die relativ teuren und arbeitsintensiven [...] Maßnahmen der Heilerziehung scheinen zumindest die Opposition der älteren Verwaltungsbeamten erregt zu haben. [Dazu die Fürsorgerin] Jeanne Bauer: „Wenn sie das Wort Heilpädagogik hörten, klappten sie die Akte zu" (Harvey 1991: 50).

In der Jugendsozialarbeit und der Jugendpflege setzte das Jugendamt Prenzlauer Berg ebenfalls neue Standards. Ab Mitte der 1920er Jahre wurde das Problem der Jugendarbeitslosigkeit in der Weimarer Republik immer virulenter: Bis 1933 stieg die Zahl der arbeitslosen Jugendlichen in Berlin von 9.000 im Jahr 1926 auf 45.000 an (vgl. Füssl 2004: 156). Unter Friedländers Führung wurde im Bezirk Prenzlauer Berg schon ab 1926 mit dem Aufbau sogenannter Werkheime für erwerbslose Jugendliche begonnen. Die Werkheime waren Tagesheime, in denen elementare Ausbildungsangebote für Jugendliche mit Freizeitangeboten verknüpft wurden und zudem eine Mahlzeit ausgegeben wurde. Oberstes Prinzip dabei war die Freiwilligkeit der teilnehmenden Jugendlichen. Sanktionsmaßnahmen waren gegenüber den meisten Jugendlichen weder möglich, da sie keinerlei Arbeitslosenunterstützung erhielten, noch hielt Friedländer diese für sinnvoll. Allein die Freiwilligkeit ermöglichte den Ausschluss widerwilliger oder störender Teilnehmer, so dass die ohnehin knappen Ressourcen möglichst effizient eingesetzt werden konnten. Die pädagogische Arbeit der Werkheime orientierte sich am Geist der Jugendbewegung. Ein wichtiges Ziel war es, die Jugendlichen trotz aller Heterogenität und wechselnder Gruppenkonstellationen so zu erziehen, dass Zusammengehörigkeitsgefühle, Gruppenbindung und Verantwortung entstehen konnten. Dazu gehörten lebensreformerische Regeln wie Verbote von Tabakkonsum, Alkohol, Kartenspiel und Schundliteratur in den Werkheimen genauso wie „eher populär gestaltete Tanzabende und Filmvorführungen, die das Jugendamt am Samstagabend organisierte, um die Jugend […] den Kneipen und dem Einfluss der berüchtigten Cliquen […] zu entziehen" (Harvey 1991: 55). Die Arbeit in den Werkheimen des Bezirks Prenzlauer Berg war so erfolgreich, dass Friedländer die Heime aufrechterhalten konnte, als der Berliner Magistrat die finanzielle Förderung einstellte und die Reichsregierung dazu überging, „billigere Maßnahmen […] zu entwickeln, in denen größere Massen von Jugendlichen beschäftigt, überwacht und beeinflusst werden sollten" (Harvey 1991: 55). Ergänzend zu den Werkheimen setzte Friedländer mit seinen Mitarbeiterinnen und Mitarbeitern auf eine Förderung von Jugendberatungsstellen privater Vereine und Gruppen mit dem Ziel, die „fürsorgerische Erfassung unorganisierter Jugendlicher" (Harvey 1991: 52). zu gewährleisten und damit Zwangsmaßnahmen wie die Fürsorgeerziehung zu vermeiden oder zu umgehen. Zugleich leisteten diese Beratungsstellen wichtige Bildungsarbeit, insbesondere in sexualmedizinischen Fragen.

Beiträge zur Professionsentwicklung in der Weimarer Zeit

Parallel zu seiner Tätigkeit als Jugendamtsleiter entwickelte sich durch seine zahlreichen Kontakte zu führenden Persönlichkeiten aus Sozialdemokratie, Jugendbewegung und Friedensbewegung ein weiteres Tätigkeitsfeld Friedländers: Neben dem Engagement in der Jugendhilfereform leistete er nun als Autor, Dozent und „Netzwerker" wesentliche Beiträge zur Professionalisierung Sozialer Arbeit. Eine wichtige Triebfeder war dabei sicher der im vorigen Abschnitt beschriebene Mangel an fähigem Fürsorgepersonal. Friedländer sagte

deshalb kurz entschlossen zu, als Anna von Gierke ihn 1923 bat, an ihrer Wohlfahrtsschule in Berlin-Charlottenburg zu unterrichten. Dort gab Friedländer bis
1924 verschiedene Kurse, die nicht zuletzt ihm selbst „wichtige Aufschlüsse
über die Notwendigkeit sozialpädagogischer Tätigkeit" brachten (Friedländer
1982: 63). Von 1925 bis 1927 hatte er zudem einen Lehrauftrag an Alice Salo-
mons Wohlfahrtsschule am „Pestalozzi-Fröbel-Haus", den Friedländer ebenfalls als sehr bereichernd schilderte. In diesen Jahren arbeitete Salomon gemeinsam mit Siddy Wronsky an ihrem 1926 erschienen Buch „Soziale Diagnose", das erstmals in Deutschland die US-amerikanischen Methoden und
Ideen Sozialer Arbeit aufgriff und verbreitete.

Durch Friedländers Arbeit besonders geprägt wurde das 1923 von
dem religiösen Sozialisten Carl Mennicke begründete sozialpolitische Semi-
nar/Seminar für Jugendwohlfahrt an der Deutschen Hochschule für Politik
in Berlin. Auf Anfrage seines Freundes Mennicke unterrichtete Friedländer
dort von 1924 bis 1933 Jugendwohlfahrtspflege. Die sogenannte „Mennicke-
Schule" galt als innovative, moderne und anspruchsvolle Ausbildungsstätte
und bot insbesondere jungen Männern aus der Jugendbewegung die Möglichkeit, ihre dort entwickelten Ideale in gesellschaftliche Kontexte zu übertragen.
Zu Friedländers Schülern gehörten neben anderen der spätere Gefängnispfar-
rer und Mitglied des Kreisauer Kreises Harald Poelchau und Justus Erhard, der
„getragen von den Impulsen der Ausbildung am Seminar" (Thorun 2000: 18)
die Gilde Soziale Arbeit begründete. In der Gilde wird Friedländer noch viele
Jahre später hochverehrt: Zweimal, zu seinem Tode 1984 und zu seinem 100.
Geburtstag 1991, wurden sein Leben und seine Arbeit in den Rundbriefen der
Gilde ausführlich gewürdigt (vgl. Thorun 2000: 18).

Während die Wohlfahrtschulen von Alice Salomon und Anna von Gierke
sich ausschließlich an Frauen richteten, wurden im sozialpolitischen Seminar
insbesondere Männer in einem zweijährigen Lehrgang zu Sozialbeamten ausgebildet. Frauen durften hier nur auf ausdrückliche Bewilligung des preußi-
schen Ministeriums für Volkswohlfahrt aufgenommen werden. Ab 1925 rich-
tete die Arbeiterwohlfahrt daher gemeinsam mit der Hochschule für Politik
Nachschulungskurse in Sozialarbeit „für erfahrenes Fürsorgepersonal [...],
das die staatliche Qualifikation in der Wohlfahrtspflege anstrebte [aus]. Walter
Friedländer gehörte bei diesen Kursen zum Lehrpersonal" (Harvey 1991: 63).
Zu diesen Kursen waren auch Frauen zugelassen. Eine von ihnen war Ella Kay,
die dort parallel zu ihrer Tätigkeit in der Arbeiterwohlfahrt und später im Jugendamt Prenzlauer Berg eine Ausbildung zur Jugendfürsorgerin absolvierte
(vgl. AGJ/FHSS 1982: 62).

Die positiven Erfahrungen mit dieser Form der Ausbildung von qualifizierten Fachkräften der Sozialen Arbeit bestärkten Hedwig Wachenheim, Walter Friedländer und andere darin, im Oktober 1928 eine nur von der Arbeiterwohlfahrt allein getragene Wohlfahrtsschule zu eröffnen. Daneben war die (sicher berechtigte) Sorge, Frauen und Männer aus der Arbeiterklasse könnten in den bürgerlich-traditionellen Wohlfahrtsschulen keinen Zugang zu den dort unterrichteten Inhalten finden oder antiproletarisch indoktriniert werden, eine wichtige Triebfeder für die Gründung der AWO-Wohlfahrtsschule. Die Wohlfahrtsschule der Arbeiterwohlfahrt war für ihre Offenheit und Innovationskraft bekannt: Ein großer Teil ihrer Schülerinnen und Schüler hatte lediglich die Volksschule absolviert und sich in Aufnahmetests für die Zulassung an der Schule qualifiziert. Der Unterricht wurde oft nicht nur im Rahmen von Vorlesungen abgehalten, sondern in Arbeitsgemeinschaften absolviert. Mit Fächern wie Geschichte der Arbeiterbewegung oder Soziologie wurde ebenfalls der besondere Charakter der Schule als sozialdemokratische Fürsorgekaderschmiede betont. Zu Friedländers Schülerinnen in der AWO-Wohlfahrtsschule gehörten neben anderen die spätere Geschäftsführerin und Vorsitzende der Arbeiterwohlfahrt Lotte Lemke sowie die bekannte kommunistische Publizistin Ruth Fischer.

Die Tätigkeiten als Dozent an den reichsweit renommiertesten Wohlfahrtsschulen wirkten verstärkend auf Friedländers Kontakte zu den prägensten Persönlichkeiten der Sozialen Arbeit in der Weimarer Zeit: Zunehmend wurde Friedländer für die Mitarbeit in Fachkommissionen, als Referent und als Autor angefragt. So verwundert es kaum, dass in dieselbe Zeit der Beginn seines Engagements als Autor von Standardwerken zu Fragestellungen aus Jugendrecht und Sozialer Arbeit fällt. Allein während der Weimarer Republik veröffentlichte Friedländer zwölf Bücher und mehr als 150 Artikel (vgl. Füssl 2004: 158).

Internationale Vernetzung

1925 wurde Walter A. Friedländer Vorsitzender der Jugendwohlfahrtskommission der Arbeiterwohlfahrt und übernahm später in dieser Eigenschaft auch das Amt des stellvertretenden Vorsitzenden der Internationalen Vereinigung für Jugendhilfe in Genf. In der Folgezeit nahm er an zahlreichen Konferenzen und Fachtagungen auf internationaler Ebene teil. Dabei entwickelte und vertiefte Friedländer Kontakte zur Internationalen Vereinigung der Wohlfahrtsschulen und – für seine zukünftige Arbeit besonders prägend – zur Internationalen Konferenz für Sozialarbeit, die sich später in den noch heute existierenden International Council on Social Welfare (ICSW) umbenennt. Aus diesen Kontakten und aus seiner progressiven wie erfolgreichen Arbeit als Jugendamtsleiter in Berlin-Prenzlauer Berg entstanden wiederum neue, fruchtbare Verbindungen zum United States Children Bureau und zur Universität von Chicago. Beide Institutionen entsandten im Herbst 1928 eine Delegation nach Berlin, um die von Friedländer geschaffenen Werkheime zu studieren.

Im schweizerischen und französischen Exil

Während die Reformbestrebungen des Jugendamts Berlin-Prenzlauer Berg in der internationalen Fachöffentlichkeit gewürdigt und im Ausland adaptiert wurden, bemerkte Friedländer im Inland mit Sorge „Anzeichen einer bedrohlichen Neigung zum Faschismus bei Menschen in der sozialen Arbeit, die ich früher nicht bemerkt hatte" (Friedländer 1982: 66). Ab 1933 wurde das politische Klima in Deutschland für Walter A. Friedländer unerträglich, ja sogar lebensgefährlich: „Bewaffnete Naziburschen hielten mich auf dem Wege zu meiner Arbeit im Bezirksamt an. Meine Kollegen und die meisten Stadträte in anderen Bezirken wurden ohne Grund verhaftet und durch die Nazihorden vernommen, manche längere Zeit gefangen gehalten. Nur durch Zufall entging ich dem gleichen Schicksal [...]" (Friedländer 1982: 67). Freunde und Verwandte rieten Friedländer nun dringend, Deutschland zu verlassen. Im März 1933 durchsuchte die Gestapo seine Berliner Wohnung, während Friedländer an einer Vorstandssitzung der Internationalen Vereinigung für Jugendhilfe in Genf teilnahm. Nachdem ihn dort die Nachricht von der Durchsuchung und dem Verhaftungsversuch erreichte, entschied sich Friedländer, in der Schweiz zu bleiben (vgl. Kägi-Fuchsmann 1968: 116). Dort fand er bei Freunden in Zürich Unterkunft – zunächst bei dem sozialdemokratischen Ehepaar Kägi-Fuchsmann[4], die im Mai 1933 auch seine nachkommende Ehefrau Li und ihre gemeinsame Tochter Dorothee aufnahmen. Sein Status als deutscher Flüchtling machte es jedoch für Friedländer unmöglich, seinen Beruf in der Schweiz auszuüben.

Über das Engagement seiner Eltern in der Berliner Friedensgesellschaft kannte Friedländer den Publizisten, Pazifisten und „vielleicht bekanntesten Adels-Renegaten der Weimarer Republik" Hellmuth von Gerlach (Malinowski 2004: 462). Dieser war seit 1926 Vorsitzender der Deutschen Liga für Menschenrechte und 1933 über Österreich nach Frankreich ins Exil gegangen. In Paris leitete von Gerlach die Internationale Liga für Menschenrechte.

---

[4]   Dr. Paul Kägi war zu dieser Zeit Leiter des Zürcher Vormundschaftswesens, Dr. Regina Kägi-Fuchsmann gründete in den 1930er Jahren das Schweizer „Proletarische Kinderhilfswerk", aus dem später das „Schweizerische Arbeiterhilfswerk SAH" hervorgehen sollte.

Als diese im Sommer 1933 eine Flüchtlingsberatungsstelle einrichtete, bot von Gerlach Friedländer die Leitung derselben an. Friedländer sagte zu und wechselte zunächst allein nach Paris. Anfang 1934 holte er seine Frau und seine Tochter nach. In Paris gründete Friedländer neben seiner Tätigkeit als Flüchtlingsberater gemeinsam mit Rudolf Breitscheid die „Arbeiter-Wohlfahrt Paris" (‚oeuvre socialdémocrate allemand' beziehungsweise ‚Assistance Ouvrière d' Allemagne') als Beratungs- und Selbsthilfeinstitution für deutsche Sozialdemokraten im französischen Exil. Bald zählte die AWO Paris etwa 100 Mitglieder, davon zahlreiche ehemalige Mitarbeiterinnen und Mitarbeiter Friedländers aus dem Bezirksamt Prenzlauer Berg. Die ökonomische Situation der Familie Friedländer war jedoch angespannt: Mit dem Umzug seiner Frau Li von Zürich nach Paris hatten die Friedländers keinen Zugriff mehr auf ihre deutschen Ersparnisse. Friedländers Arbeit für die Internationale Liga der Menschenrechte erfolgte weitgehend ehrenamtlich und die AWO Paris verfügte nur über bescheidene Mittel aus Mitgliedsbeiträgen und gelegentlichen Zuwendungen des SPD-Exilvorstandes in Prag (SOPADE), dem internationalen Gewerkschaftsbund und französischer Sozialisten. Die kleinen Aufwandsentschädigungen für seine Tätigkeiten im Service Juridique pour les Réfugiés Allemandes und in der Commission Allemande de Secours reichten bei weitem nicht aus, um die Familie Friedländer zu ernähren. Li Friedländer versuchte deshalb, mit einer weitgehend erfolglosen Gymnastikschule zum Familieneinkommen beizutragen, während Walter Friedländer seine Tätigkeit als Autor politischer und pädagogischer Schriften ausbaute: Unter dem „Nom de guerre" Walter A. Krafft veröffentlichte Friedländer in den Jahren 1933 bis 1936 insbesondere in schweizerischen und österreichischen Zeitschriften zahlreiche Artikel. Später nahm Friedländer seine Unterrichtstätigkeit wieder auf und unterrichtete im Seminar für soziale Arbeit der neugegründeten Wohlfahrtsschule der Pariser Arbeiterwohlfahrt Geschichte der Wohlfahrtspflege. Als ihre Zürcher Freundin Regina Kägi-Fuchsmann den Friedländers für ihre Tochter Dorothee eine Freistelle an der Reformschule Glarisegg am Schweizer Bodenseeufer anbot, nahmen Walter und Li das Angebot dankbar an. Zwar blieb ihre finanzielle Lage auch weiterhin prekär, doch entlastete die nun gesicherte Schulausbildung für Dorothee die Friedländers merklich. [5]

Neue Heimat in den Vereinigten Staaten

Trotz Friedländers großem Engagement in Flüchtlingshilfe, Exil-Sozialdemokratie und Theoriediskurs Sozialer Arbeit war Frankreich nur eine Zwischen-

---

[5]   Zum Pariser Exil Friedländers – vgl. insbesondere Füssl 2004: 159 ff.

station seiner Emigration aus Deutschland. Letztlich war seine „Existenz in Paris [...] sowohl politisch als auch finanziell gefährdet [...]. Dies und die Angst vor dem Krieg brachte Walter Friedländer dazu, sich nach einer Beschäftigung in den Vereinigten Staaten umzusehen" (Harvey 1991: 65). Zahlreiche seiner deutschen Freunde im US-Exil sowie amerikanische Kollegen bemühten sich dort um ein Einreisevisum und eine Stelle für Friedländer. Eine wichtige Rolle dabei nahm sein ehemaliger Mitarbeiter Otto Reinemann ein. Reinemann war Ende der 1920er Jahre Leiter der Rechtsabteilung im Jugendamt Prenzlauer Berg geworden. Nachdem ihn die Nazis Mitte 1933 seines Amtes enthoben hatten, war er 1934 nach Philadelphia emigriert und arbeitete dort in der Jugendstrafpflege (vgl. Stiefel/Mecklenburg 1991: 75). Reinemann argumentierte in einer „Denkschrift zur Aufnahme deutscher Sozialarbeiter" beim Völkerbund und bei der US-Administration mit dem Hinweis, dass die Vereinigten Staaten für die Umsetzung der Rooseveltschen New Deal-Politik dringend qualifiziertes Fachpersonal in der Sozialarbeit benötigten. Dieses sei in den USA nicht ausreichend vorhanden. Insbesondere im Bereich der Ausbildung junger Sozialarbeiterinnen und Sozialarbeiter, bei der Entwicklung bzw. Verbreitung neuer Methoden und in der Forschung seien die aus Deutschland geflohenen Fachkräfte wichtig für die Vereinigten Staaten. Zugleich wären sie in keiner Weise eine Konkurrenz für die einheimischen Sozialarbeiterinnen und Sozialarbeiter (vgl. Füssl 2004: 162f.). Reinemanns Denkschrift stieß in den USA eine breite öffentliche Debatte an, die in einer vergleichsweise großzügigen Öffnung des amerikanischen Arbeitsmarktes für geflohene deutsche Sozialarbeiterinnen und Sozialarbeiter mündete (vgl. Füssl 2004: 162f.; vgl. Horn 1998: 721ff.). 1936 erhielt Friedländer über seine seit 1928 bestehenden Kontakte zum United States Children Bureau und zur Universität von Chicago einen Ruf an die Chicagoer Universität. Dank der Vermittlung Reinemanns gelang es, auch die zur Einreise in die USA notwendigen Bürgschaften von US-Bürgern zu erhalten: Neben anderen bürgte der nach dem Reichstagsbrand 1933 über Paris in die USA emigrierte und nun dort als Rechtsanwalt tätige, frühere preußische Justizminister und USPD-Mitbegründer Dr. Kurt Rosenfeld für Friedländer. Ende 1936 konnte Walter A. Friedländer zusammen mit seiner Frau Li und der Tochter Dorothee in die Vereinigten Staaten übersiedeln. Besonders wichtig war Friedländer, dass er damit nicht das Einreisekontingent für andere deutsche Flüchtlinge „belastete". In seinen Erinnerungen hielt er fest: „Ich hatte eine Berufung an die Universität von Chicago bekommen, so dass ich keinem anderen Antragsteller ein Visum fortnehmen musste" (Friedländer 1982: 69).

Neben der Dozententätigkeit an der Universität von Chicago übernahm

Friedländer dort die Neuorganisation der Jewish Charities-Bibliothek. Hier, so Friedländer, legte er einen Grundstein für seine erfolgreiche publizistische Arbeit in den USA – und sicher auch für sein Wirken als wichtiger Impulsgeber in der Reeducation und im Wiederaufbau der Sozialen Arbeit in Nachkriegsdeutschland. Seine Arbeit in der Jewish Charities-Bibliothek machte ihn „mit der amerikanischen Fachliteratur vertraut, was mir sehr bei meinen Vorlesungen behilflich war, außerdem lernte ich die Organisation der amerikanischen Sozialarbeit in Chicago kennen" (Friedländer 1982: 70).

Außerhalb seiner universitären Arbeit engagierte sich Friedländer – wie schon in Frankreich – auch in den Vereinigten Staaten in der Sozialarbeit für europäische Flüchtlinge: Kurt Rosenfeld, dem das TIME-Magazine in Anlehnung an den berühmten Chicagoer Anwalt und Bürgerrechtler Clarence Darrow für seine engagierte Verteidigung von Rosa Luxemburg, Ernst Thälmann und Kurt Eisner den Beinamen „der deutsche Clarence Darrow" (TIME Magazine 1943) gegeben hatte, half den Friedländers nach ihrer Ankunft in den USA, im neuen Alltag zurecht zu kommen. Er machte sie, so Friedländer, mit „uns unbekannten amerikanischen Einrichtungen bekannt" (Friedländer 1982: 70) und vernetzte ihn mit in New York lebenden deutschen Emigranten und ihren Hilfseinrichtungen. Dabei wurde Friedländer von dem Theologen und „religiösen Sozialisten" Paul Tillich angeregt, in Chicago eine Ortsgruppe der Selbsthilfeorganisation Selfhelp of Emigrés from Central Europe aufzubauen. Tillich hatte die Selfhelp of Emigrés in New York gegründet und zu einer professionellen Hilfsorganisation zur „Beratung von Neuankömmlingen, Arbeitssuche und Arbeitsvermittlung" (Füssl 2004: 165) ausgebaut. Friedländer übernahm den Vorsitz der Chicagoer Ortsgruppe und traf in dieser Eigenschaft zahlreiche emigrierte Freunde und Kollegen wieder – neben anderen Cord Bondy, Marie Juchacz, Hertha Kraus und Hedwig Wachenheim.

Nachdem er in Chicago Fuß gefasst hatte, machte Friedländer sich zunehmend auch in der amerikanischen Fachszene der Sozialarbeit einen Namen. Er nahm an Tagungen der National Conference on Social Welfare teil, lernte dort zahlreiche namhafte Persönlichkeiten der amerikanischen Sozialarbeit kennen und publizierte ab Ende der 1930er Jahre in amerikanischen Zeitschriften. Eine volle Professur an der Universität von Chicago, wo er nur über einen befristeten Lehrauftrag verfügte, blieb ihm jedoch verwehrt: Die dortige Fakultät, so Friedländer, „sei mit Sachverständigen überfüllt" (Friedländer 1982: 71) gewesen. Nachdem er Anfang 1943 die amerikanische Staatsbürgerschaft erhalten hatte, nahm er deshalb im Herbst desselben Jahres einen Ruf an die Fakultät für Sozialarbeit der Universität von Kalifornien in Berkeley an. Die ersten Jahre dort waren geprägt vom Zweiten Weltkrieg, in den im Dezember 1941 auch die USA eingetreten waren. Ein inhaltlicher Schwerpunkt in Friedländers Lehr- und Forschungstätigkeit waren nun internationale Fragestellungen der Sozialarbeit. Insbesondere die sogenannten „Displaced Persons" wurden für die Alliierten mit dem sich wendenden Kriegsverlauf zu einer humanitären Herausforderung. Die USA, Großbritannien, die Sowjetunion und China hatten bereits Ende 1943 mit der United Nations Relief and Rehabilitation Administration (UNRRA) eine internationale Organisation gegründet, die Hilfeleistungen bei der Betreuung, Versorgung und gegebenenfalls der Repatriierung überlebender KZ-Häftlinge, Zwangsarbeiter und Flüchtlinge erbringen sollte. Aber auch der Wiederaufbau des Gesundheitswesens, der Sozialarbeit und von zivilgesellschaftlichen Strukturen in den befreiten Gebieten Europas und Asiens sollte von der UNRRA gefördert werden. Friedländers Dekan Harry Cassidy erhielt einen Forschungsauftrag zur Vorbereitung und zum Aufbau der UNRRA und Friedländer selbst wurde mit der Rekrutierung von Fachleuten für diese neue internationale Organisation betraut. In der Lehre war der Weltkrieg ebenfalls stets präsent: Auf Bitten seiner Studenten lud Friedländer den ebenfalls in Berkeley lehrenden späteren „Vater der Atombombe" Prof. Robert Oppenheimer in seine Seminare ein, um über die Folgen seiner Forschungsarbeit zu diskutieren.

Beiträge zur deutschen Professionsentwicklung in der Nachkriegszeit

Unmittelbar nach Kriegsende nahm Friedländer bereits seine persönlichen Kontakte nach Europa und insbesondere nach Deutschland wieder auf. Bereits 1947 trug er – noch aus den USA – mit zur Einrichtung einer Sektion für soziale Fragen bei der amerikanischen Militärregierung bei. Auch mit Berliner Kolleginnen und Kollegen korrespondierte Friedländer intensiv. Seine ehemalige Mitarbeiterin Ella Kay engagierte sich mittlerweile wieder im Berliner Bezirk Prenzlauer Berg. In ihren Briefen an Friedländer stellte sie „resigniert fest, dass Friedländers Rat beim Wiederaufbau der Sozialen Arbeit dringend gebraucht werde, weil aufgrund der personellen Verluste im Dritten Reich nur ein Zugriff auf die zweite oder dritte Garnitur bestehe" (Füssl 2004: 255). Otto Suhr, den Friedländer aus der Arbeiterwohlfahrt kannte und der ab 1948 als Direktor der neugegründeten Deutschen Hochschule für Politik wirkte, nahm mit dem Wunsch Kontakt zu Friedländer auf, dieser möge beim (Wieder-)Aufbau einer akademischen Sozialarbeitsausbildung mitwirken. Darüber hinaus erreichten Friedländer Anfragen aus der Arbeiterwohlfahrt – unter anderem für Referententätigkeiten anlässlich der AWO-Reichskonferenz (heute: Bundeskonferenz) 1951in Stuttgart.

Derart bestürmt ersuchte Friedländer bei der Universität in Berkeley um ein Sabbatical und reiste mit einem Stipendium der Fulbright Commission zu einem Lehr- und Forschungsaufenthalt nach Deutschland. Zunächst nahm er an der Stuttgarter AWO-Konferenz teil, wo er seine Schülerin Lotte Lemke und auch Marie Juchacz wiedertraf, die bereits 1948 nach Deutschland zu-rückgekehrt war. Daran anschließend unterrichtete Friedländer an der Deut-schen Hochschule für Politik sowie am „Pestalozzi-Fröbel-Haus" die Fächer Gemeinwesenarbeit, Sozialverwaltung und Methoden der Sozialarbeit. Parallel dazu recherchierte er für sein Buch „Introduction to Social Welfare" in europäischen Archiven.

Zurück in den USA setzte sich Friedländer dafür ein, „die deutsche Sozi-alpolitik wieder in die internationalen Diskussionsforen einzubinden" (Füssl 2004: 255) und organisierte – unter anderem auf Initiative seines Freundes und Co-Autors Genevieve Carter – eine Studienreise für amerikanische Sozi-alarbeiter nach Deutschland. Hier entstanden weitere wichtige Kontakte, die die deutsche Sozialarbeit befruchteten.

Ergänzend zu seiner Lehr- und Forschungsarbeit begann Friedländer ab 1949 auf Anregung des neuen Dekans an der School of Social Work in Ber-keley mit den Arbeiten an einem umfassenden Lehrbuch für die Sozialarbeit. Dieses erschien 1955 unter dem Titel „Introduction to Social Welfare", wur-de in vier weiteren US-Auflagen gedruckt und gehörte ab 1961 zum Standard in der amerikanischen Sozialarbeiterausbildung: 96 der 114 US-Hochschulen, die Sozialarbeit lehren, verwendeten das Buch im Grundstudium (vgl. Füssl 2004: 167). 1958 folgte die Herausgabe der „Concepts and Methods of Social Work", für die er seine Freunde und Kollegen Henry Maas, Gisela Konopka und Genevieve Carter als Co-Autoren gewinnen konnte. Das „opus magnum" (Füssl 2004: 167) wird zum internationalen Bestseller der Profession und „in italienischer, chinesischer, spanischer und türkischer Sprache sowie in Hin-dustani und in japanischer Sprache veröffentlicht" (Friedländer/Pfaffenberger 1966: VI) 1966 erschien die deutsche Ausgabe „Grundbegriffe und Methoden der Sozialarbeit", die Friedländer gemeinsam Hans Pfaffenberger herausgab.

Pfaffenberger war bis 1969 Direktor des „Marie-Juchacz-Hauses" in Düs-seldorf. Das „Marie-Juchacz-Haus" war ab 1960 Träger der 1948 neugegrün-deten AWO-Wohlfahrtsschule und profilierte sich unter Pfaffenbergers Leitung als progressive Ausbildungseinrichtung (vgl. Merten 2002). [6] Zugleich gab es

---

[6] Merten zeigt insbesondere auf, dass der progressive Charakter in der koedukativen Aus-richtung der Schule, dem vergleichsweise hohen Anteil hauptamtlicher Lehrkräfte und ihrer

in der deutschen Sozialarbeit in den 1950er und 1960er Jahren jedoch starke konservative Strömungen. Trotz der Reeducation-Programme, vieler sich etablierender Austauschformen mit den USA, Großbritannien sowie den Nachbarländern auf dem europäischen Kontinent und der sich mit neuen Formen der offenen Jugendarbeit, Jugendsozialarbeit und Freizeitpädagogik zusätzlich eröffnenden Praxisfelder der Sozialen Arbeit darf nicht übersehen werden, dass sich Widerstände gegen eine wissenschaftlich abgestützte Sozialarbeit regten:

„Die Protagonisten sozialwissenschaftlicher Methoden und psychoanalytischer Instrumente in der Sozialen Arbeit wurden als elitäre Gruppe betrachtet, die das methodische Konzept im beruflichen Kontext emotional überbetonten. Die fremde, oft als Soziologenchinesisch apostrophierte Terminologie und Nomenklatur weckten Ressentiments und hinterließen bei deutschen Sozialarbeitern den Eindruck, ihr berufliches Handeln würde insgesamt in Frage gestellt. [. . .] Katholischen Fürsorgerinnen wurde verboten, sich mit der sozialen Einzelhilfe auseinanderzusetzen. [. . .] Der in den USA verpönte Hausbesuch war in Deutschland eines der wichtigsten Instrumente Sozialer Arbeit. Die Frage der absolut selbstbestimmten Kontaktaufnahme stand in einem diametral entgegen gesetzten Verhältnis zur europäischen Fürsorgepraxis und verlangte eine Synthese, sollten die amerikanischen Sozialwissenschaften auch in Deutschland Bestand haben" (Füssl 2004: 253).

Dass es in diesem professionspolitisch schwierigem Klima gelang, Friedländers „Grundbgriffe und Methoden der Sozialarbeit" auch in Deutschland zu *dem* Lehrbuch sozialarbeiterischer Methoden zu etablieren, geht sicher zu einem Gutteil auf den Einbezug von Hans Pfaffenberger zurück. So hielt Pfaffenberger in seiner Einleitung zur deutschsprachigen Ausgabe fest, dass „uns doch sogar einige sogenannte Entwicklungsländer im Niveau der Ausbildung und im methodischen Entwicklungsstand der Praxis überlegen" sind (Pfaffenberger 1966: XXIf.). Den Kritikern einer Orientierung an den amerikanischen Methoden schrieb er zudem ins Stammbuch, „dass Mangel, ja Dürre der einschlägigen deutschsprachigen Literatur die Einbeziehung und Zugänglichmachung ausländischer Fachliteratur gebieterisch fordern" (Pfaffenberger 1966: XXIf.). Der sich zu dieser Zeit mehr und mehr als Bedrohung abzeichnenden Teilung der Profession in die Berufsgruppen Sozialarbeit und Sozialpädagogik erteilte Pfaffenberger zudem eine klare Absage: „Jede Zweiteilung, jede Trennung des Gesamtbereichs in Sozialarbeit und Sozialpädagogik zieht künstliche

---

Öffnung für Studierende des zweiten Bildungsweges beruht. Sein vielleicht wichtigstes Reformvorhaben am Marie-Juchacz-Haus konnte Pfaffenberger jedoch nicht umsetzen: Die Zusammenlegung der Studiengänge Sozialarbeit und Sozialpädagogik scheiterte an der unterschiedlichen Ressortzuständigkeit in zwei nordrhein-westfälischen Ministerien.

Grenzen, erschwert Zusammenarbeit und Weiterentwicklung und ist ein Hindernis für die Zukunft des gesamten Bereiches" (Pfaffenberger 1966: XXXI).

Friedländer selbst war nach 1945 und insbesondere nach seiner Emeritierung 1959 noch oft in Deutschland: 1960/61 unternahm er eine längere Forschungsreise nach Frankreich, England, Deutschland und in die Schweiz, 1962 reiste er zu Konferenzen nach Bonn, Regensburg, Berlin und beim Deutschen Verein für öffentliche und private Fürsorge in Frankfurt. 1968 nahm er eine Gastprofessur an der Universität zu Köln war, im Jahr 1971 recherchierte Friedländer für sein Buch „International Social Welfare" in europäischen Archiven und besuchte Freunde in ganz Europa. 1974 hatte Friedländer erneut eine Gastprofessur in Deutschland inne, diesmal an der Universität und der Fachhochschule Münster zugleich. „Obwohl kein weiterer Deutschland-Aufenthalt folgte, wirkte Friedländer weiterhin als ernst genommener Ratgeber" (Füssl 2004: 257; vgl. auch Friedländer 1982: 77ff.). Ganz nach Deutschland zurückzukommen war jedoch wohl nie eine Option für ihn (vgl. Thorun 2000: 242).

Am 20. Dezember 1984 starb Walter Andreas Friedländer in Oakland/Kalifornien.

Literatur

Arbeitsgemeinschaft für Jugendhilfe (AGJ)/Fachhochschule für Sozialarbeit und Sozialpädagogik (FHSS) Berlin (1982): 60 Jahre Gesetz für Jugendwohlfahrt 1922–1982. Bonn.

Friedländer, W. A./Pfaffenberger, H. (Hrsg.) (1966): Grundbegriffe und Methoden der Sozialarbeit. Neuwied/Berlin.

Friedländer, W. A. (1981): Leserbrief zum Artikel „Die AW Paris von 1933 bis 1940." In: Arbeiterwohlfahrt Bundesverband: Theorie und Praxis der Sozialen Arbeit. H. 12. S. 477f.

Friedländer, W. A. (1982): Ohne Titel. In: Pongratz, L. J. (Hrsg.): Pädagogik in Selbstdarstellungen, Band IV. Hamburg. S. 58–80

Füssl, K.-H. (2004): Deutsch-Amerikanischer Kulturaustausch im 20. Jahrhundert. Bildung – Wissenschaft – Politik. Frankfurt/M..

Harvey, E. (1987): Youth Welfare and Social Democracy in Weimar Germany: The Work of Walter Friedländer. Perthshire.

Harvey, E. (1991): Arbeit für soziale Gerechtigkeit: Leben und Wirken von Walter Friedländer. Berlin.

Horn, K.-P. (1998): Erziehungswissenschaft. In: Krohn, C. D. et al. (Hrsg.): Handbuch der deutschsprachigen Emigration 1933–1945. Darmstadt. S. 721–734.

Kägi-Fuchsmann, R. (1968): Das gute Herz genügt nicht. Mein Leben und meine Arbeit. Zürich.

Malinowski, St. (2004): Vom König zum Führer. Sozialer Niedergang und politische Radikalisierung im deutschen Adel zwischen Kaiserreich und NS-Staat. Berlin.

Merten, R. (2002): Lebenszeit – Weltzeit. Hans Pfaffenberger und die Nachkriegsentwicklung der Sozialen Arbeit in Deutschland. Münster.

Mindlin, D. (1991): Rede am Gedenkgottesdienst für Walter Friedländer 1984. In: Harvey, E.: Arbeit für soziale Gerechtigkeit: Leben und Wirken von Walter Friedländer. Berlin. S. 75 – 78.

Müller, C. W. (2006): Wie Helfen zum Beruf wurde. Eine Methodengeschichte der Sozialen Arbeit. Weinheim und München.

N.N. (1943): Milestones, Died: Dr. Kurt Rosenfeld, 66, „the Clarence Darrow of Germany". In: TIME Magazine XLII, 04.10.1943. H. 14.

Pfaffenberger, H. (1966): Einleitung zur deutschsprachigen Ausgabe: Das Theorie- und Methodenproblem in der sozialen und sozialpädagogischen Arbeit. In: Friedländer, W. A./Pfaffenberger, H. (Hrsg.): Grundbegriffe und Methoden der Sozialarbeit; Neuwied/Berlin. S. XV-XXXVI

Schwind, R. (2004): Marie Juchacz – Ein Lebensbild. Hedwig-Wachenheim-Gesellschaft. URL: http://www.diehedwig.org (Stand: 01.November 2007)

Stiefel, E.C./Mecklenburg, F. (1991): Deutsche Juristen im amerikanischen Exil (1933 – 1950). Tübingen.

Thorun, W. (2000): Reformprojekt Soziale Arbeit, 75 Jahre Gilde Soziale Arbeit. Münster.

Neue Herausforderungen für die Profession – Zur Wiederbelebung des gesellschaftspolitischen Diskurses in der Sozialen Arbeit

Hans-Uwe Otto

Der gesellschaftliche Raum des Sozialen wird neu vermessen. Die paradigmatische Auseinandersetzung, der Kampf um die Begriffshoheit und die Interventionsmodelle ist im vollen Gang. Der Wohlfahrtskapitalismus befindet sich international im Umbruch. Hinweise auf die Globalisierungsmetapher sollen auch in diesem Bereich verstärkt neue Einsichten befördern. Veränderungen in der Verwaltung, der Steuerung und der Produktion sozialer Wohlfahrt verändern nicht nur den Sozialstaat, sondern greifen immer stärker in den Bereich der Zivilgesellschaft ein. In dieser Phase des „disorganisierten Wohlfahrtskapitalismus" (Ingo Bode) ist es für die Sozialarbeit höchste Zeit, sich mit eigenen Vorstellungen, Analysen, aber auch mit entsprechenden Perspektiven sozialarbeitspolitisch einzumischen. Die offensichtliche Spaltung der Gesellschaft, die Wiederentdeckung klassentheoretischer Überlegungen und ein anwachsender Anteil in Armut lebender oder von ihr bedrohter Familien mit ihren Kindern und Jugendlichen sollten genügend Signalwirkung für die Soziale Arbeit haben, sich mit ihren Erfahrungen, ihrer Kompetenz und ihrer Expertise dieser gesellschaftlichen Weichenstellung bewusst zu werden.

Statt einer kritischen Einmischung findet man aber weitflächig eine anpassungsbereite Soziale Arbeit, die nichts bzw. nur wenig davon spüren lässt, dass die Bundesrepublik einer in ihrer Nachkriegsgeschichte noch nie dagewesenen sozialen Spaltung entgegendriftet. Vorgaben und Handlungsroutinen der Sozialarbeit folgen nicht nur auf der institutionellen Ebene den Zwängen des gegenwärtigen gesellschaftlichen Umbaus, sondern stützen ihn auch durch eine Übernahme entsprechender normativer Prämissen in der anpassungsorientierten Restrukturierung der eigenen Kernfigur. Das betrifft den Rahmen der Neugestaltung der Praxisfelder der Sozialen Arbeit und die sie steuernden Organisationsformen ebenso wie die programmatischen Definitionen handlungsleitender Konzepte, die immer stärker geprägt werden durch eine Rationalisierung als Imperativ der Machbarkeit, ohne dabei die Folgen für die Rationalität der eigenen Logik zu beachten.

Genau in dieser Differenz liegt aber der Ansatz für die Beschreibung eines paradigmatischen Wandels, der sowohl die Praxis als auch die Theorie einholt. So zumindest scheint es, gibt es doch genügend Beispiele, die einen systemimmanenten Schwenk deutlich werden lassen. Dieser Prozess der Funktionalisierung der Strukturen und der Rationalisierung der Organisation beeinflusst immer stärker auch die Interventionskonzepte einer Sozialen Arbeit, die in Gefahr stehen, sich von einer professionsbasierten Diagnose in eine indikatorengesteuerte Risikoabwehr zu wandeln.

Dieser Prozess, der von der Umsetzung entsprechender Präventionsideologien begleitet wird, kann auch als eine Neuformierung des prinzipiell sensiblen Aushandlungsprozesses zwischen SozialarbeiterInnen und KlientInnen durch eine verfahrensmäßig geregelte, nach den „*What-Works*"-Prinzipien der Risikoanalyse, teilweise bereits durch *output*-Garantien begleitete Interaktion gesehen werden. Eine Entwicklung, die offensichtlich auf zunehmende Resonanz in der Praxis stößt, die sich dadurch in einer neuen Statussicherheit wähnt, ohne die langfristigen Folgen für die eigene Kompetenz dabei kritisch abzuschätzen. Die Soziale Arbeit der klassischen Wohlfahrtsstaatlichkeit ist dabei, die damit verbundene Form der Solidarität oftmals schneller hinter sich zu lassen, als das Konzept als solches erodiert. Die „Schere im Kopf" scheint hier oft wirkungsvoller zu sein, als es die Fakten vorgeben. Damit verbunden sind Übernahmen von so genannten modernen Bewertungspositionen Sozialer Arbeit, die nicht mehr widerspiegeln, was einmal gesellschaftlich erreicht werden sollte, sondern stattdessen mit einer breitflächigen Inanspruchnahme von Begriffen wie Aktivierung, Marktorientierung, Managerialismus, Effizienz und Effektivität erweiterte Handlungsspielräume suggerieren, die mit der Hoffnung auf eine zunehmend positiv wirkende Verpflichtung zur eigenen Anstrengung der Betroffenen verbunden wird.

Wir nähern uns nach einem jahrelangen Prozess des sukzessiven inneren und äußeren Um- und Abbaus der Sozialen Arbeit einer Situation, die die Qualität einer wohlfahrtspolitischen Weichenstellung hat. Die Grundsätzlichkeit, die mit der hier beschriebenen Gleisänderung verbunden ist, spiegelt sich für die Sozialarbeit sowohl in ihrer Praxis als auch in ihrem Ausbildungsbereich wider. Managerialismus, Benchmarking, *input*- und *output*-Bemessung, aber auch die zunehmende Substitution durch andere Berufsgruppen und marktregulative Pressionen im Tarifsystem der Anstellungsverhältnisse sind nur einige Vorboten einer Entwicklung, der von Seiten der beruflichen Sozialen Arbeit nicht mit Entschiedenheit entgegengetreten wird, ja, vielleicht auch nicht entgegengetreten werden kann, solange die eigene professionelle Identität für die einen schon nicht mehr greifbar und für andere offensichtlich nicht mehr attraktiv genug erscheint. Rein funktionale Optimierungsstrategien der Organisationen sollen und können hier nicht wegdiskutiert werden, sondern müssen, und dieses ist nun wichtig, an den Umsetzungsmöglichkeiten des professionellen Wissens und Könnens gemessen werden, sonst sind sie reiner Selbstzweck oder dienen anderen Absichten. Es hat vielfach den Anschein, dass sich die hierzu notwendigen Bezugspunkte aber immer weniger im professionellen Handeln, sondern immer stärker in wettbewerbsorientierten Strategien eines marktgesteuerten Gesellschaftsmodells finden. Die seit einiger Zeit zu beobachtende Diskussion über eine neue allgemeine Qualifikation der Sozialen Arbeit im Kontext von *Employability* und Flexibilisierung wird nur auf den ersten Blick hiervon abweichend überformt von einer genauso theorie- und teilweise auch substanzlosen Form einer durch Weiterbildung sich gerierenden künstlichen Welt eines Spezialistentums, das seine Legitimität einzig und allein in der Bestätigung eines Angebotsmarktes sieht, der sich aus einer angeblichen Kompatibilität mit der Praxis speist. Der Verrechtlichung der Sozialen Arbeit folgt seit einigen Jahren die Verbetriebswirtschaftlichung in ihren verschiedenen Nuancen. Nach der organisatorischen und der bürokratischen Logik baut sich nun zunehmend eine managerialistische Logik und eine Marktlogik auf. Damit verbunden ist eine neue Ausrichtung der Leistung in Praxis und Ausbildung, die deutlich macht, wie verfügbare Ressourcen im Denk- und Handlungssystem der Sozialen Arbeit gegenwärtig nur sehr einseitig genutzt werden. Perspektivisch kann eine derartige Entwicklung zu einer weiteren Auflösung des Gesamtfeldes der Sozialen Arbeit führen, die sich aus den Messregeln einer neuen Qualitätskultur im Rahmen einer zertifizierten Durchstrukturierung der Praxis ergeben, nicht aber aus inhaltlichen Prämissen und sachlichen Notwendigkeiten einer modernen Sozialen Arbeit als individuelle und gesellschaftliche Aufgabe. Gerade letztere fällt aus dem Bewertungsschema dieser neuen Modelle völlig heraus, die sich eben nicht mehr auf Prämissen beziehen lassen, die, seien es nun Strategien der Einmischung oder der advokatorischen Vertretung, einer sozialarbeitspolitischen Positionierung zurechnen lassen. Die Wiederentdeckung eines professionell begründeten Aktionsfeldes ist für die gesamte Zunft und für jede(n) Einzelne(n), der/die in der Sozialen Arbeit tätig ist, daher heute wichtiger denn je.

Wird Professionalität immer mehr zu einem Phantombegriff, zu einer Schimäre, die gewendet und gedreht werden kann, wie es der sozialpolitische Wind erforderlich macht, oder handelt es sich dabei doch um eine prinzipielle Grundlegung, die die inhaltlichen und praktischen Kategorien mit einem eindeutigen Grad an Wissen und Können verbindet, der nicht unterschritten werden kann und eine moderne reflexive Soziale Arbeit gesellschaftlich so verortet und positioniert, dass sie für ihre Aufgabenermöglichung entsprechende Handlungsspielräume erkennt und die notwendigen öffentlichen Diskurse bestreiten kann? Reflexivität bedeutet für das professionelle Handeln die Achtung des Anderen, die Stärkung seiner Stärken und die Erweiterung seines Ermöglichungsraumes durch die gemeinsame, aber letztlich selbstbestimmte Entwicklung von Handlungsoptionen. Hier geht es nicht um die Sinnsuche im Kontext einer tradierten „Expertokratie" oder gar eines Anschmiegens an die so genannten alten Professionen, deren Konservativismus nur mit großer Mühe ihren erkennbaren Erosionsprozess im Statussystem eindämmen kann. Es geht stattdessen um die demokratische zivilgesellschaftliche Durchsetzung einer akzeptablen und akzeptierten Lebensführung für die Bürgerinnen und Bürger, die aufgrund ihrer sozio-ökonomischen und/oder psychosozialen Probleme ihren lebensweltlichen Kontext nicht mehr allein bewältigen können und daher auf Beratung, Unterstützung und Vertretung ihrer legitimen Rechte angewiesen sind. Professionalisierung heißt, ein Wissen verfügbar zu haben, das neben der Anwendung auf Probleme auch immer deren Ursachen in ihrer Mehrdimensionalität zwischen individuellen Fakten, kontextueller Ausprägung und struktureller Verankerung deutlich machen kann. Erst in dieser Zusammenführung der Aspekte kommt es zu einer angemessenen Bestimmung sozialarbeiterischer Qualität. Die Kompetenz des Fallverstehens würde zu einem verkürzten Maßstab professionellen Handelns werden, wenn damit im Endeffekt nur gemeint ist, dass sich ein expertokratisches System von Lösungen auf der Suche nach passenden Problemen macht. Reflexivität bedeutet stattdessen, die Definition des Problems des Anderen nicht in der Verwaltung der eigenen Routinen aufzuheben, sondern aus der Optionalität lebensweltlicher Alternativen und der Stärkung der Entscheidungsfreiheit der Betroffenen bzw. nachfragenden BürgerInnen ihnen ihren Status als selbstverantwortliche Akteure zuzugestehen und durchzusetzen. Die Profession handelt in diesem Kontext beruflicher Sozialer Arbeit mit einer eigenen Logik, die neben der marktlichen, der bürokratischen und der rechtlichen Logik ihren Platz findet. Hierfür gilt es, eine entsprechende Programmatik zu entwickeln und – auch dieses muss deutlich gesagt werden –, ein Selbstbewusstsein unter den Professionalisierten zu entwickeln, das eine sozial- und gesellschaftspolitische Verankerung aufweist. Die Herausforderungen, die eine derartige Sichtweise erheblich erschweren, sind aber nicht zu übersehen. So ist zum einen festzustellen, dass sich in weiten Kreisen der Sozialen Arbeit eine Tendenz entwickelt, die sich die Funktionserfordernisse neoliberaler Vorgaben immer umfassender zu eigen macht und dabei weitgehend fremden kategorialen Ordnungsvorgaben und Deutungsversuchen sozialer Probleme anschließt. Die gesamte Auseinandersetzung über die Begründung, die Umsetzung und die Folgen von Hartz IV ist hierfür ein Lehrbeispiel. Hinweise aus einer kritischen Theorieproduktion schaffen offensichtlich keine ausreichende Aufklärung im Handlungskontext Sozialer Arbeit mehr, um ihr Eingebundensein in rechtliche und bürokratische Entscheidungs- und Handlungszusammenhänge und die Legitimationsfallen der Effizienz- und Effektivitätskriterien in den modernisierten Verwaltungen als Regelungsmechanismen auch der eigenen Arbeitszusammenhänge zu überwinden. Die These, dass eine gute Praxis eine gute Theorie benötigt, hat immer noch einen weitgehenden Fremdheitscharakter, obwohl genau hier der Schlüssel für die Entwicklung notwendiger Voraussetzungen für eine selbstbestimmte Praxis Sozialer Arbeit liegt. Der Kampf um die problembezogene Definitionsmacht, die Auseinandersetzung mit den Selbstansprüchen einer reflexiven Professionalität, alles dieses ist auch ein gesellschaftspolitisch wirksamer Formierungsprozess, da die Folgen der angedeuteten Entwicklung gravierend für die Qualität der Lebensführung der BürgerInnen und für die Entwicklung einer sozialen Demokratie mit den Leitbegriffen von Solidarität und Teilhabe sind. Der Abbau wohlfahrtsstaatlicher Daseinsqualität durch angeblich selbst zu verantwortende Krisenlagen des individuellen Scheiterns stellt sich einer derartigen Programmatik immer schärfer gegenüber, ist doch die Professionalisierung der Sozialen Arbeit in ihrem Entwicklungsprozess historisch auch immer mit dem Ausbau dieser kollektiven Sicherungssysteme verbunden. Die gegenwärtige Veränderung wohlfahrtsstaatlicher Grundverhältnisse und der nicht nachlassende Versuch der Umgestaltung des Sozialen machen es notwendig, die bisherige Legitimation theoretisch zu erneuern, um wieder einen Bewegungs- und Definitionsraum für die Soziale Arbeit zu erhalten, der in der Analyse der aktuellen gesellschaftlichen Zuordnung der Problemlagen und der Forderung nach ihrer individuellen Bewältigung klarer die vorherrschende Mischung einer neokonservativen Interpretation und eines neubürgerlichen Wertebezuges erkennt. Erst aus diesen notwendigen Klärungen erwächst das Profil einer professionalisierten Leistung, wie sie hier definiert worden ist. Die Qualität einer Sozialen Arbeit darüber hinaus auch gegen den Effizienzbias dominanter Dienstleistungsmechanismen zu erhalten, ist die zentrale Aufgabe der fortgeschrittenen Praxis und insbesondere aber auch der Hochschulen. Das heißt zusammenfassend:

– Eine moderne Soziale Arbeit benötigt eine neue strategische Zielsetzung, um sich zu den gegenwärtigen gesellschaftlichen Herausforderungen und den zunehmenden beruflichen Konkurrenzen positionieren zu können. Dabei geht es nicht mehr in erster Linie um die theoretische Kontextualisierung von Hilfe und Kontrolle, sondern um eine analytisch anspruchsvolle und professionell herausfordernde Orientierung an Lebensführungsproblemen und einen erweiterten Bildungsbegriff.

– Eine konsequente und sich selbst gegenüber anspruchsvolle Professionalisierung führt zu einer profilierten Entwicklung der Sozialarbeit. Daraus ergeben sich nicht notwendigerweise Widersprüche zu einem professionellen Management, wohl aber genügend Einsprüche gegen ein Management des Professionellen.

– Der politische Gehalt des Managerialismus wird nicht angemessen verstanden, wenn er als bloße Verdrängung des Steuerungsmodus „Recht" durch den Steuerungsmodus „Geld" in den Blick genommen wird. Vielmehr stellt er ein politisches und schließlich auch ein moralisches Programm dar, dessen charakteristisches Merkmal eben gerade das Misstrauen in professionelle Selbststeuerung ist.

– Die gegenwärtige Veränderung wohlfahrtsstaatlicher Grundverhältnisse und der nicht nachlassende Versuch der Umgestaltung des Sozialen machen es notwendig, die bisherige Legitimation auch theoretisch zu erneuern, um wieder einen Bewegungs- und Definitionsraum für die Soziale Arbeit zu erhalten, der in der Analyse der aktuellen gesellschaftlichen Zuordnung der Problemlagen und der Forderung ihrer individuellen Bewältigung klarer die vorherrschende Mischung einer neokonservativen Interpretation und eines neubürgerlichen Wertebezugs erkennt.

– Die Chancen für eine Weiterentwicklung des Professionalisierungsprozesses in der Sozialen Arbeit sind nach wie vor gegeben. Sie werden aber nicht größer, wenn in den eigenen Reihen Beharrlichkeit mit Stillstand verwechselt und die Frage nach dem Verhältnis von Sozialer Arbeit und Gesellschaft nicht mehr unter wohlfahrtsstaatlichen Prämissen expliziert, sondern am Horizont der Marktrationalität durch den Zwang zur Ökonomisierung eingefärbt wird.

Den Adressaten eine Stimme geben – Partizipation von Kindern und Eltern in der Jugendhilfe

Peter Hansbauer

Ging man früher zur Tankstelle, dann gab es dort Benzin und bestenfalls noch, was das Auto zum Funktionieren brauchte. Heute werden dort – so war es neulich einmal in der Zeitung zu lesen – mehr Fertigpizzen verkauft als in jedem anderen Laden. Mittlerweile kann man an Tankstellen fast alles einkaufen, was man früher im Gemischtwarenladen um die Ecke kaufte, einschließlich der frischgebackenen Brötchen. Dafür verkauft der Bäcker jetzt hinter seiner Wurst- und Safttheke alles, was man für ein gelungenes Frühstück brauchen könnte, Eier und Zeitschriften inklusive. Fachgeschäfte wirken da fast schon nostalgisch.

Weshalb habe ich mit dieser Beobachtung begonnen? – Ich habe sie deswegen angeführt, weil daran exemplarisch deutlich wird, dass sich unsere Gesellschaft in rapidem Tempo in eine „Multioptionsgesellschaft" verwandelt. Wir erleben und beobachten, dass sich diese Multioptionalität inzwischen „verdinglicht" – sie wird institutionalisiert, sie wird mechanisiert, sie umfasst immer größere Bereiche unseres alltäglichen Lebens. Die Möglichkeiten, zwischen verschiedenen Alternativen zu wählen, haben sich in unserer Gesellschaft exponentiell vervielfältigt und sie betreffen weit mehr als allein unsere Biographie.

Entscheiden und Verhandeln in der Familie

Der Modus, über den alternative Optionen – oder Entscheidungsmöglichkeiten – in reales Leben, in Handlungen, Ereignisse oder gar Lebenswege überführt werden, heißt Entscheidung. Dies mag vielleicht abstrakt klingen, aber über Entscheidungen legen wir fest, ob wir mit unserem Geld Biogemüse oder eine Fertigpizza kaufen; ob wir diese oder jene Schule besuchen, weil wir – oder unsere Eltern – uns für intelligent genug halten, sie zu besuchen; ob wir diesen oder jenen Beruf ergreifen oder auch, welche Art von Hilfe zur Erziehung uns gerecht wird. Noch vor dreißig Jahren war dies in wesentlichen Teilen anders – damals wurde vielfach für uns entschieden: Durch (vermeintliche) Autoritäten, durch unsere Eltern, durch unsere Herkunft, durch die äußeren Bedingungen, die uns vorgegeben waren.

Wenn man es positiv formulieren will, dann bedeutet dies: Der Mensch hat heute im Durchschnitt ein Vielfaches an Möglichkeiten, das zu wählen, was seinem Leben und seinen Interessen am besten entspricht. Vorhandene Alternativen können passgenau an die eigenen Bedürfnisse oder an die Bedürfnisse derjenigen, für die entschieden wird, angepasst werden. Potentiell sinkt damit das Risiko, dass ungeeignete, weil an den Interessen der Betroffenen vorbeigehende Alternativen oder auch Hilfen zum Tragen kommen. Dies ist historisch betrachtet eine Chance, die noch keine Generation vor uns in diesem Ausmaß hatte.

Gleichzeitig ist das mit dem Entscheiden und der Anpassung an individuelle Bedürfnisse nicht so einfach: Vernünftige Entscheidungen zu treffen setzt die Fähigkeit voraus, die Folgen solcher Entscheidungen (zumindest halbwegs) überblicken zu können. Viele Menschen, vor allem Kinder, können dies aber nur begrenzt, so dass sie womöglich in eine permanente Überforderungssituation geraten. Entscheiden muss also gelernt und geübt werden, so ähnlich wie man lesen lernt und übt, um später ein Buch lesen zu können. Dazu bedarf es, neben einer klugen Anleitung, vor allem der Möglichkeiten zu üben. Fehlen diese Möglichkeiten, bleiben auch die Erfahrungen über mögliche Folgen aus, und es ist schwer zu lernen, wie man vernünftig entscheidet.

Entscheiden wird aber auch dadurch erschwert, dass es, gerade im sozialen Leben, nur wenige Entscheidungen gibt, die uns ganz alleine betreffen. Die meisten Entscheidungen in unserem Leben stehen in Beziehung zu den Interessen anderer. Welchen Beruf ich ergreife, hat häufig mit meinen Eltern zu tun; ob ich dieses oder jenes Jobangebot annehme, hat meist damit zu tun, was meine Frau gerade macht oder ob ein Betreuungsangebot für die Kinder vorhanden ist. Deshalb ist in unserer Gesellschaft das Verhandeln dem Entscheiden oftmals vorgeschaltet. Verhandeln findet im Beruf, in der Freizeit, in unserem alltäglichen Leben statt. Wir verhandeln immer dort, wo wir Entscheidungen nicht ganz so umsetzen können, wie wir das gerne hätten, so wie es unseren Bedürfnissen und Interessen vielleicht am besten entspricht. Deshalb kann man sagen: Ebenso wie das Entscheiden, muss auch Verhandeln geübt werden. Ja mehr noch, Verhandeln wird in einer Gesellschaft, in der unterschiedliche Leben aufs engste verflochten sind, geradezu zu einer Voraussetzung, um vernünftig entscheiden zu können.

In ganz normalen Familien ist dies inzwischen schon lange Realität. Soziologen sprechen, wenn sie die Veränderung familialer Erziehungsstile in den letzten dreißig Jahren beschreiben, von einem epochalen Umbruch vom „Befehls- zum Verhandlungshaushalt" (vgl. Nave-Herz 2002, S. 68 ff.). D. h. im Vergleich zu vorhergehenden Kindergenerationen werden Kindern heute wesentlich größere Handlungsspielräume und mehr Entscheidungsmacht über ihre eigenen Lebensverhältnisse zugewiesen. Wesentlich stärker wird das Kind heute als Verhandlungspartner ernst genommen und i. d. R. werden seine Wünsche so weit wie möglich respektiert, auch und gerade, wenn es darum geht, in Familien Regeln auszuhandeln (vgl. Sinus Sociovision GmbH 2004).

Dieser epochale Wandel im Erziehungsverhalten folgt – gewissermaßen subversiv – den gewandelten gesellschaftlichen Funktionserfordernissen einer sich immer mehr individualisierenden und zugleich flexibleren Gesellschaft. Denn Individualisierung heißt ja im Grunde nichts anderes, als dass nunmehr individuell entschieden werden muss, was in früheren Generationen durch soziale Herkunft und Tradition vorherbestimmt war. Eben dem trägt der Übergang vom Befehls- zum Verhandlungshaushalt Rechnung, weil er Kinder und Jugendliche systematisch darauf vorbereitet und trainiert, zu verhandeln, abzuwägen, sich in andere hineinzudenken, Entscheidungen zu treffen und Verantwortung für Abmachungen zu übernehmen, an deren Zustandekommen man selbst beteiligt war. Nun muss man zwar einschränkend anmerken: Die systematische Einübung von Verhandlungspraktiken und Entscheidungsstrategien sind zwar keine Garantie für eine erfolgreiche Lebensbewältigung, allerdings werden sie zunehmend zu einer Voraussetzung dafür. Nur wenn man beides kann, wird man eher dazu fähig sein, die ungeheure Optionsvielfalt, die das Leben heute bereithält, zu bewältigen.

Was hat dies nun aber alles mit dem Jugendamt oder mit erzieherischen Hilfen zu tun? Schaut man dazu ins Gesetz, so hat der Gesetzgeber in § 8 SGB VIII die „Beteiligung von Kindern und Jugendlichen" deutlich festgeschrieben, ebenso wie bei der Hilfeplanung nach § 36 SGB VIII. Hilfeplanung verweist also nach dem Wunsch des Gesetzgebers unmittelbar auf die Beteiligung der Betroffenen, verweist auf Aushandeln und Mitentscheiden, verweist darauf, die Beteiligten in die Verhandlungen über geeignete Hilfen einzubeziehen, mit ihnen auf Augenhöhe zu verhandeln und ihnen das Recht zuzugestehen, darüber mit zu entscheiden, ob die Hilfe angemessen ist und ihren Bedürfnissen, Interessen und Erwartungen entspricht. Der Gesetzgeber hat also bei der Einführung des KJHG/SGB VIII eigentlich nur das nachvollzogen, was auch an anderer Stelle in der Gesellschaft eingetreten ist.

Weshalb fällt Beteiligung in der Jugendhilfepraxis oftmals so schwer?

Im Grunde wissen die meisten Profis in der Jugendhilfe ganz gut, dass es eigentlich die Betroffenen sind, die darüber entscheiden, ob sie eine Hilfe tatsächlich annehmen. Menschen verfügen nun einmal über Eigensinn und so kann man sie zwar einer bestimmten Situation aussetzen, man kann aber nicht erzwingen, dass sie auch bereit sind, diese Situation für sich selbst anzunehmen und positiv zu bewerten, so dass soziale Hilfen ihr Ziel auch erreichen. Ob eine Hilfe gut gemeint ist, ob sie vielleicht sogar das ist, was der Betroffene tatsächlich braucht, ist nicht so entscheidend wie die Tatsache, dass der Betroffene diese Hilfe tatsächlich annimmt und ihr innerlich zustimmt.

Mit anderen Worten: Soziale Hilfen sind „klientengesteuert", insofern die Betroffenen darüber entscheiden, ob sie sich tatsächlich auf ein bestimmtes Arrangement einlassen wollen (vgl. Gross/Badura 1977; Gartner/Riessmann 1978; Schaarschuch 1999). Letztlich wird damit die „Passung" von angebotener Leistung oder Hilfe und tatsächlichem Bedarf zum Gradmesser für die Effektivität und Effizienz personenbezogener Hilfen (vgl. Engel/Flösser/Gensink 1998). Ohne den Einbezug der Betroffenen, steigt das Risiko deutlich, dass die Hilfe ihr eigentliches Ziel verfehlt. Und generell lässt sich wohl sagen: Ausgehandelte Hilfen sind in der Regel passgenauer und helfen damit besser. Weshalb bereitet dann aber Beteiligung in der Praxis der Hilfeplanung oftmals so große Schwierigkeiten?

Mit der Beteiligung von Kindern und Jugendlichen ist eine eigentliche paradoxe Anforderung verbunden (vgl. Hansbauer/Schnurr 2002): Wir müssen nämlich Kindern und Jugendlichen unterstellen, dass sie schon mündig sind, also selbstverantwortet ihre Interessen bestimmen können, obwohl sie es faktisch oftmals nicht sind. Weder können Minderjährige immer überschauen, was bestimmte Entscheidungen für sie bedeuten, noch können wir immer unterstellen, dass die heute formulierten Interessen auch noch die Interessen von morgen sind. Eine halbwegs stabile Interessenlage einerseits und ein halbwegs aufgeklärtes Verständnis der Folgen andererseits sind aber eigentlich die Bedingungen, unter denen Beteiligung und Mitbestimmung nur funktionieren können. Auch wenn Kinder daher mitbestimmen können, müssen Sozialarbeiter oftmals für Minderjährige Entscheidungen treffen. Beteiligung muss daher unterscheiden zwischen einem artikulierten Bedürfnis und dem tatsächlichen Bedarf. Beides kann zusammenfallen, muss aber nicht zwangsläufig zusammenfallen. Nicht immer ist das, was ein Kind sich wünscht, auch das, was es braucht. Beteiligung – insbesondere gilt dies für Kinder und Jugendliche –

setzt daher häufig die Interpretation von Bedürfnissen voraus und zwar dergestalt, dass Profis im wohlverstandenen Interesse des Kindes entscheiden müssen, so wie das Kind sich vermutlich entscheiden würde, wäre es schon erwachsen und mündig. Die Prüffrage für den Sozialarbeiter bei der Interpretation von Bedürfnissen des Kindes muss also lauten: Würde das Kind, wenn es in einigen Jahren auf sein Leben zurückblickt, genauso entscheiden wie ich, der ich heute an seiner Stelle entscheide?

Der Umgang mit diesem Paradoxon setzt für den Sozialarbeiter einen hochreflektierten Umgang mit sich selbst voraus: Er muss nämlich unterscheiden, wo er eine Entscheidung im wohlverstandenen Interesse des Kindes – vielleicht auch gegen das geäußerte Interesse des Kindes – trifft und wo er vielleicht nur vorschiebt, dies zu tun, um nicht vorhandene Zeitressourcen, seine eigene Bequemlichkeit, die eigenen Vorstellungen von einem guten Leben oder bestehende Betriebsblindheiten zu kaschieren.

Die Beteiligung von Kindern und Jugendlichen bei der Hilfeplanung kann daher nicht allein auf eine methodische oder rechtliche Forderung reduziert werden, auch wenn methodisch-instrumentelle Kenntnisse und der rechtliche Rahmen von Bedeutung sind. Sie hat ebenso zu tun mit dem Respekt vor der Lebenssituation anderer, mit Fairness, Einfühlungsvermögen, der Fähigkeit zur Perspektivübernahme und mit Transparenz. Kurz: Sie hat zu tun mit einer bestimmten professionellen Haltung. Sie ist damit sowohl eine Forderung nach bestimmten rechtlichen Strukturen, die Beteiligung erlauben und fördern, nach einem altersangemessenen methodischen Vorgehen, insofern Kinder und Jugendliche so angehört werden sollen, dass sie auch die Chance haben, ihre Interessen wirklich zu formulieren, als auch nach einer bestimmten sozialpädagogischen Professionalität, die versucht, gerade nicht bevormundend zu sein, sondern die die Interessen und Bedarfe der Kinder und Jugendlichen wahrnimmt, sich darauf einlässt und dann im wohlverstandenen Interesse des Kindes versucht zu entscheiden (vgl. Hansbauer/Kriener 2006).

Die Crux mit der Beteiligung ist nun, dass wir diese sozialpädagogische Professionalität oder Haltung immer voraussetzen müssen, weil wir sie strukturell, rechtlich und methodisch nicht ersetzen können und zwar deshalb nicht, weil die Planung von Hilfen in der konkreten Situation immer auf einem grundlegenden Machtgefälle aufsetzt, das mindestens drei Komponenten hat:

Da ist – erstens – ein *professionell bedingtes Machtgefälle*, insofern es der Professionelle ist, der in der Regel über Verfahrens- und Rechtskenntnisse verfügt und hierüber seine Aushandlungspartner in Kenntnis setzt (oder auch nicht). Er ist es auch, der die verfügbaren Angebote kennt und mit diesem Wissen Vorschläge für geeignete Maßnahmen macht. Diese Informationen stehen seinem minderjährigen Aushandlungspartner in der Regel nicht zur Verfügung. Auch wenn sich dieses Informationsproblem beheben ließe, so bleibt doch immer noch der Erfahrungsvorsprung des Professionellen, der in der Regel mit einem unterschiedlichen Erleben der Situation bei der Planung von Hilfen einher geht: Für den Sozialarbeiter in der Jugendbehörde ist das Gespräch mit dem Jugendlichen, das er gerade führt, vielleicht das hundertste Gespräch, für den Adressaten der Hilfe vielleicht das Erste. Während er die Erfahrung all dieser Gespräche einbringen kann, stehen dem Adressaten der Hilfe nur seine eigenen Erfahrungen zur Verfügung.

Eine zweite Komponente dieses Machtgefälles ist *personell bedingt*: Im Unterschied zu den meisten Adressaten von Hilfen sind die Fachkräfte in der Jugendbehörde an einer Hochschule ausgebildete Menschen, die gelernt haben – zumindest gelernt haben sollten –, sich mit Worten auszudrücken, d. h. Interessen und Erwartungen in Worte zu gießen. Sie haben in der Regel auch gelernt, komplexe Überlegungen anzustellen, in die unterschiedliche Variablen mit unterschiedlicher Gewichtung einfließen können, und sie haben schließlich auch gelernt, wie ein gutes Argument zu begründen ist, damit es als ein gutes Argument erscheint. All diese Fähigkeiten sind in der Regel bei Kindern und Jugendlichen nicht vergleichbar vorauszusetzen.

Schließlich liegt auch noch ein *situativ bedingtes Machtgefälle* vor: Wenn Jugendliche in der Jugendbehörde erscheinen, dann geht dem vielfach eine Krisensituation oder zugespitzte Konfliktlagen voraus. Für die Adressaten von Hilfen sind solche Krisen oftmals essentiell, für den Sozialarbeiter sind sie Teil seiner Berufsausübung. Hinzu kommt, dass die Adressaten dort, wo das Verfahren im allgemeinen stattfindet, Gastrecht genießen, der Sozialarbeiter aber Hausrecht. Auch dies macht in der konkreten Situation oftmals einen erheblichen Unterschied.

Zwar schließt dieses, in der konkreten Situation bestehende Machtgefälle Aushandlungsprozesse auf „gleicher Augenhöhe" nicht aus, macht aber deutlich, dass solche nur dann zustande kommen, wenn seitens der Profis die Bereitschaft besteht, die jugendlichen Adressaten als gleichwertige Partner anzuerkennen und sie zur Aushandlung zu befähigen (Empowerment). Die Grenzen zwischen fairer Aushandlung und Manipulation sind daher bei der Planung von Hilfen fließend, weil die Kontrolle über den Verlauf des Verfahrens i. d. R. bei den Fachkräften verbleibt. Daran ändern formale Regelungen zur Beteiligung im Grunde wenig, so dass tatsächlich die Haltung der Fachkräfte das entscheidende Moment darstellt, weil angesichts dieses Machtgefälles formale Regelungen immer durch sozialpädagogische Fachkräfte unterlaufen werden können.

Organisationskultur

Die Beteiligung von Kindern und Jugendlichen an der Hilfeplanung ist also keine einfache Forderung – sie ist es deswegen nicht, weil sie nicht einfach formalisiert und in Dienstanweisungen übertragen werden kann. Beteiligung ist immer auch eine Frage der Haltung von Professionellen im Umgang mit Kindern und Jugendlichen. Man muss daher bei der Forderung nach mehr Beteiligung vor allem die Haltungen der Menschen, die in einer Jugendbehörde arbeiten, adressieren; man muss danach fragen, wie lassen sich Haltungen von Menschen in Organisationen, ja, wie lässt sich der in einer Organisation herrschende „Geist", oder allgemeiner gesagt, wie lässt sich die Kultur einer Organisation so gestalten, dass sie der Beteiligung von Kindern und Jugendlichen an sie zentral betreffenden Entscheidungen förderlich ist.

Das Denkmuster einer bestimmten „Organisationskultur" beruht auf der Vorstellung, dass Verhalten einer Gruppe nicht allein durch formale Strukturen (in der Regel schriftlich fixierte Reglements bzgl. Aufbau-, Aufgaben- und Ablauforganisation) geprägt, beeinflusst und oftmals wesentlich geleitet wird, sondern ebenso durch implizite, unverwechselbare Vorstellungs- und Orientierungsmuster. Kultur ist also ein allgemein getragenes Set an Vorstellungen, das handlungsleitende Funktionen auch dort übernimmt, wo Beteiligung über Dienstverpflichtungen und hierarchische Vorgaben nicht mehr eingefordert werden kann (vgl. Lang/Winkler/Weik 2005: 209 ff.). Wie muss man sich nun das Wirken einer solchen Organisationskultur vorstellen?

Instruktiv ist diesbezüglich ein Modell von Schein (zit. nach Schreyögg 2003: 453; ähnlich Merchel 2005: 167 ff.), in dem bestehende „Organisationskulturen" entlang von drei, sich wechselseitig bedingenden und beeinflussenden Ebenen unterschieden werden:

Grund- oder Basisannahmen über Umweltbeziehungen, Wahrheiten, Zeitvorstellungen, die Natur des Menschen und des menschlichen Handelns sowie die Art zwischenmenschlicher Beziehungen

Im Kern sind solche Grund- oder Basisannahmen vorwissenschaftlich und werden teilweise neben oder vor der Berufsausübung erworben (weil sie z. B. als Bestandteil der Ausbildung vermittelt werden), sie werden aber auch im Rahmen der beruflichen Sozialisation weitergegeben oder modifiziert. Die meisten dieser Annahmen bleiben im Alltag unausgesprochen, oftmals sind sie uns selbst sogar nur eingeschränkt bewusst. Was zunächst noch abstrakt klingt, wird schnell anschaulich, wenn man sich das Wirken solcher Grund- und Basisannahmen an einem Beispiel vor Augen führt:

Gehen wir zunächst davon aus, dass der 16-jährige Josef in einem Heim untergebracht ist und im Rahmen der Fortschreibung der Hilfeplanung nun darüber entschieden werden soll, ob die Maßnahmen verlängert werden, ob er vielleicht in eine andere Wohnform umziehen oder zu seiner Mutter zurück soll. Gehen wir ferner davon aus, dass der 16-jährige Josef in einem Heim untergebracht ist und über seine Geschichte und seine Verhaltensauffälligkeiten umfangreiche Berichte und Gutachten vorliegen – meist mit negativer Tendenz. Gehen wir schließlich davon aus, dass dieser Josef auf direkte Ansprache meist verstockt reagiert und auch ansonsten wenig Neigung zeigt, sich in den Gruppenalltag einzuordnen, dass er sich aber manchmal stundenlang in eine selbstgestellte Aufgabe vertieft, deren Sinn sich nicht auf den ersten Blick erschließt (z. B. verbrachte er neulich den ganzen Nachmittag damit, seine Hose mit Stickereien und sonstigen unverwechselbaren Merkmalen zu verzieren). Gemeinsam mit Josef soll nun über das weitere Vorgehen beraten werden.

In die Entscheidung des Jugendamtes wird zweifellos mit einfließen, wie sich die Kostensituation darstellt, wie hoch der Druck ist, in eine bestimmte Richtung zu entscheiden. Diese Umweltbezüge der Behörde haben zwar wenig zu tun mit Josefs Verhalten, sind aber zweifellos nicht ohne Bedeutung für die Gesamtbeurteilung der Situation. Auch über die Bedeutung der vorliegenden Gutachten – wie über wissenschaftliche Aussagen generell – die in dieser Situation eine Rolle spielen könnten, entscheiden letztlich Vorstellungen darüber, wie grundsätzlich mit Expertenwissen umgegangen wird, ob man der „Wahrheit" der Experten vertraut und sie akzeptiert oder eher auf eigenes Erleben im Umgang mit Josef, auf eigene Konstruktionen von „Wahrheit" setzt. Des Weiteren wird die Einschätzung durch Überlegungen zum richtigen Zeitpunkt beeinflusst werden: Wann ist der rechte Zeitpunkt, um zu Handeln? Wann ist ein Problem dringlich? Welche Kriterien für Dringlichkeit bestehen überhaupt? Auch grundlegende Vorstellungen über die Natur des Menschen, darüber, ob Menschen eher als lernoffene oder entwicklungsresistente, durch ihre Vergangenheit bestimmte Wesen verstanden werden, dürften nicht ohne Bedeutung für die Entscheidung sein. Ebenso gilt dies für Vorstellungen über den Sinn menschlichen Handelns, aus denen abgeleitet die Beurteilung des Umstands, dass Josef sich stundenlang einer selbstgestellten Aufgaben widmet, auch wenn sich deren Sinn nicht auf den ersten Blick erschließt, ganz unterschiedlich ausfallen kann. Und nicht zuletzt wird auch der Umstand, dass Josef sich nicht in den Gruppenalltag einordnet und eine gewisse Eigenständigkeit und -sinnigkeit aufrecht erhält, ganz unterschiedlich bewertet werden, je nach dem, ob Ein- und Unterordnung als grundlegender Wert betrachtet wird oder ob bei den Fachkräften eher die Vorstellungen dominieren, dass jeder Mensch ein Recht auf seine Individualität hat.

All dies sind Hinweise auf das Wirken solcher Grund- und Basisannahmen. Sie sind die Folie, auf deren Hintergrund interpretiert und entschieden wird, was getan werden soll. Es ist das Wesensmerkmal solcher Annahmen, dass sie in der Regel gerade nicht offen sind und verhandelt werden, sie sind also unsichtbar und meist auch unbewusst. Gleichwohl spielen sie als unbewusste und unausgesprochene Werte, Vorstellungen, Bilder, Präferenzen usw. für das Handeln im Alltag eine entscheidende Rolle.

Normen und Standards

Im Gegensatz zu Grund- und Basisannahmen sind Normen und Standards vielfach sicht- und wahrnehmbar. Sie bilden sich ab in Strukturen und Abläufen der Organisation und sind manifest in Form von rechtlichen Vorgaben, Organigrammen, Dienstanweisungen, Verfahrensvorschriften oder Protokollen. Aber nicht alle Normen und Standards bilden sich in solchen formalen Strukturen ab. Daneben besteht eine Vielzahl von ungeschriebenen Regeln darüber, wie immer wiederkehrende Situationen zu behandeln sind. Diese ermöglichen es dem Einzelnen, zwischen „richtigem" und „falschem" Handeln zu unterscheiden, und sie werden häufig im Berufsalltag gelernt, indem man erfahrenen Kollegen „über die Schulter" schaut oder sie einfach danach fragt, wie in bestimmten Situationen verfahren werden soll.

Symbolsystem

Im Gegensatz zu den zuvor Genannten ist dieses Element der „Organisationskultur" der Beobachtung unmittelbar zugänglich. Allerdings erschließt sich der Sinn von Symbolen nicht immer sofort und umstandslos, sondern muss vielfach im Rückgriff auf die vorgenannten Aspekte interpretiert werden. Die Anordnung der Sitzgelegenheiten, ob alle an einem runden Tisch sitzen oder ob sich jemand hinter seinem Bürotisch verschanzt und den anderen damit in eine Bittstellerposition zwingt, ist Ausdruck einer bestimmten Verfassheit der Organisation. Ob die Räumlichkeiten alt und schmuddelig aussehen oder neu und gepflegt, ob alle in Anzug und Krawatte erscheinen oder leger gekleidet sind, ob der Umgangston lässig oder distanziert ist, all dies lässt Rückschlüsse auf die Kultur der Organisation zu. Durch diese Symbole schimmern Werthaltungen und Relevanzstrukturen hindurch, aus denen der Erfahrene, mit einem bestimmten Vorwissen Ausgestattete, schnell Rückschlüsse auf die Kultur einer Organisation ziehen kann.

Zwar verfügt nun jede der drei geschilderten Ebenen über ein gewisses „Eigenleben", schon deshalb, weil sich Entwicklungen auf diesen Ebenen in der Regel zeitlich ungleich vollziehen, allerdings können diese drei Dimensionen auch nicht unabhängig voneinander betrachtet und gestaltet werden, da sie wechselseitig aufeinander verweisen. Der Organisationssoziologe Karl E. Weick (1976) spricht daher von „losen Koppelungen", um solche Zusammenhänge zu beschreiben, zwischen denen eine innere, aber nicht exakt zu bestimmende Beziehung besteht.

Allerdings kann man sich diesen inneren Zusammenhang bei der Organisationsgestaltung auch zu Nutze machen: Gerade weil diese drei Dimensionen sich wechselseitig beeinflussen, ist davon auszugehen, dass die Veränderung von Normen und Standards – also das Element der „Organisationskultur", das am ehesten der intentionalen Steuerung zugänglich ist – auch Veränderungen auf den anderen beiden Ebenen nach sich zieht. Und ebenso wie Grund- und Basisannahmen Normen und Standards in einer Einrichtung beeinflussen, dürften umgekehrt die geltenden Normen und Standards Einfluss auf die Bildung und Verstetigung eines bestimmten Symbolsystems und bestimmter Grund- und Basisannahmen haben. Wichtig ist dabei jedoch, sich des unterschiedlichen Wandlungstempos bewusst zu sein: Während Normen und Standards, teilweise auch symbolisches Handeln, kurzfristig verändert werden können, ist die Veränderung von Grund- und Basisannahmen ein länger andauernder Prozess, der sich über mehrere Jahre hinziehen kann.

Die Gestaltung einer beteiligungsorientierten Organisationskultur

Bisher wurde argumentiert, dass – erstens – Beteiligung und Aushandlung die helfende Funktion von Erziehungshilfen erhöht, sowohl mit Blick auf gesellschaftliche Funktionserfordernisse als auch mit Blick auf die individuelle Bereitschaft, soziale Hilfen anzunehmen. Zweitens, dass die Forderung nach Beteiligung nicht auf rechtlich-formale bzw. methodische Aspekte reduziert werden kann, sondern vielmehr zugleich den reflektierten, von einer bestimmten Haltung geprägten Sozialarbeiter voraussetzt, weil ohne eine solche Haltung ein hohes Risiko besteht, dass formale Regeln unterlaufen werden. Drittens, dass die Kultur einer Organisation die Haltung einzelner Menschen in einer Organisation beeinflusst, und viertens, dass sich die Elemente einer Organisationskultur, d. h. Grund- und Basisannahmen, Normen und Standards sowie ein bestimmtes Symbolsystem, wechselseitig beeinflussen.

Vor diesem Hintergrund gilt es nun abschließend der Frage nachzugehen, wie diese drei Ebenen der Organisationskultur so gestaltet und beeinflusst werden können, so dass im Ergebnis eine beteiligungs- und mitbestimmungsorientierte Organisationskultur dabei herauskommt. Hierbei gibt es sicherlich kein Patentrezept und keine einfache, schnelle und erschöpfende Lösung. Wenn es aber gelingt, Veränderungsimpulse auf allen drei Ebenen der Organisationskultur auf ein bestimmtes Ziel hin auszurichten, so dürfte dies mittelfristig der Veränderung der Organisationskultur hin zu einem Mehr an Beteiligung und Mitbestimmung durchaus förderlich sein. Die Gestaltung einer solchen Organisationskultur ist zuerst und vordringlich die Aufgabe der Leitung.

Am einfachsten sind dabei sicherlich Normen und Standards zu verändern – durch entsprechende rechtliche Vorgaben im Gesetz, durch entsprechende Dienstanweisungen und Verfahrensvorschriften der Leitung in den Jugendbehörden. Diese können sich sowohl auf die Einhaltung bestimmter Verfahrensstandards als auch auf methodisches Handeln beziehen. Wichtig ist dies nicht, weil ich mich der Illusion hingebe, dadurch würde sich plötzlich die Kultur in Organisationen verändern, sondern weil sich dadurch die Begründungsnotwendigkeiten verschieben. Im Beispiel: Wir in Deutschland haben seit inzwischen 15 Jahren ein vergleichsweise beteiligungsorientiertes Kinder- und Jugendhilferecht. Bis heute, so muss man leider nüchtern konstatieren – das wird bis in die höchsten Ebenen des Bundesministeriums auch so geteilt – ist der „Geist" dieses Gesetzes, ist die Intention des Gesetzgebers, Jugendhilfe im Sinne einer Dienstleistung für Kinder, Jugendliche und Familien zu gestalten, in vielen Jugendämtern noch immer nicht umgesetzt. Aber: Was sich verändert hat durch dieses Gesetz ist, dass sich diejenigen, die dagegen verstoßen, häufig dafür rechtfertigen müssen. Es erfolgt also eine permanente Auseinandersetzung darüber, dass gegen geltende Normen und Standards verstoßen wird. Alleine durch die Auseinandersetzung über Normen und Standards werden diese immer wieder präsent gehalten und verdeutlicht. Auf Dauer – steter Tropfen höhlt den Stein! – werden dadurch Norm und Standards in Organisationen bewusster.

Schon schwerer sind Symbolsysteme in Organisationen zu verändern. Ansätze zur Veränderung könnten hier etwa darin bestehen, dass man zunächst Äußerlichkeiten verändert, Orte und Situationen so gestaltet, dass sie einladend wirken und zur Beteiligung ermuntern, oder dass man ansprechende und verständliche Informationsmaterialien vorhält. Ein Teilnehmer auf einer Tagung spitzte diesen Punkt einmal auf die Frage zu: „Was hat McDonalds, was wir nicht haben?" Knappe Antwort: „Weil Kinder dort als Kundengruppe umworben werden, weil Einrichtung, Optik und Kommunikationsstil auf Kinder und Jugendliche abgestimmt sind." Weitere Schritte könnten daher sein, dass durch die Art der Kommunikation und den Kommunikationsstil Bereitwilligkeit signalisiert wird, auf Interessen und die Bedürfnisse von Kindern und Jugendlichen einzugehen, dass man sich bemüht, höflich, respektvoll und empathisch zu sein und Vertrauen, Glaubwürdigkeit und Aufgeschlossenheit auszustrahlen. Mit anderen Worten: Kindern und Jugendlichen muss auch durch Äußerlichkeiten signalisiert werden, dass Interesse an ihnen als Person besteht. Ist dies der Fall, dürfte dies auch Rückwirkungen haben auf Normen und Basisannahmen.

Vergleichsweise schwierig umzusetzen sind Veränderungsstrategien, die auf eine Veränderung von Grund- und Basisannahmen abzielen. Zum ersten, weil es sich dabei in der Regel um einen länger andauernden Prozess handelt, zweitens, weil solche Basisannahmen häufig unbewusst bleiben und daher nur begrenzt offen diskutiert und besprochen werden können, und schließlich zum Dritten, weil sie nur begrenzt direkt zu adressieren und Veränderungen inhaltlich zu kontrollieren sind.

Nun kann man natürlich darauf hoffen, dass alleine schon Veränderungen der beiden erstgenannten Ebenen mittelfristig zu veränderten Basisannahmen führen. Gleichzeitig kann man solche Prozesse stützen und fördern, indem man einerseits bestehende Vorstellungen immer wieder irritiert und andererseits, salopp gesprochen, neue Basisannahmen in die Organisation einspeist, um so alternative Deutungs- und Handlungsmuster verfügbar zu machen.

Irritationen können etwa entstehen durch Supervision, Praxisberatung und -forschung oder Formen der Selbstevaluation, aber auch durch gezielte Mitarbeiterauswahl, die Nutzung von Praktikanten für diesen Zweck sowie durch eine Veränderung von Aufgabenzuschnitten oder Jobrotation. Es ist in erster Linie die Aufgabe der Behördenleitung, diese Instrumente der Irritation auszuwählen, zu kombinieren und so Irritationen, die unterhalb der Ebene massiver Verunsicherung bleiben, auf Dauer zu gewährleisten.

Die Wahrscheinlichkeit dafür, dass alternative Deutungsmuster für die Organisation zur Verfügung stehen, dürfte sich erhöhen, wenn sich z. B. Ausbildungsniveau und ausgeübte Berufe unterscheiden, wenn entsprechende Fachliteratur genutzt wird, wenn die Mitarbeiter unterschiedliche und für die Arbeit sachdienliche Fortbildungen besuchen und wenn Organisationen immer wieder versuchen, das, was sie tun, in Dokumenten und Publikationen darzustellen, denn Schreiben ordnet Gedanken, klärt Argumentationsgänge und trägt so zur Präzisierung und Differenzierung von Wissen bei.

Eher hinderlich für die Veränderung von Basisannahmen sind dagegen zu kleine oder zu große Gruppen von Mitarbeitern, die miteinander in enger Kommunikation stehen, zu knapp bemessene Zeitressourcen, die kommunikativen Austausch verhindern, geringe Arbeitsmotivation und ein durchgängig niedriges Qualifikationsniveau von Mitarbeitern oder informell zu mächtige Personen, die sich auf Dauer mit ihren Ansichten und Meinungen durchsetzen und andere Ansichten verdrängen (vgl. Klatetzki 1998).

Entscheidend ist sowohl bei der Irritation als auch bei der Einspeisung alternativer Deutungs- und Handlungsmuster, dass Diskussionen und Verständigungsprozesse darüber in Gang kommen, wie mit der Forderung nach Beteiligung in konkreten Situationen umgegangen wird. Zwar kann man Grund- und Basisannahmen, die sich auch in bestimmten Haltungen ausdrücken, wie schon erwähnt, nicht direkt adressieren, aber man kann durch immer wieder stattfindende Diskussionsprozesse die Offenheit und Bereitschaft erhöhen, das eigene Handeln zu hinterfragen und sensibler zu werden für die Belange von Kindern und Jugendlichen.

Literatur

Engel, M./Flösser, G./Gensink, G. (1998): Quality-Enhancement in the Service Society: Perspectives for Social Work. In: Flösser, G./Otto, H.-U. (Hrsg.): Towards More Democracy in Social Services. Berlin/New York. S. 357–370.

Gartner, A./Riessman, F. (1978): Der aktive Konsument in der Dienstleistungsgesellschaft. Frankfurt a.M..

Gross, P./Badura, B. (1977): Sozialpolitik und soziale Dienste: Entwurf einer Theorie personenbezogener Dienstleistungen. In: Von Ferber, C./Kaufmann, F.X. (Hrsg.): Soziologie und Sozialpolitik (Sonderheft 19 KZfSS). Opladen. S. 361–385.

Hansbauer, P./Kriener, M. (2006): Erziehung braucht eine Kultur der Partizipation. In: Diakonieverbund Schweicheln e.V. (Hrsg.): Erziehung braucht eine Kultur der Partizipation. Hiddenhausen. S. 9–34.

Hansbauer, P./Schnurr, S. (2002): Riskante Entscheidungen in der Sozialpädagogik. Ein Versuch zur Operationalisierung des pädagogischen Takts am Beispiel der „Straßenkinder"– Problematik. In: Zeitschrift für Erziehungswissenschaft (ZfE), 1/2002. S. 73–94.

Klatetzki, T. (1998): Qualitäten der Organisation. In: Merchel, J. (Hrsg.): Qualität in der Jugendhilfe: Kriterien und Bewertungsmöglichkeiten. Münster. S. 61–75.

Lang, R./Winkler, I./Weik, E. (2005): Organisationskultur, Organisationaler Symbolismus und Organisationaler Diskurs. In: Weik, E./Lang, R. (Hrsg.): Moderne Organisationstheorien 1. Wiesbaden. S. 207–258.

Merchel, J. (2005): Organisationsgestaltung in der Sozialen Arbeit: Grundlagen und Konzepte zur Reflexion, Gestaltung und Veränderung von Organisationen. Weinheim/München.

Nave-Herz, R. (2002): Familie heute: Wandel der Familienstrukturen und Folgen für die Erziehung. Darmstadt.

Schaarschuch, A. (1999): Theoretische Grundelemente sozialer Arbeit als Dienstleistung. In: Neue Praxis 29, H. 6. S. 543–560.

Schreyögg, G. (2003): Organisation. Grundlagen moderner Organisationsgestaltung, 4. Auflage. Wiesbaden.

Sinus Sociovision GmbH (2004): Erziehungsziele und -stile von Müttern mit kleinen Kindern: Pilotprojekt in den Sinus-Milieus Postmaterielle, Moderne Performer, Experimentalisten, Hedonisten. Heidelberg.

Weick, K. E. (1976): Educational Organizations as Loosely Coupled Systems. In: Adminstrative Science Quarterly 21. S. 1 – 19.

Selbstbestimmung allein genügt nicht –
Thesen zu einem strapazierten Leitbegriff der Hilfen
für Menschen mit geistiger Behinderung

Norbert Schwarte

Mitte der 90er Jahre ist der epochale Leitbegriff „Selbstbestimmung" auch im gesellschaftlichen Residualbereich der Hilfen für Menschen mit einer geistigen Behinderung angekommen. Selbstbestimmung zu fordern und dem Selbstanspruch nach zu fördern ist seitdem so selbstverständlich wie wohlfeil. Als arg strapazierter, für die verschiedenen Interessen von Sozialleistungsträgern, institutionellen Anbietern und Betroffenenverbänden in nahezu unheimlich anmutender Koalition in Anspruch genommener Leitbegriff, soll er im Folgenden problematisiert werden. Angesichts der Fülle einschlägiger Veröffentlichungen ist das kein leichtes Unterfangen. Ich will es anhand einiger – freilich unvollständiger – Thesen versuchen. Diese Thesen lassen sich allerdings ohne einige Vorbemerkungen nicht einfach hinnageln, wenn man den Begriff nicht in der plattesten Weise instrumentalisieren will.

Lexika sind geronnener Zeitgeist. Um diesbezüglichen Veränderungen auf die Spur zu kommen, lohnt der lexikalische Vergleich über die Zeiten hinweg. Da ist es nun interessant, dass der Begriff „Selbstbestimmung" als eine auf Individuen bezogene Kategorie z. B. in der für die 50er und frühen 60er Jahre maßgeblichen 16. Auflage des *Großen Brockhaus* von 1956 überhaupt nicht vorkommt. Diese Fehlanzeige wird in dieser Auflage auch nicht durch die Ausführungen zu dem verwandten, aber nicht inhaltsgleichen Stichwort „Autonomie,, ausgeglichen. Stattdessen findet man dort nur das Stichwort „Selbstbestimmungsrecht" und der Schwerpunkt der Angaben dazu liegt eindeutig bei der Erläuterung der völkerrechtlichen Relevanz des Begriffs. Die 20. Auflage von 2001 kennt dagegen den Begriff „Selbstbestimmung" und zwar, wie ich in einem Textvergleich glaube eindeutig belegen zu können, aus der

Feder des seinerzeit umstrittenen konservativen Würzburger Philosophen Günther Rohrmoser. [1] Dort heißt es:

„*Selbstbestimmung*, die Möglichkeit und Fähigkeit des Individuums, der
Gesellschaft oder des Staates, frei dem eigenen Willen gemäß zu handeln und
die Gesetze, Normen und Regeln des Handelns selbstverantwortlich zu ent-
werfen (und so gleichbedeutend mit Autonomie). Bei
   L. Feuerbach beginnt die Infragestellung der S. bzw. der von I. Kant noch
für möglich gehaltenen absoluten Autonomie. S. Freud hält sie für eine Selbst-
täuschung des bürgerlichen Ichs und erkennt in ihr das Ergebnis einer nicht ge-
lungenen Verdrängung faktischer Fremdbestimmung. Die Folge dieser Selbst-
täuschung ist für Freud Krankheit, für Feuerbach Verlust des Du, für Marx
Verlust des wahren gesellschaftlichen Seins, für Kierkegaard der Verlust Gottes und für M. Heidegger der Geschichte als Tradition. Trotz dieser allgemein
anerkannten Relativierung der Möglichkeit absoluter S. durch äußere und innere Einflüsse (z. B. Triebe, Begierden, gesellschaftliche Bedingungen) wird der
Begriff S. bis heute als kritische Leitidee gegen die Beeinträchtigung der Freiheit von Individuen, gesellschaftlichen Gruppen und Staaten (Heteronomie) in
Anspruch genommen.“

Soweit die aktuelle BROCKHAUS ENZYKLOPÄDIE, in der unter den
beispielhaft angeführten Einflüssen, die Selbstbestimmung einschränken und
die hier weit mehr Raum einnehmen als die positive Bestimmung des Begriffs,
kognitive Beeinträchtigungen nicht erwähnt werden, obwohl sie doch unzwei-
felhaft die größte Herausforderung für den Geltungsanspruch dieses als Hand-
lungsmaxime verstandenen Begriffs darstellen. Das seiner selbst bewusste,
gleichermaßen zielorientiert und reflektiert handelnde Individuum wird trotz
der kritischen Einwendungen als Regelfall vorausgesetzt.

Aber immerhin erfahren wir durch das lexikalische *name dropping*: Kant,
Feuerbach, Freud, Marx, Kierkegaard, Heidegger etwas von den anthropolo-
gischen, philosophischen, psychologischen und soziologischen Bezügen und
Traditionen, in die der Begriff „Selbstbestimmung“ gestellt ist und die es ver-
bieten, Selbstbestimmung im Sinne Kants absolut zu setzen und so zu verstehen, als sei der Mensch „Herr im eigenen Haus“.

Selbstbestimmungs- und Autonomiebegriff haben in der modernen Ausprägung ihre wesentlichen Wurzeln im Humanismus der frühen Neuzeit, insbesondere bei Pico della Mirandola in der epochal bedeutsamen Schrift „De
dignitate homini“ von 1486. Dass von da aus wiederum deutliche Verweise
und Spuren zur antiken Philosophie, etwa zu Aristoteles und Seneca, insbe-

---

[1]   Hinzuweisen ist hier auf die bis in die sprachlichen Wendungen hineinreichende Übereinstimmung mit dem namentlich gezeichneten Artikel „Autonomie“ (vgl. Krings 1973).

sondere aber auch zum Alten und Neuen Testament mit der dort vorfindlichen Spannung zwischen Autonomie und Theonomie gegeben sind, kann hier nur angedeutet werden.

Zugegeben zugespitzt lässt sich aus kulturhistorischer Perspektive sagen, dass das sich im Humanismus der frühen Neuzeit ankündigende und mit der Aufklärung heraufziehende bürgerliche Zeitalter die Leitidee der Selbstbestimmung in ihrer Absolutsetzung brauchte, um die feudale Herrschaft zu delegitimieren und durch die eigene, rationalere Herrschaft zu ersetzen. Das klingt nun so, als handele es sich bei diesem Projekt um längst durchgesetzte und voll zur Entfaltung gebrachte gesellschaftliche Antriebskräfte. Aber warum ist dann seit den 80er Jahren des eben vergangenen Jahrhunderts erneut und mit zunächst nahezu uneingeschränkt positiver Konnotation in allen möglichen politischen und gesellschaftlichen Diskursen von Selbstbestimmung die Rede?

In diesen Diskursen umschreibt der Begriff „Selbstbestimmung" ein neoliberalistisches gesellschaftliches Programm, das wesentlich auf Souveränität, Durchsetzungsvermögen, Eigenverantwortlichkeit, kurzum alle die Kompetenzen setzt, die die Gewinner in den gegenwärtigen, von U. Beck (1986) reflexiv genannten Modernisierungsprozessen aufweisen. Das Individuum soll seine Welt selbst gestalten und verantworten. Dazu sind alle als kollektivistisch geschmähten Beschränkungen wie Steuern, Pflichtversicherungen, Wettbewerbsbegrenzungen etc. abzubauen. Staat und Gesellschaft haben dann eine auf wenige Aufgaben, wie z. B. die Gewährleistung der Sicherheit nach innen und außen, reduzierte Funktion. Das Ergebnis ist der „schlanke", genauer, der schwache Staat.

Kritiker fragen, worin sich dieser Entwurf vom Humboldtschen Konzept des Nachtwächterstaates, das sich doch schon in der Zeit seiner Entstehung und publizistischen Verbreitung als unzulänglich erwies, unterscheidet. [2] Wo jeder seines Glückes und eben auch Unglückes Schmied ist, ist der Staat für die Wohlfahrt der Bürger nur sehr beschränkt verantwortlich.

Diese Interpretation des Begriffs „Selbstbestimmung" fungiert im sozialpolitischen Diskurs seit den 90er Jahren als Legitimation für den Abbau des Wohlfahrtsstaates und seine Verunglimpfung als Agentur für die Produktion und Verteilung „sozialer Hängematten".

Nun aber ist die Idee der Selbstbestimmung, wie eingangs erwähnt, in den 90er Jahren auch im gesellschaftlichen Residualbereich der Hilfen für Menschen mit Behinderungen angekommen, und sie wird inzwischen allenthalben

---

[2] Humboldt, W. v. (1792): Ideen zu einem Versuch, die Grenzen der Wirksamkeit des Staates zu bestimmen. Stuttgart 1985. Als aktuelles Gegenprogramm lässt sich Erhard Epplers Schrift „Auslaufmodell Staat", Frankfurt/M. 2005, lesen.

vollmundig und unbefragt als zentraler Leitbegriff des so genannten Paradig-
menwechsels in Anspruch genommen. [3] Dabei fällt auf, dass hier, wie in anderen Zusammenhängen, die das Verhältnis von Wissenschaft und Praxis betreffen auch, die sehr differenzierten fachwissenschaftlichen Einwendungen [4]
gegenüber dem Selbstbestimmungsbegriff als zentrale Leitidee der Hilfen für
Menschen mit einer geistigen Behinderung in den sozialpolitischen, verbandlichen, amtlichen und sonst wie auf die Entwicklung des Hilfesystems zielen-
den Verlautbarungen, von wenigen Ausnahmen abgesehen, keinerlei Beachtung gefunden haben. Was dazu aus meiner Sicht anzumerken ist, möchte ich
in den folgenden sieben Thesen zusammenfassen und ansatzweise begründen:

Fernab wuchtiger Begrifflichkeiten und nah an der Erfahrungswelt der Betroffenen hat Martin Hahn in einem knappen, aber gewichtigen Beitrag unter dem Titel „Selbstbestimmung im Leben, auch für Menschen mit geistiger
Behinderung" (Hahn 1994: 84ff.) den Zusammenhang zwischen Selbstbestimmung und Lebensqualität skizziert. Dieser Zusammenhang ist für die Konzep-
tualisierung von Hilfen für Menschen mit einer geistigen Behinderung zweifellos von zentraler Bedeutung.

Ich greife deshalb in den folgenden Thesen die dort entwickelten Gedanken auf und führe sie mit eigenen Überlegungen zusammen.

1. *„Selbstbestimmung gehört wesenhaft zum Menschen"*
Die menschliche Entwicklung ist aus anthropologischer Perspektive auf
einen Zuwachs an Autonomie von Geburt an angelegt. Diese Aussage wird
durch die neurobiologische Forschung nachhaltig gestützt. [5]

2. *„Menschliches Wohlbefinden gründet auf Selbstbestimmung"*
Subjektives Wohlbefinden ist neben den objektiven Lebensbedingungen die
entscheidende Determinante von Lebensqualität. Selbstbestimmung ist stets
relativ. Wohlbefinden beruht auf einer ausgewogenen Balance „größtmög-
licher verantwortbarer Unabhängigkeit und bedürfnisbezogener Abhängigkeit". Selbstbestimmung ist realisierte Unabhängigkeit. [6]

---

[3]   Die Zahl der einschlägigen Veröffentlichungen zur Selbstbestimmung unter den Bedingun-
       gen einer geistigen Behinderung ist Legion. Hier sei nur auf die Schriften hingewiesen,
       die die verschiedenen Positionen exemplarisch beleuchten: Bundesvereinigung Lebenshil-
       fe (1996), darin vor allem die Beiträge von Bradl; Fornefeld, Knust-Potter und Wohlhüter;
       Hofmann,T./Klingmüller (1994); Klauß (1999); Lindmeier (1999); Niehoff (1992); Rittmei-
       er (2001); Speck (2000); Theunissen/Plaute (2002); Waldschmidt (1999).
[4]   Siehe hierzu u.a.: Antor/Bleidick (2000); Lindmeier (1999); Klauß (1999); Stinkes (2000);
       Thimm (1997) und Waldschmidt (1999).
[5]   Grundlegend hierzu immer noch Maturana/Varela (1987), auch wenn sich die neuropsycho-
       logische Forschung zur Idee des freien Willens mehrheitlich höchst skeptisch äußert.
[6]   Selbstbestimmung spielt in den verschiedenen Ansätzen einer inhaltlich ausgerichteten

3. *„Selbstbestimmung ist bei Menschen mit geistiger Behinderung erschwert"*
Der Freiheitsraum für selbständiges Handeln verringert sich in dem Maße, wie die behinderungsbedingte Abhängigkeit zunimmt. Sollen Menschen
mit einer geistigen Behinderung Selbstbestimmung als Quelle des Wohlbefindens erfahren, muss die soziale Umwelt in der Lage sein, Selbstbestimmung trotz massiver Abhängigkeit zu ermöglichen. [7]

4. *„Wir haben Möglichkeiten, die Erschwerungen der Selbstbestimmung zu*
überwinden"
Um von vornherein dem Argument, Selbstbestimmung sei nur etwas für
Menschen mit leichter Behinderung, zu begegnen, entfaltet Hahn in dem ge-
nannten Aufsatz die Möglichkeiten der Selbstbestimmung an alltagsnahen
Beispielen aus der Lebenswelt Schwerbehinderter (vgl. Hahn 1994: 87).

5. *Selbstbestimmung ist eine notwendige, nicht aber auch eine hinreichende*
Voraussetzung für ein „gutes Leben"
Wenn sich der Blick darauf richtet, dass ein und dieselbe Schädigung bzw.
Beeinträchtigung in verschiedenen Lebenszusammenhängen und zu verschiedenen Zeiten höchst unterschiedlich wirken kann, erweist sich als be-
hindert, abhängig von der Struktur der gesellschaftlichen Institutionen, wer
nicht in den weitgehend normierten, gesellschaftlich relevanten Regelsys-
temen (Schule, Arbeitsmarkt etc.) „funktioniert" und deshalb „besondert"
bzw. ausgeschlossen wird oder auf Barrieren trifft, die seine Teilhabe in
spezifischer Weise erschweren. Das Phänomen „Behinderung" stellt sich
so gesehen als relativ und relational dar. Dies gilt, vor allem empirisch
betrachtet, auch für „Selbstbestimmung". Im Blickpunkt steht dann nicht
nur die auf die statistische Norm bezogene, eingeschränkte Funktionsfähig-
keit einer Person und deren kontinuierliche Verbesserung durch Förderung
und Therapie, sondern ebenso dringlich und oftmals auch vordringlich die
Frage danach, wie selbstbestimmte Teilhabe in gesellschaftlich relevanten,
subjektiv bedeutsamen Lebensbereichen gelingen kann. Die Antworten auf
diese Frage liegen nun aber nicht in erster Linie in der Person, sondern außerhalb. Maßgeblich sind hierfür die sozialen Institutionen und Regeln, die
das gesellschaftliche Leben bestimmen, die öffentlich verfügbaren Infra-
strukturangebote und deren Zugänglichkeit, die sich als exklusiv oder aber
als inklusiv erweisen.

Qualitätsentwicklung von Einrichtungen und Diensten des sozialen Sektors eine zentrale
Rolle (vgl. u. a. Schalock 1989; Boeßenecker 2003).

[7]   Diesen Gedanken hat Hahn schon in seiner 1981 veröffentlichten Studie „Behinderung als
soziale Abhängigkeit" entfaltet, die insofern auch für den vorliegenden Zusammenhang
wichtige Impulse bietet (vgl. Hahn 1981).

Diese Umorientierung der Sichtweisen hat sich – ausgehend von ausländischen Vorbildern und von der internationalen Diskussion – auch in der deutschen Sozialpolitik und Sozialgesetzgebung als Leitlinie durchgesetzt. Zu verweisen ist u. a. auf die Ergänzung des *Art.3 GG*, auf das *SGB IX*, das *Gleichstellungsgesetz* von 2002, das *SGB XII* und das jüngst verabschiedete *Allgemeine Gleichbehandlungsgesetz (AGG)*. Sie sind die rechtsverbindlichen Wegmarken zu einem individualisierten Unterstützungssystem (vgl. Welti 2005). Im Mittelpunkt der Veränderungen steht die umfassende, auf alle Lebensbereiche bezogene, *selbstbestimmte Teilhabe* von Menschen mit Behinderungen in dem Anspruch und der Durchsetzung von Bürgerrechten. Wenn man auf die letzten beiden Jahrzehnte blickt, ist der bürgerrechtliche Zugewinn für Menschen mit Behinderungen beachtlich, obwohl er noch längst nicht für alle in vollem Umfang realisiert ist. Dabei muss allerdings einschränkend darauf hingewiesen werden, dass die Durchsetzung bürgerrechtlicher Ansprüche auf Selbstbestimmung und faire Teilhabechancen Voraussetzung dessen ist, was wir Lebensqualität oder ein „gutes Leben" nennen, dass diese bürgerrechtlichen Ansprüche aber für sich genommen noch kein „gutes Leben" ausmachen. Sie sind eine notwendige, nicht aber auch eine hinreichende Bedingung für Wohlbefinden in einem „gelingenden Alltag" und ein „gutes" Leben (Reinders 2005).

Ein von Felce und Perry (1997) entwickeltes und von Monika Seifert (2001) für deutsche Verhältnisse adaptiertes Modell der verschiedenen Dimensionen von Lebensqualität ermöglicht eine differenzierte Betrachtung des Wohlbefindens. Es fächert den komplexen Zusammenhang von subjektiven Einschätzungen und objektiven Bedingungen auf und macht deutlich, dass Selbstbestimmung zwar eine gewichtige, keineswegs aber die alle anderen Dimensionen überlagernde Voraussetzung „guten Lebens" ist.

6. *Paradigmenwechsel in der sozialen Welt: Selbstbestimmung allein genügt nicht*

Paradigmenwechsel meint in der sozialen Welt und in sozialwissenschaftlicher Perspektive etwas anderes als in den Naturwissenschaften, wo er die radikale Änderung von Grundannahmen und den Ersatz einer hergebrachten Sichtweise durch eine andere bezeichnet. Als exemplarisch gilt dafür die „kopernikanische Wende". In der sozialen Welt geht es dagegen da, wo von Paradigmenwechsel gesprochen wird, viel eher um ergänzende, erweiterte oder anders akzentuierte Sichtweisen, die das, was bisher galt, nicht außer Kraft setzen, sondern in einem neuen Ansatz im Sinne Hegels dialektisch „aufheben". So verhält es sich auch mit dem bürgerrechtlichen Paradigma selbstbestimmter Teilhabe, das die im älteren, zwischen 1970 und

1990 dominanten Rehabilitationsparadigma zentralen Anliegen der Förderung und Therapie nicht überflüssig werden lässt, sondern in einen anderen Rahmen stellt und anders akzentuiert. Auch das noch ältere Fürsorgeparadigma wird dadurch nicht obsolet; es ändern sich allerdings Stellenwert und Charakter: An die Stelle tendenziell bevormundender Fürsorge früherer Zeiten tritt dann z. B. die anwaltschaftliche Interessenwahrnehmung auf der Basis reflektierter Empathie.

Etwas anderes muss in diesem Zusammenhang auch bedacht werden: Paradigmatische Aussagen, die das soziale Handeln ausrichten sollen, sind stets wertbezogen. Werte sind aber, wenn man sie konkret auf einen bestimmten Menschen, eine bestimmte Handlung, eine bestimmte Situation bezogen und nicht abstrakt und theoretisch diskutiert, mehrdeutig und interpretationsbedürftig. Paul Moor, zu Unrecht nahezu vergessener Nestor der Schweizer Heilpädagogik, hat letztlich im Rückgriff auf Aristoteles (Nikomachische Ethik, 2. Buch, 5. Kap.) mit dem so genannten Wertequadrat in den hier diskutierten Zusammenhang ein Instrument eingeführt, das eine Präzisierung von Wertbegriffen erlaubt und den dialektisch strukturierten Gesetzmäßigkeiten sozialer Entwicklung Rechnung trägt (vgl. Moor 1965). Ausgangspunkt ist die aus alltäglichen Erfahrungen abzuleitende Überlegung, dass Werte nicht isoliert durch einseitige Steigerung, sondern nur in der Spannung zu einem positiven Gegenwert konstruktiv wirksam werden. Ohne diese Balance stellt sich die einseitige Steigerung als entwertende Übertreibung dar: So wie Sparsamkeit zu Geiz verkommt, wenn sie nicht zu dem positiven Gegenwert Großzügigkeit in eine dynamische Balance gebracht wird, und Großzügigkeit ohne Sparsamkeit zur Verschwendung, kann die einseitige Ausrichtung der Hilfen für Menschen mit Behinderung auf Selbstbestimmung zur Isolation, zur Vernachlässigung und aktiven Verwahrlosung führen, wenn der (nur scheinbar) überholte Gegenwert „Fürsorge" nicht zur Selbstbestimmung in eine produktive Spannung gebracht wird, während die Fürsorge in einseitiger Betonung und Übertreibung Bevormundung und Fremdbestimmung hervorbringt. Die allzu selbstgewiss daher kommende Parole „Selbstbestimmung statt Fürsorge" ist auf dem Erfahrungshintergrund des herkömmlichen Hilfesystems für Menschen mit Behinderung verständlich, zielführend ist sie nicht. Eher leistet sie im Sinne einer Überkompensation dem Wechsel von der Entwertungsvariante „Bevormundung" zur Entwertungsvariante „Vernachlässigung" Vorschub.

Wenn man die von Paul Moor in die Heilpädagogik eingeführte Arbeit mit dem Wertequadrat zur Reflexion von Zielen aufgreift, die das konkrete Handeln justieren sollen, lassen sich falsche Alternativen erkennen und vermeiden. In der Entwicklung von handlungsleitenden Zielperspektiven trägt das Wertequadrat als heuristisches Instrument der Komplexität und Widersprüchlichkeit der Praxis Rechnung und macht die daraus resultierenden Spannungen fruchtbar. Es weitet das analytische und operative Feld und macht auf das Anspruchsniveau professionellen Handelns in den Hilfen für Menschen mit Behinderung, das gegenwärtig von massiver Entwertung bedroht ist, aufmerksam.

7. *Mehr Selbstbestimmung für Menschen mit Behinderung erfordert ein neues professionelles Selbstverständnis*

Als Leitidee kann selbstbestimmte Teilhabe ein reflexives Korrektiv sein, das die Kritik an den Besonderungs- und Bevormundungstendenzen traditioneller Fürsorge aufnimmt. Wenn Selbstbestimmung in diesem Sinne im Kontext der Hilfen wirksam werden soll, bedarf es zum einen einer geschärften reflexiven Kompetenz bei den professionell Tätigen und zum anderen in dieser Hinsicht förderlicher institutioneller Rahmenbedingungen.

In der praktischen Umsetzung ist ein Paradigmenwechsel, in dessen Zentrum die Leitidee der selbstbestimmten Teilhabe steht, voraussetzungsvoll und vor Einseitigkeiten und Missverständnissen nicht geschützt. So wie das Fürsorgeparadigma in der Vergangenheit zur Recht-fertigung deprivierender kustodialer Strukturen herangezogen wurde, kann das Selbstbestimmungsparadigma zur Kaschierung unzureichender Unterstützung missbraucht werden, solange es an verbindlichen fachlichen Standards und intelligenten Konzepten der Qualitätssicherung für die im Rahmen des neuen Paradigmas erst noch zu entfaltenden Hilfeformen der Begleitung, Vertretung und Assistenz fehlt.[8]

Obwohl das Assistenzmodell ursprünglich für einen anderen Personenkreis entwickelt worden ist, spricht alles dafür, dass sich die Fachkräfte in Diensten und Einrichtungen der Hilfen für Menschen mit einer geistigen Behinderung am Assistenzmodell (Miles-Paul/Frehe 1994: 12ff.) orientieren.

Das Konzept der „persönlichen Assistenz" ist nicht von „Fachleuten", sondern von Menschen mit Behinderung entwickelt worden. Der Begriff taucht in den 80er Jahren in den Selbsthilfebewegungen körper- und sinnesbehinderter Menschen auf und richtet sich gegen die als Kolonialisierung empfundene, pädagogische und therapeutische Überformung der Lebenswelt Behinderter, die die damalige Ausrichtung der Hilfen in der Tat kennzeichnete.

---

[8]   Zur Begründung eines Qualitätsmanagements, das der Eigensinnigkeit des sozialen Sektors Rechnung trägt, siehe Trube/Regus/Depner (2001).

Horst Frehe, Bremer Sozialrichter und Gründer der dortigen Assistenz-
genossenschaft, selbst körperbehindert, bestimmt den hier in Frage stehenden
Gegenstand so: „Unter persönlicher Assistenz wird jede Form der Hilfe für behinderte Menschen verstanden, mit der sie ein selbstbestimmtes Leben im Alltag führen können. Diese Hilfen umfassen sowohl pflegerische Anteile, haus-
wirtschaftliche Hilfen, Unterstützung der Mobilität als auch spezielle Dienste
wie Vorlesekräfte für blinde Menschen und Gebärdendolmetscher für Menschen, die gehörlos sind. Wesentlich für das Konzept „persönliche Assistenz"
ist es, dass mit ihr behinderte Menschen ihre gleichberechtigte Teilhabe selbstbestimmt realisieren können, d. h. sie können mindestens über die folgenden
fünf Kompetenzen verfügen:
- Personalkompetenz: Sie können sich die Helfer selbst aussuchen,
- Organisationskompetenz: Sie bestimmen über Zeitpunkt und Ablauf der
  Hilfen,
- Anleitungskompetenz: Als Experten in eigener Sache leiten sie die Helfer
  an,
- Raumkompetenz: Sie bestimmen über den Ort der Hilfeerbringung,
- Kontrollkompetenz: Sie kontrollieren selbst die korrekte Leistungserbrin-
  gung" (Frehe 1999: 271ff.).

Es liegt auf der Hand, dass dieses Konzept nicht ohne weiteres auf den
Personenkreis der Menschen mit einer geistigen Behinderung übertragen werden kann. In vielen Fällen – Ausnahmen bestätigen wohl eher die Regel –
verfügen sie nicht über die von Frehe als Bestimmungsstücke des Assistenz-
konzepts angeführten Kompetenzen. Das gilt insbesondere für die Anleitungs-
und Kontrollkompetenz.

Extensiv übertragen lässt sich das Konzept nur, wenn man einzelne Bestimmungsstücke so gegen den Strich bürstet, dass die ursprüngliche Intention des Assistenzmodells bis zur Unkenntlichkeit überformt wird. Beispielhaft
hierfür scheint mir die von Georg Theunissen vorgelegte extensive Fassung,
in der – im Grunde das gesamte heilpädagogische Aufgabenspektrum über-
greifend – nicht weniger als acht verschiedene Assistenzformen unterschieden
werden. Neben der *lebenspraktischen Assistenz*, die pragmatische Alltagshil-
fen meint, sind dies die *dialogische Assistenz*, die der Herstellung vertrauens-
voller Beziehungen dient, die *konsultative Assistenz*, in der es um Beratung
geht, die *advokatorische Assistenz*, in der Fürsprecheraufgaben wahrgenommen werden, die *facilitatorische* oder *fördernde Assistenz*, die signifikantes
Lernen ermöglichen soll, die damit verwandte *lernzielorientierte Assistenz*, die
sozialintegrierende Assistenz und schließlich die*intervenierende Assistenz*, die
„stützende Hilfen" im Falle von Verhaltensauffälligkeiten meint (vgl. Theu-

nissen 2006: 103ff.). Spätestens bei der intervenierenden Assistenz, die ja in aller Regel gegen den Willen des Verhaltensauffälligen ausgeübt wird, wird deutlich, dass der Begriff hier völlig überstrapaziert und ins Gegenteil der ursprünglich gegen fremdbestimmende Helfermacht gerichteten Konzeption verkehrt wird.

Es scheint mir sinnvoller, Assistenz auf der Handlungsebene als Teilkonzept zu verstehen und im Übrigen, gerade in Hinblick auf nur eingeschränkt kommunikationsfähige Menschen mit einer geistigen Behinderung, als *dialogische Haltungsmaxime* auszulegen.

In einer derart differenzierenden Übertragung des Assistenzmodells auf die Hilfen für Menschen mit einer geistigen Behinderung liegt auch die Herausforderung für die Fachkräfte, ein neues, anspruchsvolles Rollen- und Aufgabenverständnis zu entwickeln. An die Stelle substituierender Hilfen tritt, wo immer möglich, subsidiäre Hilfe (vgl. Schwarte/Oberste-Ufer 2001: 24ff.). Diese subsidiäre Hilfe weist sich durch einen systematischen Perspektivenwechsel, [9] systematische Förderung von Selbstbestimmung und Eigenverantwortung in allen für das Wohlbefinden relevanten Lebensbereichen und eine konsequente Individualisierung aus, in der das Aushandeln von Zielen an die Stelle entmündigender Vorgabe oder vernachlässigenden „Laufen Lassens" tritt (vgl. Schwarte/Oberste-Ufer 2001: 252ff.).

Nimmt man alles in allem, dann erweist sich die flotte Formel *Selbstbestimmung statt Fürsorge* als unzureichend und Selbstbestimmung als eine ebenso voraussetzungsvolle wie folgenreiche konzeptionelle Leitidee, die, um konstruktiv wirksam zu werden, komplementärer Wertsetzungen bedarf.

Literatur

Beck, U. (1986): Risikogesellschaft. Frankfurt/M..
Boeßenecker, K.-H. et al. (2003): Qualitätskonzepte in der Sozialen Arbeit. Weinheim/Berlin.
Bundesvereinigung Lebenshilfe (Hrsg.): Selbstbestimmung. Marburg.
Eppler, E. (2005): Auslaufmodell Staat. Frankfurt/M..
Felce, D./Perry, J. (1997): Quality of life. The scope of the term and its breadth of measurement. In: Brown, Roy (Hrsg.): Quality of life for people with disabilities. Cheltenham. S. 56–71.

---

[9]   Die Vielfalt der Möglichkeiten, die Perspektive geistig behinderter Menschen auch dann zu erschließen, wenn sie nicht sprachlich kommunizieren können, haben wir dort ausführlich beschrieben. Die seit den 90er Jahren – infolge der „Kostendeckelung" – eingetretene Arbeitsverdichtung mit weniger Gelegenheiten zum fachlichen Austausch und zahlreichen Einzeldiensten hat die Entwicklung einer „hermeneutischen Kultur" in den Einrichtungen und Diensten allerdings stark beeinträchtigt.

Frehe, H. (1999): Persönliche Assistenz – eine neue Qualität ambulanter Hilfen. In: Jantzen, W. (Hrsg.): Qualitätssicherung und Deinstitutionalisierung. Berlin. S. 271 – 284.

Hahn, M. (1994): Selbstbestimmung im Leben – auch für Menschen mit geistiger Behinderung. In: Geistige Behinderung, H. 2/1994. S. 81 – 94.

Hahn, M. (1981): Behinderung als soziale Abhängigkeit. Zur Situation schwerbehinderter Menschen. München.

Hofmann,T./ Klingmüller, B. (1994): Abhängigkeit und Autonomie. Neue Wege in der Geistigbehindertenpädagogik. Berlin.

Humboldt, W. v. (1792): Ideen zu einem Versuch, die Grenzen der Wirksamkeit des Staates zu bestimmen. Stuttgart 1985.

Klauß, Th. (1999): Selbstbestimmung von Menschen mit geistiger Behinderung. In: Sonderpädagogik 2/1999. S. 74 – 90.

Lindmeier, C. (1999): Selbstbestimmung als Orientierungsprinzip der Erziehung und Bildung von Menschen mit geistiger Behinderung. In: Die neue Sonderschule, 3/1999. S. 209 – 224.

Maturana, H./Varela, F. (1987): Der Baum der Erkenntnis. Ern/München/Wien.

Miles-Paul, O./Frehe, H. (1994): Persönliche Assistenz. Ein Schlüssel zum selbstbestimmten Leben Behinderter. In: Gemeinsam leben, H. 1/1994. S. 12 – 17.

Moor, P. (1965): Heilpädagogik. Bern/Stuttgart/Wien.

Niehoff, U. (1992): Selbstbestimmt leben für behinderte Menschen – Ein neues Paradigma zur Diskussion gestellt. In: Fachdienst der Lebenshilfe, H. 1/1992. S. 5 – 17.

Reinders, H. S. (2005): The good life for citizens with intellectual disabilities. Manuscript Bernard Lievegoed Chair for ethical aspects of care and support based on anthroposophy, Free University of Amsterdam.

Rittmeier, C. (2001): Zur Bedeutung der Selbstbestimmung in der Arbeit mit Menschen mit einer geistigen Behinderung. In: Sonderpädagogik, H. 3/2001. S. 141 – 150.

Rohrmoser, G. (1973): Autonomie. In: Krings, H. et al. (Hrsg.): Handbuch philosophischer Grundbegriffe, Bd. 1. München. S. 155 – 170.

Schalock, R. L. et. al. (1989): Quality of Life. Its Measurement and Use in Human Service Programs. In: Mental Retardation, 27/1989. S. 25 – 31.

Schwarte, N./Oberste-Ufer, R. (2001): LEWO II. Lebensqualität in Wohnstätten für Menschen mit einer geistigen Behinderung. Marburg.

Seifert, M. et al. (2001): Zielperspektive Lebensqualität. Eine Studie zur Lebenssituation von Menschen mit schwerer Behinderung im Heim. Bielefeld.

Speck, O. (2000): Autonomie und Kommunität – Zur Fehldeutung von Selbstbestimmung in der Arbeit mit geistig behinderten Menschen. In: Theunissen, G. (Hrsg.): Verhaltensauffälligkeiten – Ausdruck von Selbstbestimmung? Bad Heilbrunn. S. 11 – 32.

Stinkes, U. (2000): Selbstbestimmung. Vorüberlegungen zur Kritik einer modernen Idee. In: Bundschuh, K. (Hrsg.): Wahrnehmen, Verstehen, Handeln. Bad Heilbrunn. S. 169 – 192.

Theunissen, G./Plaute, W. (2002): Handbuch Empowerment und Heilpädagogik. Freiburg/Br..

Theunissen, G. (2006): Empowerment als Handlungsorientierung für die Arbeit mit schwerstbehinderten Menschen. In: Bundesvereinigung Lebenshilfe (Hrsg.): Schwere Behinderung – eine Aufgabe der Gesellschaft. Marburg. S. 103–125.

Trube, A./Regus, M./Depner, R. (2001): Fach- und nutzerorientiertes Qualitätsmanagement für soziale Dienste. In: Schädler, J./Schwarte, N./Trube, A. (Hrsg.): Der Stand der Kunst. Münster/Weinheim.

Waldschmidt, A. (1999): Selbstbestimmung als Konstruktion. Alltagstheorien behinderter Männer und Frauen. Opladen.

Welti, F. (2005): Behinderung und Rehabilitation im sozialen Rechtsstaat. Tübingen.

Entwicklung von Masterstudiengängen in der Sozialen Arbeit – Erkenntnisse aus Akkreditierungsverfahren

Wilhelm Klüsche

Mit Karl-Heinz Boeßenecker verbindet mich eine gemeinsame Grundhaltung bei der Bewertung der professionellen und disziplinären Entwicklung der Sozialen Arbeit. Auf zahlreichen Tagungen zeigte sich, dass wir insbesondere die Alltagsrealitäten im Studienbetrieb und manche weltanschaulich ideologischen Ansätze bei Trägern der Sozialen Arbeit in gleicher Hinsicht kritisch hinterfragten. Vor vielen anderen erkannte Karl-Heinz Boeßenecker darüber hinaus frühzeitig die Bedeutung des Sozialmanagements als substantielle Chance zur Erweiterung des fachlichen Profils der Profession und unterstützte offen den zunächst noch umstrittenen Ausbau von Lehrangeboten zum Sozialmanagement und damit indirekt auch den ersten 1997 eingerichteten grundständigen Sozialmanagement-Studiengang an der Hochschule Niederrhein in Mönchengladbach, der mit dem Diplom-Sozialwirt abschloss (vgl. Klüsche 1999).

Zwischenzeitlich setzte der Bologna-Prozess neue Rahmenbedingungen für die Weiterentwicklung der Studiengänge, deren Auswirkungen auch das Bild der Profession mittels der gestuften Abschlüsse von Bachelor und Master verändern wird. Ein zentrales Anliegen des Reformprozesses ist die Qualitätssicherung, die Karl-Heinz Boeßenecker nicht nur für die Hochschulen, sondern auch für die Berufspraxis einfordert (Buckley/Boeßenecker 2007). An diese Bemühungen anknüpfend, sollen einige Anregungen zur Gestaltung von Masterstudiengängen diskutiert werden, die auch durch Einblicke in Akkreditierungsverfahren gewonnen wurden (vgl. Klüsche 2007). Der Autor ist seit 2001 Mitglied der Akkreditierungskommission der AHPGS (Akkreditierungsagentur), in der abschließend über die Akkreditierung begutachteter Studiengänge zu beschließen ist.

Diskussionen zum Reformprozess

Welche Kontroversen der Studienreformprozess zunächst in der Fachöffentlichkeit auslöste, belegen etwa ab dem Jahr 2000 in Datenbanken zu findende Äußerungen zum Bologna-Prozess. Neben allgemeinen Stellungnahmen in
FAZ und Spiegel stammen ein Großteil der fachbezogenen Kommentare tatsächlich aus der sozialen Fachrichtung mit zunächst überwiegend ablehnenden
und düsteren Szenarien entwerfenden Bildern mit folgendem Tenor: Hinsichtlich der Einführung des Bachelors wurde eine generelle Abwertung des Qualifikationsniveaus befürchtet, ohne allerdings inhaltlich aufzuführen, in welcher
Weise die bisherigen Diplomstudiengänge besonders qualifizierten. Eine kritische Auseinandersetzung mit dem wirklichen Qualifikationsniveau in den Di-
plomstudiengängen, um damit „die Verklärung des Diploms zu relativieren"
(Mühlum 2004: 402), hätte mehr Ehrlichkeit in die Diskussion bringen können.

Negative Auswirkungen wurden bei der Besoldung erwartet. Die frühzeitig
gegebene Garantie der Gleichstellung von Diplom- und Bachelorabschlüssen
auf der Ebene des Gehobenen Dienstes wurde kaum zur Kenntnis genommen.
Die Reformansätze gingen mit einer generellen Praxisferne einher und selt-
samerweise wurde immer wieder moniert, dass die Studierenden wegen des
workloads nur noch für das Studium und nicht mehr für zusätzliche Einkommen arbeiten könnten. Das Verschulungsargument kritisierte die Strukturvorgaben insgesamt, da sie den Studienbetrieb einer stärkeren Formalisierung un-
terwürfen.

Erst mit der Einführung der ersten Masterstudiengänge wurden direkt oder
indirekt auch die für die Fachrichtung des Sozialwesens verbundenen Chancen
angesprochen, etwa „Bachelor und Master bekommen Profil" (Lob-Hüdepohl
2004: 9). Aus der Praxisperspektive wurde erkannt, dass der Berufsstand auch
höher qualifiziert werden könne, dass Leitungspositionen in der Sozialwirtschaft mit Studienabsolventen aus dem Sozialwesen zu besetzen seien und
dass eine finanzielle Besserstellung zumindest der Spitzenkräfte wahrscheinlich werde.

Die Zweistufigkeit beinhaltet auch eine Gestaltungschance für das fachliche Profil und kommt den Erfordernissen des Arbeitsmarktes entgegen, da gerade im Sozialwesen unterschiedlich qualifizierte Fachkräfte benötigt werden.
Unstreitig werden zum einen universell einzusetzende Betreuer und Begleiter
für diverse Problemlagen angefordert, wofür die überwiegend sehr allgemein-
gehaltenen Stellenausschreibungen sprechen; zum anderen werden Spezialis-
ten in eng umschriebenen Arbeitsbereichen gesucht, z. B. für die Schuldner-

beratung oder Führungskräfte mit anerkannter akademischer Ausbildung für die konzeptionellen, organisatorischen und fachpolitischen Aufgaben oder die Lobby- und Öffentlichkeitsarbeit. Beide Qualifizierungen sind nicht in einer Ausbildung zu leisten und zurecht weist Wagner daraufhin, dass breit ausgebildete Menschen Anforderungen erfassen und mit der sie umgebenden Umgebung in Beziehung setzen können, „sie bringen jedoch in vielen Fällen nicht die notwendigen Spezialkenntnisse mit, die zur präzisen und effizienten Anforderungserledigung notwendig sind" (Wagner 2005: 200). Seine Forderung nach spezialisierender Ausbildung auf der ersten Ebene und breit angelegten Masterstudiengängen zur Vorbereitung auf Leitungsfunktionen ist eine Anregung, die dem Trend entgegenläuft, aber diskutiert werden sollte.

Aus Hochschulperspektive wird inzwischen der mit der Masterebene verbundene Auftrag zu intensiver Forschung und Theoriearbeit grundsätzlich begrüßt. Die ursprüngliche Befürchtung, dass nur ein kleiner Teil der Studierenden zu den Masterstudiengängen zugelassen wird, ist weitestgehend verschwunden, vielmehr erhofft man sich ein besseres Qualifikationsniveau der Studierenden für weiterführende Studien. Hochschulen erkennen hierbei ihre Chance, durch die selbstbestimmte Setzung der Zugangsvoraussetzungen ihr eigenes Profil und ihren Leistungsanspruch bestimmen zu können. Insgesamt setzt sich die Erkenntnis durch, dass für alle Erfordernisse und Erwartungen des Arbeitsfeldes in einem Studiengang kaum befriedigend qualifiziert werden kann, auch nicht innerhalb der bisherigen achtsemestrigen Diplomstudiengänge.

Zahlenmäßige Entwicklung der Masterangebote

Anfang 2007 waren weit über 100 Master für das Arbeitsfeld der Sozialen Arbeit im Angebot (vgl. Nodes 2007). Geht man davon aus, dass bei knapp 80 Standorten auf Fachhochschulebene jeder Fachbereich mindestens einen Master auflegen wird, so dürfte Ende 2009 eine Zahl von 200 Masterstudiengängen für diese Fachrichtung nicht zu hoch gegriffen sein. Einige Standorte unterhalten bis zu vier verschiedene Masterangebote, ein Spektrum, das von einer Lehreinheit kaum zu halten sein wird, aber man will zunächst wohl den Markt besetzen. Wenn die universitären Programme hinzukommen, wird sich die Studienlandschaft auf der Masterebene noch weiter ausdifferenzieren. Exakte Zahlen zur aktuellen Entwicklung sind schwer zu ermitteln, da die Datenbanken von Akkreditierungsrat und KMK im Hochschulkompass nicht immer auf dem neuesten Stand sind und die Begrifflichkeiten in der Sozialen Arbeit weit streuen.

Obgleich in den Diskussionen zur Umstrukturierung der Studienangebote auf zwei Ebenen das konsekutive Modell für die Fachrichtung der Sozialen Arbeit eindeutig bevorzugt und als unabdingbar notwendig angesehen wird, „ ... auch um den Forschungsoutput zu steigern und damit nicht zuletzt einen Beitrag zur Wissenschaft Soziale Arbeit zu leisten" (Buttner 2005: 176), überwiegen de facto die weiterbildenden Master. Konsekutive Modelle werden erst nach und nach vorgelegt. Diese Diskrepanz zwischen Anspruch und Umsetzung dürfte in mehreren Faktoren begründet sein. Wenn im Master erweiternde Inhalte, anspruchsvolle theoretische Orientierungen und wissenschaftliche Forschungs- und Arbeitsweisen vermittelt werden sollen, dann ist es schwierig, ein in sich schlüssiges und aufeinander aufbauendes konsekutives Bachelor- und Masterprogramm innerhalb eines Fachkollegiums zu erarbeiten.

Unklar ist derzeit auch noch, welche späteren Positionen die Masterabsolventen nach einem unmittelbar aufeinanderfolgenden konsekutiven Studienverlauf übernehmen sollen. Da sie keine Praxiserfahrung haben, können sie kaum herausgehobene Positionen beanspruchen und werden wie alle Absolventen eines Erststudiums an der Basis sozialer Berufsaufgaben beginnen. Betrachtet man dagegen die Absolventen der konsekutiven Masterstudiengänge als die für die Soziale Arbeit theoretisch und wissenschaftlich besonders Qualifizierten, dann kommt für diese primär die akademische Laufbahn infrage, wozu sie noch ein Promotionsstudium anstreben müssten. Unter den Studierenden dürfte allerdings nur ein kleiner Kreis schon im Erststudium eine solch langfristige Berufsperspektive verfolgen, zumal für eine spätere Lehrtätigkeit Praxiserfahrungen auch zukünftig nachzuweisen sein werden. Ohne ausreichende Einblicke in die Berufsrealität setzt sich ein konsekutives und damit langdauerndes Studium wieder dem Vorwurf der Realitätsferne und unfruchtbaren Theorielastigkeit aus. Daher sollten auch die konsekutiven Modelle ausreichende Praxisphasen einplanen.

Die Bevorzugung der weiterbildenden Masterstudiengänge bei den derzeitigen Angeboten hat ihre Gründe im Markt und in der Berufspraxis selbst. Das im Bologna-Prozess angelegte Konzept eines auf verschiedene Lebensphasen verteilten lebenslangen Lernens kommt den im sozialen Bereich Tätigen besonders entgegen. Die Anmeldezahlen bei den weiterbildenden Masterstudiengängen bestätigen dies. Bei vielen in Sozialberufen Tätigen besteht nach einer ersten Berufstätigkeit ein großes Bedürfnis nach Weiterqualifizierung, oft verknüpft mit dem Wunsch einer beruflichen Veränderung. Mit dem Weiterbildungskonzept auf Masterebene ist auch keine Abwertung des akademischen Niveaus gegeben, wie anfängliche Stimmen befürchteten, sondern eine echte berufliche Höherqualifizierung. Die formale Gleichwertigkeit mit den konsekutiven Mastern unterstreicht dieses Anliegen.

Inhaltliche Ausrichtung der Masterstudiengänge

Die Masterstudiengänge werden mit einer breiten Titelvielfalt angeboten, ohne dass sofort erkennbar wird, wo die inhaltlichen Unterschiede liegen könnten. Eindeutig überwiegen die Sozialmanagementprogramme, ebenfalls mit einer Streuung in den Studiengangsbezeichnungen wie „Sozialmanagement", „Management in sozialen Organisationen", „Management sozialer Dienstleistungen", „Management und Sozialwesen", „Sozialmanagement für Führungskräfte im Sozialwesen", „Management – Führung und Supervision", „Unternehmensführung im Wohlfahrtsbereich", „Management in der Sozialwirtschaft", „Management in der sozialen Wirtschaft", „Gesundheitsförderung und Gesundheitsmanagement", „Management – Sozial- und Gesundheitswesen", „International Management in Non-Profit-Organizations" oder „Organisationsentwicklung im sozialen und kirchlichen Bereich".

Nicht spezifisch managementbezogene Studiengänge werden als „Soziale Arbeit", „Sozialarbeit", „Social Work", „Soziale Arbeit als Menschenrechts-Profession", „Soziale Arbeit und Gesundheit", „Sozialarbeit – Gesundheitsförderung und Rehabilitation", „Soziale Arbeit in der Psychiatrie", „Soziale Arbeit mit den Schwerpunkten Gemeindepsychiatrie und Sozialraument-wicklung und -organisation", „Prävention und Gesundheitsförderung" oder „Klinische Sozialarbeit" bezeichnet. Auch die Einbindung der Sozialen Arbeit in eine internationale und interkulturelle Perspektive wird forciert: „Soziale Arbeit in Europa", „International Social Work", „Comparative European Social Studies", „European Perspectives on Social Inclusion", „Comparative Social Science" oder „Intercultural Conflict Management". Einige Standorte konzentrieren sich auf spezialisierende, methoden- oder zielgruppenorientierte Qualifizierungen, z. B.: „Systemische Sozialarbeit", „Psychosoziale Beratung", „Pädagogik und Familienplanung", „Pädagogik und angewandtes Management in der Sozialen Arbeit", „Musiktherapie", „Supervision, Beratung und Vertretung im sozialen Recht", „Sozialrecht"; „Gemeinwesen-Quartiermanagement und lokale Ökonomie", „Soziale Gerontologie, Angewandte Gerontologie, Jugendhilfe – Konzeptionsentwicklung und Organisationsentwicklung", „Angewandte Medien- und Kulturwissenschaften", „Kulturpädagogik", „Diakoniewissenschaft" oder „Management und Didaktik von Bildungsprozessen in Kirche und Gesellschaft".

Positiv erscheint, dass in einem kurzen Zeitraum von gut sechs Jahren seit Beginn des Reformprozesses schon wesentliche Arbeitsbereiche aus der Sozialen Arbeit mit eigenen Masterprogrammen abgedeckt werden konnten, z. B. die Jugendhilfe, die Seniorenhilfe, die Psychiatrie oder die Rehabilitations- und Gesundheitsförderung. Dieser Trend sollte sich im Interesse des Berufs- standes fortsetzen, um sicherzustellen, dass in den vielen gesellschaftlichen Feldern, in denen Sozialarbeiter/Sozialpädagogen tätig sind, auf hohem fach- lichen Niveau professionelle Hilfe geleistet werden kann. Zusätzliche Master- programme zur Schulsozialarbeit, zur Familienhilfe, zur Forensischen Sozial- arbeit, zur ambulanten und stationären Betreuung scheinen dringend nötig. Die einmal befürchtete Zersplitterung der Sozialen Arbeit wird damit nicht geför- dert, wohl aber deren Profilierung durch Fachsozialarbeiten als Dokumentation ihres weitreichenden Kompetenzbereiches (vgl. Gödecker-Geenen 2003).

Kritische Wertung des Programmangebotes

Aus Vermarktungsgründen werden hin und wieder die Studiengangsbezeich- nungen überladen – „Soziale Arbeit – Beratung und Management", „Pädago- gik und Management" oder „Management, Führung und Supervision", ohne dass das zugrundegelegte Konzept und die Erläuterungen in den Modulhand- büchern diese Begriffsvielfalt rechtfertigten. Ein Aufzählen gängiger Begrif- fe aus der Sozialen Arbeit liefert noch kein Studienkonzept. Die Programme sollten einer Zielorientierung folgen und es muss klargestellt werden, was ei- gentlich in dem jeweiligen Programm vermittelt werden soll und für welche Arbeitsbereiche qualifiziert wird. Die Studierenden werden sonst mit falschen Versprechungen angelockt.

Auch auf der Modulebene sollten Bezeichnungen und Inhalte übereinstim- men. Wird ein Modul z. B. „Historische und wissenschaftstheoretische Grund- lagen der Erziehungswissenschaft" benannt und vermittelt werden im Wesent- lichen ein Überblick über Grundpositionen der quantitativen und qualitativen Sozialforschung, Literatur- und Internetrecherchen, Formen der Aufbereitung und Dokumentation wissenschaftlicher Erkenntnisse, so führt das in die Irre. Natürlich ist nichts gegen die angebotenen Lerninhalte zu sagen, nur werden falsche Etiketten gewählt. Auch mit einem Modul „Professionelle Kommuni- kation" verbindet man in der Regel Gesprächsführung und Beratungspraxis, geboten aber werden: Moderation und Präsentation in der professionellen Pra- xis, Qualitätssteigerung durch Öffentlichkeitsarbeit, Professionelle Nutzung moderner Informations- und Kommunikationsmedien. Im Wettbewerb der Stu- diengänge sollte fairer Weise von „Öffentlichkeitsarbeit" gesprochen werden.

Nicht selten trifft man auf Redundanz bei den Lehrinhalten, wenn ähnlich lautende Module, die nur geringe inhaltliche Ausdifferenzierungen erkennen lassen, das Programm füllen, etwa „Erziehung, Bildung und Sozialisation I" und „Erziehung, Bildung und Sozialisation II" oder „Organisation und Leitung im Arbeitsfeld" und „Organisation und Steuerung im Arbeitsfeld". Solche Doppelungen verkürzen das Ausbildungsprogramm. Eine unzulässige Redundanz ergibt sich auch, wenn im Masterstudium Module des Erststudiums wiederholt werden, wobei häufig das Denksystem der Bezugsfächer durchschlägt und z. B. auf beiden Ebenen „Soziologie in der Sozialen Arbeit" als relevant erscheint.

Auch Managementstudiengänge unterliegen der Gefahr eines sich wiederholenden Lehrstoffes. Zu Recht orientieren sich diese Studiengänge primär an Organisationsfragen und Leitungsaufgaben und listen eine Vielzahl solcher Module auf. Nur sind die meist allgemein gehaltenen Kennzeichnungen wie „Grundlagen der Organisation und des Managements", „Strategisches Management", „Management und Leadership", „Management und Wandel", „Mikro- und Makromanagement", „Management in internationaler Perspektive" oder ähnliche Programmkonstruktionen kaum trennscharf zu lehren, so dass sich die Inhalte wiederholen müssen. Günstiger wäre es, die Module von vornherein kleinteiliger zu planen, z. B. „Controlling", „Marketing", „Qualitätsmanagement" oder „Finanzierungsmodelle sozialer Einrichtungen", die inhaltlich konsistent zu füllen sind.

Manche Modulhandbücher enthalten nur schlagwortartige Modulbeschreibungen, so dass für die Studierenden nicht erkennbar wird, was wirklich geboten wird beziehungsweise welche Kompetenzen durch den Lernstoff erworben werden können. Für ein Modul „Recht für die Soziale Arbeit" reichen als alleinige Angaben „Relevante Rechtsfragen aus der Sozialen Arbeit" oder „Überblick über einschlägige Regelungsbereiche des Bürgerlichen und des Öffentlichen Rechts" kaum aus.

Einen schwer einzulösenden Anspruch stellt die Vorgabe dar, ein Studienprogramm passend zur beabsichtigten Konzeption auszuarbeiten. Es bleibt problematisch, wenn ein Fachbereich je einen anwendungsorientierten und forschungsorientierten Master mit fast deckungsgleichen Modulen bei ausdrücklicher Praxisorientierung anbieten möchte. Der Anspruch der Forschungsorientierung wird nicht erkennbar.

Auch die gegenteilige Problematik mit Überfrachtung des Lehrprogramms lässt ein klares Konzept vermissen, besonders wenn die vorgesehene Lernzeit für die Module und die zu bewältigenden Lernbereiche nicht in Einklang zu bringen sind, da der *workload* keine ernsthafte Erarbeitung der Inhalte erwarten lässt. Ein Modul mit dem schwergewichtigen Titel: „Kultur, Medien, Kommunikation" lässt sich nicht mit 6 ECTS oder 4 SWS titelgerecht erarbeiten. Die angegebenen Lehrinhalte „Kulturtheorie und Kulturanthropologie, Mediendidaktik, Kommunikationstheorie, Interkulturelle Bildungsprozesse und Kommunikation, Konzepte, Methoden und Formen der Öffentlichkeitsarbeit" erfordern einfach mehr Zeit. Weniger ist oft mehr und es spricht für Studierbarkeit, wenn schwer zu integrierende Inhalte getrennten Modulen zugeordnet werden.

Das Anliegen der Studiengangplaner, den Studierenden viel zu bieten, ist natürlich zu begrüßen, nur muss der Stoff auch zu bewältigen sein. Daher sollten beispielsweise Kompetenzziele wie „Präsentationskompetenz und Multiplikationskompetenz für fachliche und öffentliche Auditorien" und „Regionale Analyse und das Entwickeln von Zielvereinbarungen beherrschen und Ökonomische Betriebsanalyse der Produktion von qualitativ guten und fachlich begründeten Dienstleistungen vornehmen können" nicht in einem Modul konzentriert, sondern auf mehrere verteilt werden. Ebenso rechtfertigen die für die Soziale Arbeit relevanten Kompetenzen „Sozialpädagogische Diagnose, Hilfeplanung, Casemanagement, Sozialmanagement" nicht nur ein Modul, sondern jedes Verfahren könnte gesondert vermittelt werden.

Der Aufbau eines Studienprogramms einschließlich der Modulkonstruktion ist unter Bezug auf den Qualifikationsrahmen Soziale Arbeit (FBT Soziale Arbeit 2006) vom zu erwerbenden Kompetenzziel abzuleiten, das von den Studierenden erreicht werden soll. Eine Ausrichtung des Studienaufbaues ausschließlich am Lehrangebot ist damit unzureichend. In der jetzigen Umbruchphase wird aber vielfach noch an der bisher leitenden SWS-Logik – also dem Lehrverpflichtungsansatz der Professoren – für die Studiengangsstruktur festgehalten. Oft hat man den Eindruck, es werden mehr oder minder stimmige Lehrveranstaltungstitel zu einem Modul zusammengefasst, wobei die Gleichsetzung von SWS und ECTS natürlich nicht stimmig sein kann, da Selbstlernanteile unberücksichtigt bleiben. Bei outputorientiertem Ansatz erlaubt erst die konzeptgeleitete Addition von Präsenz- und angeleitetem Selbststudium einen Rückschluss auf die angestrebte Qualifizierung.

Insgesamt kann man aber die bisherigen Studienreformschritte günstig beurteilen. Modulbeschreibungen mit ECTS-Gewichtung, Konkretisierung der Prüfungen, Benennung von Modulverantwortlichen bilden zunehmend die Basis der Planungen und es entwickeln sich tatsächlich neue Raster für die Gestaltung der Studiengänge. Der Zwang zur Modularisierung und die ECTS-Währung bewirken eine intensive Reflexion des Ausbildungskonzeptes und begünstigen die gewünschte Profilbildung an den Fachbereichen. Zum Indiz für die Güte eines Studienangebotes wird die Aussagefähigkeit der Modulhandbücher, deren Detailliertheit und konzeptionelle Transparenz. Die Studienortentscheidungen werden künftig auch vom Handbuchvergleich beeinflusst sein.

Die Masterprogramme befördern insgesamt schon jetzt das Ansehen von Disziplin und Profession. Eine Profession wird nun einmal in der Öffentlichkeit an ihren exponierten Vertretern gemessen und da eine fachliche Profilierung stattfindet, kommt dies dem gesamten Berufsstand zu Gute. Eine Qualifizierung auf Masterebene heißt ja nicht, dass das Bachelorstudium minderwertig ist, es hat nur eine andere Ausrichtung.

Als eigenständige Disziplin im Konzert der etablierten wissenschaftlichen Fächer wird die Soziale Arbeit dank ihrer Masterprogramme in einigen Jahren ein eigenes Profil aufweisen. Selbst auf der dritten anvisierten Stufe des Bologna-Prozesses, den Promotionsstudiengängen, könnten sich gesonderte Programme für die Soziale Arbeit entwickeln. Ein Ausweichen auf verwandte Fächer – etwa Erziehungswissenschaft, Soziologie oder Psychologie – ist dann für an wissenschaftlicher Forschung Interessierte nicht mehr erforderlich.

Anregungen zur Weiterentwicklung der Masterstudiengänge

Die bisher gemachten Erfahrungen geben aber auch einige Anstöße, die bei der Weiterentwicklung der Masterstudiengänge des Sozialwesens hilfreich sein könnten.

Trotz einer deutlichen Qualitätssteigerung in den Studienprogrammen wird auf das eigentliche Know-how des Berufes, das methodische Können, noch zu wenig Wert gelegt. Modularisierte Studienstrukturen fordern gerade dazu auf, die Herausforderung, wie welche Problemlagen in den Arbeitsfeldern effizient angegangen werden könnten, systematisch zu bearbeiten. Neben der theoretischen Fundierung macht nur ein spezielles Können den Beruf zur Profession. Gerade vom Forschungsanspruch der Masterebene könnten Impulse ausgehen, die Methodenfrage verstärkt ins Studium zu integrieren, um zu validem Handlungswissen zu kommen. Beispielsweise könnten in einem forensisch ausgerichteten Programm die Behandlungspläne und Detailschritte für die Betreuung der straffällig Gewordenen bausteinartig entwickelt werden.

Ein erkennbares Defizit in den bisherigen Masterprogrammen liegt in der mangelnden Betonung der wissenschaftlichen Arbeitsweise und des reflexiven Theorieanspruches. Auch die Weiterbildenden Programme müssen diesen wissenschaftlichen Aspekt enthalten, zumal Studierende sich eine Ausbildung zu selbständiger empirischer Forschungsarbeit oft explizit wünschen. Bei der

Programmplanung sollte daher auf die bisher aufgestellten Parameter für die wissenschaftliche Ausrichtung von Masterstudiengängen bewusst Bezug genommen werden, nämlich auf die den Ländern gemeinsamen Strukturvorgaben (KMK 2003), den deutschen Qualifikationsrahmen für Hochschulabschlüsse (KMK 2005) und die Bestimmungen für die Zulassung zum höheren Dienst von Masterabsolventen der Fachhochschulen (KMK 2002).

Die den Ländern gemeinsamen Strukturvorgaben schreiben die Festlegung stärker anwendungsorientierter oder stärker forschungsorientierter Profilbildung vor. Die Deskriptoren des Akkreditierungsrates für diese Zuordnung betonen ausdrücklich die wissenschaftliche Ausrichtung beider Profiltypen (Akkreditierungsrat 2004). Bei den Lehrinhalten für die anwendungsorientierten Programme wird z. B. gefordert: Vermittlung des grundlagenbezogenen und fachspezifischen Wissens zur berufsrelevanten Schwerpunktsetzung, Fallstudien und Projektarbeiten im Sinne exemplarischer Problemlösungen, Orientierung der Masterarbeit an praktischen Problemen, insbesondere ihre Durchführung in Kooperation mit der Praxis (vgl. Akkreditierungsrat 2004: 38f.). Anwendungsorientierte Studiengänge sollten ihre Programmteile zur Ausbildung wissenschaftlicher Arbeitsweisen deutlicher ausweisen, um dem Masteranspruch gerecht zu werden.

Die forschungsorientierten Programme fordern noch eindeutiger „Breites Grundlagenwissen und Orientierung der theoretischen Schwerpunkte an aktuellen Forschungsentwicklungen, Vertiefte Methoden- und Strategienkompetenz, die zu eigenständiger wissenschaftlicher Forschung befähigen, Vermittlung fachübergreifenden Wissens und Befähigung zur Integration wissenschaftlicher Vorgehensweisen unterschiedlicher Fachgebiete, Einbindung der Studierenden in Forschungs- und Entwicklungsprojekte ... " (Akkreditierungsrat 2004: 40).

Der für die Bachelor-, Master- und Doktoratsebene aufgestellte Qualifikationsrahmen (KMK 2005) ist zwar abstrakt formuliert, wird aber als Maßstab an Bedeutung gewinnen. In der Kategorie „Wissen und Verstehen" wird von Bachelorabsolventen z. B. gefordert: „Sie verfügen über ein kritisches Verständnis der wichtigsten Theorien, Prinzipien und Methoden ihres Studienprogramms und sind in der Lage, ihr Wissen vertikal, horizontal und lateral zu vertiefen. Ihr Wissen und Verstehen entspricht dem Stand der Fachliteratur, sollte aber zugleich einige vertiefte Wissensbestände auf dem aktuellen Stand der Forschung in ihrem Lerngebiet einschließen" (KMK 2005: 245). Von einem Billigstudium kann keine Rede sein.

Masteransprüche müssen über dieses Niveau hinausgehen und diesen Anspruch mit entsprechend detaillierten Modulbeschreibungen belegen. In der

Kategorie „Wissen und Verstehen" gilt für die Absolventen der Masterebene: „Ihr Wissen und Verstehen bildet die Grundlage für die Entwicklung und/oder Anwendung eigenständiger Ideen. Dies kann anwendungs- oder forschungsorientiert erfolgen. Sie verfügen über ein breites, detailliertes und kritisches Verständnis auf dem neuesten Stand des Wissens in einem oder mehreren Spezialbereichen" (KMK 2005: 247). Eingelöst wird diese Vorgabe am ehesten durch eine möglichst konkrete Eingrenzung des zu bearbeitenden Theorie- und Forschungsbereiches.

Obgleich die Zustimmung der Länder zur Erteilung des Zertifikates „Zulassung zum höheren Dienst gegeben" manchmal problemlos erfolgt, wird doch die Zuerkennung gerade für unsere Berufsgruppe hin und wieder hinterfragt. Die allgemeine Argumentationslinie orientiert sich an den Kriterien der Zulassung zum höheren Dienst von Fachhochschulabsolventen, die in einem Programm möglichst operationalisiert aufgegriffen werden sollten. Zu den Kriterien zählen: Die Fähigkeit, wissenschaftliche Methoden und Erkenntnisse anzuwenden, die Vermittlung theoretisch analytischer Fähigkeiten, die Vermittlung von abstraktem, analytischem und über den Einzelfall hinausgehendem und vernetzendem Denken, die Förderung von Kommunikationsfähigkeit (vgl. KMK 2002: 60).

Das Curriculum sollte daher die wissenschaftliche Arbeitsweise und die Forschungsmethoden des Faches und dessen wissenschaftsgestützte Theorien und nicht nur relevantes Wissen für leitende Tätigkeiten in sozialen Einrichtungen beinhalten. Natürlich werden diese Ansprüche auch von den Universitäten nicht immer eingelöst, aber deren Absolventen werden diese Befähigungen im Allgemeinen automatisch unterstellt. Die Masterstudiengänge an Fachhochschulen werden nur langfristig Anerkennung finden, wenn sie den aufgestellten Kriterien genügen.

Entscheidend ist ferner, dass die Angaben zu den Prüfungsverfahren ein gewisses Anspruchsniveau erkennen lassen. Die Ernsthaftigkeit eines Studiums und das anvisierte Niveau zeigen sich nun einmal erst in den beschriebenen Formen der Leistungskontrolle. Z. B. erscheint der Abschluss eines komplexen Lehrbereiches im Umfang von 15 Kredits, also 450 Arbeitsstunden, durch ein Fachgespräch von maximal 20 Minuten nicht stimmig. Spezifische, modulbezogene und dabei durchaus variierende Prüfungsformen in einem Studiengang sprechen für Glaubwürdigkeit des angestrebten Qualifikationsniveaus. Auch hier stehen die Universitäten bei ihren Prüfungsanforderungen keineswegs grundsätzlich besser da und die durchgängig exzellente Notengebung wird zunehmend öffentlich diskutiert (vgl. Süddeutsche Zeitung 2005). Der Akkreditierungsrat schreibt übrigens innerhalb der Akkreditierungsverfahren ein eigenes Prüffeld für die vorgesehenen Leistungskontrollen vor (Akkreditierungsrat 2005).

Bei der Auflegung eines Studienganges sind als erstes die Ressourcen des Fachbereiches zu bedenken. Steht ausreichend wissenschaftliches Personal zur Verfügung, das sich auch engagieren möchte? Tauchen immer dieselben Namen bei den Modulverantwortlichen auf, so scheint die Personalausstattung knapp bemessen. Je mehr Kollegen beteiligt sind, um so eher kann der behauptete fachliche Anspruch eingelöst werden.

Klarheit sollte innerhalb der Organisationseinheit auch über die Zielorientierung des Studienganges und die Perspektive herrschen, unter der man den Studiengang primär anbieten möchte. Geht es um die wissenschaftliche Weiterentwicklung des Faches der Sozialen Arbeit mit akademischer Qualifizierung der Absolventen, dann bieten sich konsekutive Modelle an. Als Erstqualifizierung für den Arbeitsmarkt erscheint ein solches Programm zu hoch angesetzt. Selbst den ingenieurwissenschaftlichen Fakultäten der Universitäten gelingt es nicht, den Master als alleinige Einstiegsqualifikation durchzudrücken.

Soll ein Forschungsschwerpunkt etabliert und wissenschaftlich ausgewiesen werden, so könnte ein forschungsorientierter Studiengang mit eng umschriebener Ausrichtung konzipiert werden, die auch in den Modulen wiederzufinden ist. Das alleinige Etikett „forschungsorientiert" reicht nicht aus, wenn das Studienprogramm kaum wissenschaftliche Arbeitsweisen und nur wenige Forschungsmodule ausweist.

Soll primär für spezielle Anforderungen des Arbeitsmarktes qualifiziert werden, bieten sich anwendungsorientierte weiterbildende Master an, die Berufserfahrungen integrieren und ein spezielles Wissen offerieren. Bei dieser Zielrichtung lassen sich durchaus Berufstätigkeiten der Studierenden in das Studienprogramm und die Modulberechnungen einbeziehen, wenn diese hinreichend reflektiert und begleitet und durch Forschungen oder im Rahmen von Projekten ausgewertet werden.

Immer aber ist vorab zu klären, welche Kompetenzen eigentlich vermittelt oder erworben werden sollen und was die Studierenden nach Abschluss des Studiums können sollen. Diese Kompetenzorientierung dürfte bei künftigen Akkreditierungen und Reakkreditierungen eine immer zentralere Rolle spielen.

Auf Dauer ist auch die ECTS-Gestaltung von den Hochschulen ernster zu nehmen. Das Denken in Modulen und ECTS stellt für die deutsche akademische Tradition eine große Herausforderung dar. Vereinfacht gesagt, interessierte bisher nur das Wissen eines Studierenden, wobei unerheblich war, wie und wo er dieses Wissen erworben hatte, sofern er es nur in den Prüfungen bestätigte. Jetzt ist ein volles Studienprogramm aufzustellen und festzulegen, wie die zur Verfügung stehende Zeit sowohl innerhalb wie außerhalb der Hochschule inhaltlich auszufüllen ist. Das von der Hochschule oder den Hochschullehrern gestaltete Zeitvolumen nimmt dabei nur etwa ein Drittel der Gesamtzeit ein. Vielen Lehrenden fällt es noch schwer, sich vorzustellen, welche Ansprüche an das Selbststudium gestellt werden könnten und was dort von den Studierenden zu leisten ist. Zur wirklichen Reform wird es aber erst kommen, wenn auch dieses Selbststudium angeleitet wird und die Studienzeit nicht beliebig von den Studierenden verbracht werden kann, z. B. durch nebenberufliches Arbeiten, sondern durch die Vorgaben der Hochschule gelenkt wird und beispielsweise die Ergebnisse des selbständigen Literaturstudiums wieder in den Präsenzbetrieb einfließen. Dies ist zugegebenermaßen schwierig und vielerorts neigt man dazu, die geforderte zeitliche Strukturierung des Studiums als reines Rechenspiel zu betrachten.

Ausblick

Abschließend soll für eine Aufbruchsstimmung beim Umbau der Fachrichtung der Sozialen Arbeit geworben werden. Wird akzeptiert, dass in der Berufsrealität unterschiedliche Qualifikationen benötigt werden, dann ist eine generalistische Ausbildung auf Bachelorebene zur Vermittlung einer grundlegenden ersten Berufsqualifikation sinnvoll. Sie hält den Studierenden alle Möglichkeiten beim ersten Einstieg in einen weiten Arbeitsmarkt entsprechend ihrer Neigungen offen und das Konzept des lebenslangen Lernens bietet jedem Interessenten auch nach mehreren Berufsjahren die Chance zur Spezialisierung oder Weiterqualifizierung. Dabei werden die Masterstudiengänge sich günstig auf den beruflichen Status der Sozialarbeiter auswirken. So werden derzeit in einigen Bundesländern die Bestimmungen für die Zulassung zum höheren Dienst überarbeitet und diese bisher nicht erwähnte soziale Berufsgruppe ausdrücklich aufgenommen. Da es bisher für den Sozialbereich keinen eigenen höheren Fachdienst gab, wird der Berufsstand erst langsam in diese Ebene hineinwachsen. Zunehmend findet man in den Stellenausschreibungen den Masterabschluss aber schon als Bedingung.

Im Wettbewerb zwischen den Hochschulen führen die zweistufigen Studiengänge zur Profilbildung. Auf der Masterebene werden sich Kompetenzzentren ausbilden und dem einzelnen Hochschullehrer wird auch innerhalb der FH-Strukturen die Chance geboten, sich je nach Neigung zu orientieren. Besteht kein Forschungsinteresse, so kann sich ein Lehrender wie bisher fachorientiert auf der Bachelorebene engagieren.

Die Masterstudiengänge ermöglichen selbstständige Forschungsarbeiten und fördern ein Bewusstsein, dass für unterschiedliche Aufgaben auf unterschiedlichem Niveau zu lehren und in unterschiedlicher Methodik auszubilden und zu studieren ist. Eine solche Haltung wird die wissenschaftliche Fundierung der Disziplin voranbringen.

Literatur

Akkreditierungsrat (2004): Deskriptoren für die Zuordnung der Profile „forschungsorientiert" und „anwendungsorientiert" für Masterstudiengänge gem. den Strukturvorgaben der KMK vom 10.10.2003. In: HRK: Bologna-Reader. Bonn. S. 37 – 41.

Akkreditierungsrat (2005): Beschlussfassung: Kriterien für die Akkreditierung von Akkreditierungsverfahren. Drs AR 17/2005. Prüffeld 12: Prüfungssystem. Bonn.

Buckley, A./Boeßenecker, K.-H. (2007): Auf der Suche nach der guten Praxis. Die Qualitätsentwicklung in der Sozialen Arbeit – Ein Überblick. In: Blätter der Wohlfahrtspflege 155, H. 2, S. 66 – 68.

Buttner, P. (2005): Soziale Arbeit und Hochschule. Ein Thesenpapier. In: Soziale Arbeit 54. H. 5/6, S. 171 – 177.

FBT-Soziale Arbeit (2007): Qualifikationsrahmen Soziale Arbeit. In: HRK: Bologna Reader II. Bonn. S. 280 – 295.

Gödecker-Geenen, N. (2003): Fachsozialarbeit und Berufsstand: eine Chance zur Positionierung Sozialer Arbeit in Zeiten des Wandels. In: Blätter der Wohlfahrtspflege 150. S. 129 – 133.

Klüsche, W. (1999): Profilierung in der Sozialen Arbeit: Studiengang Sozialmanagement. In: Wendt, W. R. (Hrsg.): Sozialwirtschaft und Sozialmanagement in der Ausbildung. Baden-Baden. S. 115 – 128.

Klüsche, W. (2007): Erfahrungen mit der Akkreditierung von Studiengängen in Arbeitsfeldern der Sozialen Arbeit. In: Forum sozial 1. S. 11 – 13.

KMK 2002 (2004): Beschluss der Innenministerkonferenz vom 6.6.2002 und der KMK vom 24.5.2002: Vereinbarung „Zugang zu den Laufbahnen des höheren Dienstes durch Masterabschluss an Fachhochschulen". In: HRK: Bologna-Reader. Bonn. S. 59 – 62.

KMK 2003 (2004): Ländergemeinsame Strukturvorgaben gemäß § 9 Abs. 2 HRG für die Akkreditierung von Bachelor- und Masterstudiengängen. In: HRK: Bologna-Reader. Bonn. S. 21 – 33.

KMK 2005 (2007): Qualifikationsrahmen für Deutsche Hochschulabschlüsse (BMBF, KMK. HRK 2005). In. HRK: Bologna-Reader II. Bonn. S. 239 – 250.

Lob-Hüdepohl, A. (2004): Bachelor und Master bekommen Profil. In: Neue Caritas 1005, H. 21. S. 9 – 13.

Mühlum, A. (2004): Profilbildung der Sozialen Arbeit unter den Rahmenbedingungen von Bachelor und Master. In: Soziale Arbeit 53. S. 402–406.

Nodes, W. (2007): Masterstudiengänge für die Soziale Arbeit. Ein Studienführer. München.

Süddeutsche Zeitung (2005): Die Einser-Inflation. URL: www.sueddeutsche.de/jobkarriere/berufstudium/artikel/432/63369/3/print.html (Stand: 29.10.2005).

Wagner, St. F. (2005): Zwei Schritte vor, einen zurück. In: Soziale Arbeit 54. H. 5/6. S. 198–202.

Verbandsentwicklung der Arbeiterwohlfahrt (AWO) – Zwischenstand eines gewaltigen Organisationsprozesses [1]

Rainer Brückers

Die AWO ist mit den „Magdeburger Beschlüssen" [2] am Ende eines langjährigen Diskussionsprozesses angekommen und sieht sich nun am Beginn des Umsetzungsprozesses. Die Ergebnisse der Diskussion, deren Eckpunkte die Zukunft des Verbandes festlegen, wurden in sechsjähriger, intensiver Bearbeitung festgelegt. Allein vier Jahre davon veranschlagt die Miteinbeziehung aller Entscheidungsträger. So wurden in den letzten zwei Jahren acht Regionalkonferenzen durchgeführt, die bis in die Kreisverbandsebene hinein Verbandsvertreter mit in die Diskussion einbezogen haben.

Trotz der ersten Insolvenz eines Kreisverbandes war in den 90er Jahren eine Debatte um Strukturreformen kaum möglich, galt es doch die Gefahr einer „Spaltung" in Verein und Unternehmen unter allen Umständen zu verhindern.

Erst 1998, nachdem es in der Tat immer schwieriger wurde, das wirtschaftliche Arbeiten der Einrichtungen und Dienste der Arbeiterwohlfahrt zu gewährleisten, kam eine neue Debatte auf. Das führte dazu, dass die Geschäftsführerinnen und Geschäftsführer nach § 26 BGB in den Vorstand aufgenommen werden konnten und somit auch in die unmittelbare Verantwortung miteinbezogen wurden. Dieser substanzielle Vorschlag wurde aber leider kaum in die Praxis umgesetzt. Bis heute sind weniger als 10 % aller Vorstände diesen Weg gegangen.

Ein Neubeginn der Debatte startete dann im Jahre 2000 – angetrieben durch drei Erkenntnisse:

---

[1] Dieser Text beruht auf einem Vortrag, der auf einer AWO Kreiskonferenz im Dezember 2007 gehalten wurde.

[2] Diese sind das Ergebnisse der AWO Bundeskonferenz im Juni 2007 in Magdeburg, einer Sonderkonferenz, die ausschließlich der Beschlussfassung zur Verbandsentwicklung und entsprechender Statutenänderung diente.

1. Zu diesem Zeitpunkt waren mittlerweile mehr als ein Drittel aller Dienste und Einrichtungen der AWO in Deutschland in eigenständige GmbHs[3] ausgegliedert. Die Vorstellung, noch ein Verband zu sein, in dem in gewählten Gremien unmittelbar Einfluss auf die Gestaltung und Entwicklung einer Dienstleistung genommen werden kann, war in diesen Bereichen nicht mehr gegeben. Der Grund für eine Ausgliederung war überwiegend ökonomischer, sprich: tariflicher Art. Mit den Tarifen, die traditionell in einem eigenständigen, vor 30 Jahren mit der Gewerkschaft ÖTV und später mit ver.di abgeschlossen Tarifvertrag fixiert wurden und noch heute in Teilen gültig sind, ließen sich viele Dienste und Einrichtungen im Wettbewerb nicht mehr halten.

2. Der Anstieg der Insolvenzen ließ die Frage nach den haftungsrechtlichen Konsequenzen für Vorstände aufkommen. Es galt etwas zu unternehmen, um die Ehrenamtlichen, die sich in den Vorständen der Verantwortung stellten, auch davor zu schützen, dass sie möglicherweise infolge der wirtschaftlichen Schwierigkeiten zur privaten Haftung herangezogen werden könnten.

3. Ein Blick auf den Zustand des Verbandes zeigte, dass nicht alles so optimal war, wie man jahrzehntelang geglaubt hatte. Im Laufe der Zeit war in Bezug auf die Anzahl der Mitglieder und ihres (hohen) Altersdurchschnitts eine erhebliche Verschlechterung eingetreten. Eine groß angelegte Mitgliederbefragung[4] sowie der Aufbau einer zentralen Mitgliederadressverwaltung zeigten eine erhebliche Reduzierung sowie eine erschreckend hohe Altersstruktur des Verbandes (z. B. Durchschnittsalter 63). Diese Entwicklung, die auch erhebliche Auswirkungen auf die Rekrutierung der Vorstände hatte, hält bis heute an und konnte somit bislang nicht gestoppt werden.

Damit waren notwendige Veränderungen für den Bereich der Unternehmen, also der Dienste und Einrichtungen, und für den Verbandsbereich angezeigt.

An die Führungskräfte der Unternehmen wurden in betriebswirtschaftlicher, aber auch in personalwirtschaftlicher und strategischer Hinsicht höhere Anforderungen gestellt, d. h. sie übernehmen die Führungsaufgaben, die über das bisherige Führungsmanagement im Vereinsleben nicht mehr organisiert werden konnten.

Gerade der mit der Einführung der Pflegeversicherung verbundene strategische Wechsel in der gesamten Sozialpolitik von der Bedarfsdeckung zur

---

3 GmbH – Gesellschaft mit beschränkter Haftung.
4 2003 wurden 3980 Telefoninterviews mit Mitgliedern und Vorständen durchgeführt. Ausgewählte Ergebnisse sind publiziert im AWO-Magazin 3/2004.

Marktregulierung erfordert unternehmerisches Handeln, das den Handlungsprinzipien traditioneller Vereinsarbeit oft diametral entgegensteht.

Ein weiterer Gesichtspunkt ist die Frage der Organisation räumlicher Versorgungsstrukturen. Mit ihren Kreisverbandsstrukturen steht sich die AWO bei der Bildung von Versorgungsketten organisatorisch selbst im Wege. Oft wird die stationäre Arbeit von übergeordneten Verbandsgliederungen verantwortet, ambulante Dienste dagegen von lokalen Gliederungen, ohne dass beide ihre Arbeit verzahnen. Dies ist allerdings für die optimale Betreuung und die Versorgung eines pflegebedürftigen oder pflegebedürftig werdenden Menschen und damit auch für die Inanspruchnahme von Diensten von entscheidender Bedeutung. Darüber hinaus verstellt diese Organisationsform den Blick und die Möglichkeiten für die Gestaltung von Sozialraumkonzepten, in die zukünftig einzelne Dienste eingebunden sein müssen.

Schließlich führte diese Analyse des Verbandes zu der Erkenntnis, dass die Organisation und Führung sozialer Unternehmen anders gestaltet werden muss. Die Führung sozialer Unternehmen bedarf anderer Voraussetzungen als die Führung von Vereinen, die insbesondere auf Mitgliederinteressen ausgerichtet sind: Hier sind andere Kompetenzen gefragt und andere Verantwortlichkeiten gegeben. Dies hat Konsequenzen für die Rolle des Vorstandes und für die Beantwortung der Frage: „Wer kontrolliert eigentlich wen?"

Eine weitere wichtige Erkenntnis ist die notwendige Stärkung der sozialpolitischen Gestaltungsfunktion des Mitgliederverbandes: Zum einen als sozialpolitisches Gewissen, das ganz oben auf der Aufgabenagenda steht, zum anderen als die soziale Handlungsinstanz vor Ort. Denn die Arbeiterwohlfahrt lebt nach wie vor durch die Ortsvereine, in denen die Menschen sich organisieren, um gemeinsam etwas zu gestalten.

Dabei gilt es auch stärker die „Betroffenen" in die Vereinsarbeit einzubeziehen. Es gibt mittlerweile keine besondere Notlage – ob als Kranker, als Schuldner, als Sozialhilfeempfänger oder in welcher Situation auch immer – aus der heraus sich die Menschen nicht selbst sogar auf der Bundesebene organisieren können. Die traditionelle Rolle der Wohlfahrtsverbände als Anwalt derjenigen, die sich nicht selbst artikulieren können, entspricht nicht mehr der Realität. Betroffenenverbände und Selbsthilfeorganisationen treten viel authentischer gegenüber der Politik und gegenüber der Öffentlichkeit auf. Deshalb muss die AWO auch ihre Rolle als „Anwalt" neu definieren.

Last but not least ist mit der Mitgliederstärke auch die Akquisition von Mitteln verbunden. Es bedarf einer eigenständigen finanziellen Ressource, um Projekte durchzusetzen und durchzuführen. Dabei sollen nicht nur solche Projekte, die von Kommunen, Staat und Gesellschaft befürwortet und finanziell unterstützt werden, sondern vor allem solche, die aus eigener Überzeugung für richtig und wichtig erachtet werden, unterstützt werden. Gerade für sie ist es wichtig, Bürgerinnen und Bürger zu überzeugen, sich für die Arbeiterwohlfahrt zu engagieren und auch einen finanziellen Beitrag zu leisten.

Wie bereits erwähnt, wurden zu diesen Problemkreisen Themenkonferenzen durchgeführt: Insgesamt waren es acht Regionalkonferenzen und schließlich eine Sonderkonferenz, die im Juni 2007 sieben Empfehlungen für den Bereich Unternehmenspolitik und sieben Empfehlungen für den Bereich der Verbandspolitik verabschiedete. Dabei lautete die entscheidende Frage, wie man eine Entflechtung der Aufgaben und Verantwortlichkeiten erreicht, so dass beide Bereiche für die Zukunft gerüstet sind, ohne in eigenständige und unabhängige Einheiten zu zerfallen: Wie können beide Bereiche ihre Verpflichtungen unter Wahrung der Grundsätze der Arbeiterwohlfahrt verfolgen, wie können sie in dieser Frage zusammenarbeiten, aber auch, wie können sie eigenständig ihre Aufgaben und Verantwortlichkeiten wahrnehmen?

Durch alle diese Debatten zog sich wie ein roter Faden der Grundsatz, dass die Wertewahrung der Arbeiterwohlfahrt *der* zentrale Zusammenhalt sowohl des Vereins als auch seiner Unternehmen sein muss. Es musste für beide Bereiche klar sein, dass das, was als Werte in unseren Grundsätzen und Statuten festgeschrieben ist, für alle Bereiche die Handlungsleitlinie sein muss.

Im Wesentlichen gibt es nach diesen Konferenzbeschlüssen vier Optionen, die jede Verbandsgliederung auf Grundlage eigener Analysen für sich entscheiden und verantworten muss:

1. Es bleibt bei der traditionellen Vereinsform, d. h. bei der Führung durch einen ehrenamtlichen Vorstand und der Bestellung eines hauptamtlichen Geschäftsführers, gegebenenfalls mit Vollmachten nach § 30 Bürgerliches Gesetzbuch (BGB).
2. Die erste Variante wird ergänzt durch einen hauptamtlichen Geschäftsführer als kooptiertes Vorstandsmitglied nach § 26 BGB. Dies war bereits seit 1998 per Statut möglich.
3. Die Ausgliederung bestimmter Einrichtungen und Dienste in eigenständige (meist Kapital-)Gesellschaften. Für den Fall solcher Ausgliederungen wurden konkrete Handlungskriterien entwickelt, die festlegen, unter welchen Gesichtspunkten die Ausgliederung und Neustrukturierung sinnvoll und erfolgversprechend ist. Vor allem aber wurden Festlegungen für die Führungsstruktur und -kultur getroffen. Dazu gehört die Verabschiedung eines AWO-Unternehmenskodex.

Für die inhaltliche Bindung der Dienste und Einrichtungen wurde die verbindliche Einführung eines Qualitätsmanagementsystems und dessen externe Zertifizierung beschlossen. Dies stellt die weitestgehende Verpflichtung der verbandlichen Träger in der Freien Wohlfahrtspflege überhaupt dar. Einrichtungen, die als selbstständige GmbHs geführt werden, dürfen nach einer Übergangsfrist das Logo und den Namen des Verbandes nur noch dann führen, wenn sie in Besitz eines gültigen Qualitätsmanagement-Zertifikates sind.

4. Für die AWO völlig neu ist die mit den „Magdeburgern Beschlüssen" eröffnete Möglichkeit der Bildung eines hauptamtlichen Vorstandes. Das kommt in dieser Organisation, die eine so tiefe demokratische Tradition hat, natürlich einer Revolution gleich. Die Einführung eines hauptamtlichen Vorstandes in der AWO ist für viele Mitglieder schwer nachzuvollziehen und daher erst im Laufe einer sehr intensiven Debatte überhaupt umsetzbar. Der ehrenamtliche Vorstand würde sich nach diesem Modell in ein Präsidium verwandeln, das neue zusätzliche Aufgaben wahrnehmen muss. Der Vorstand, der nach Vereinsrecht die Geschäfte zu führen hat, würde mit einem, zwei oder drei Vertretern, je nach Größe und Verantwortung des Vereins, dann die Geschäfte hauptamtlich leiten.

Neben diesen Grundsatzbeschlüssen zu Führungs- und Leitungsstrukturen sind darüber hinaus Strukturempfehlungen für marktgerechte Unternehmensformen festgelegt worden. Um räumliche Versorgungsketten bilden zu können, sollen fachbereichsbezogene Spartenorganisationen gebildet werden. Dies stößt allerdings auch aus traditionellen Gründen auf herbe Kritik in der Arbeiterwohlfahrt. Solche fachbereichs- oder spartenorganisierten Formen tangieren die sogenannten Gebietskörperschaftsgrenzen der Gliederungen der Arbeiterwohlfahrt.

Um diesen Gebietsschutz nicht völlig aufzuheben und damit möglicherweise eine Konkurrenzsituation innerhalb der AWO zu schaffen, wird durch die Einrichtung einer Entscheidungskommission mehr Flexibilität und Druck auch auf die Handelnden vor Ort ausgeübt, die dann mit diesen neuen Organisationsformen die notwendigen Entscheidungen für ihre Dienste und Einrichtungen zu treffen haben. Vor allem die vorgegebene Schnelligkeit sowie die Endgültigkeit in der Entscheidung macht diese Kommission zu einem bedeutenden Handlungsinstrument.

In diesem Zusammenhang steht natürlich gerade für die ehrenamtlichen Vorstände die besorgte Frage, was übrig bleibt, wenn die Wahrnehmung der Verantwortung für die Einrichtungen und Dienste außerhalb der Vorstandsverantwortung organisiert wird. Bei genauerem Hinsehen ist diese Sorge jedoch unbegründet. Denn es gibt weiterhin wesentliche Aufgaben, die erhalten bleiben und es kommen neue hinzu.

So bleibt als erstes die Steuerungsaufgabe für den Verband. Diese liegt allerdings nicht mehr darin, unmittelbar in das operative Geschäft einzugreifen, sondern zu überprüfen, ob das Unternehmen den Anforderungen des Gesamtverbandes entspricht. Bisher geschieht dies im Wesentlichen in der Vermischung zwischen dem operativen Geschäft und der Kontrolle des eigenen Handelns. Zumindest im Bewusstsein der handelnden Personen findet in der bisherigen Vorstandsarbeit keine klare Trennung zwischen den Aufgabenbereichen des operativen Handelns und der Kontrolle statt. Der ehrenamtliche Vorstand versteht sich üblicherweise als das Kontrollorgan der Geschäftsführung, obwohl er faktisch selbst handelndes Organ ist. Die Kontrollfunktion der Revisoren reduziert sich üblicherweise auf die Nachprüfung des Rechnungswesens.

Sozialpolitik

Mit der Reduzierung der bisherigen Vorstandsarbeit auf wichtige Kontroll- und Steuerungsaufgaben wächst die Chance, sich verstärkt für die sozialpolitische Meinungsbildung einzusetzen. Das ist für alle ehrenamtlichen Vorstände eine große Herausforderung.

Bei der gewachsenen Anzahl der Interessensvertreter in Politik und Öffentlichkeit bedarf es einer zunehmenden Anstrengung, sich an den entscheidenden Stellen Gehör zu verschaffen. Eine Anstrengung, die vor allem dann unterschätzt wird, wenn man glaubt, als Vertreter eines traditionsreichen Verbandes eine „gesetzte" Stimme im Konzert der Politiklobbyisten zu haben.

Freiwilligenarbeit

Als Verband, der für sich in Anspruch nimmt und nehmen kann, ehrenamtliche Arbeit zu organisieren, muss sich die AWO ebenfalls neu ausrichten. Es bedarf auch einer Organisation vor Ort, um Menschen für die ehrenamtliche Mitwirkung zu gewinnen. Es ist in den letzten Jahren zunehmend schwerer geworden, noch freiwillige Mitarbeiterinnen und Mitarbeiter für die Dienste und die Veranstaltungen vor Ort zu finden, die kontinuierlich mitarbeiten und Angebote weiterentwickeln oder zumindest erhalten. Es gibt viele Mitarbeiter, die aufgegeben haben, die nicht mehr können und nicht mehr genug Motivation haben, um diese Arbeit fortzusetzen. Freiwilligenarbeit ist jedoch nicht nur für die eigene Aufgabenwahrnehmung des Verbandes, sondern auch für die besondere Rolle als Dienstleister von großer Bedeutung. Hier gilt es, mit hauptamtlichen

Mitarbeiterinnen und Mitarbeitern Aufgabenfelder für Freiwillige zu konzipieren, Interessenten zu rekrutieren und sie in der Arbeit zu unterstützen und zu begleiten.

Mitgliedergewinnung

Die traditionelle Form der Mitgliederakquise „Mitglieder werben Mitglieder" hat ausgedient. Das beweisen die Zahlen. Sie ist gut und überzeugend, aber sie hat in der erforderlichen Wirkung erheblich nachgelassen. Das hat verschiedene Gründe: Zum einem führt die Auflösung der Milieubindung zu einer Schwächung traditioneller Netzwerke, zum anderen sind an einer Mitgliedschaft potentiell Interessierte heute kritischer im Umgang mit langfristigen Bindungen. Außerdem fehlen ehrenamtliche Helfer, die bereit und in der Lage sind, als Werber Personen anzusprechen und zu überzeugen. Hinzu kommt, dass sich die Gewinnung von Unterstützern allein auf die Form der Mitgliedschaft konzentriert, was der heutigen Interessenslage vieler Menschen nicht gerecht wird. Insoweit kommt der gezielten Förderergewinnung, die nicht eine Vereinsmitgliedschaft voraussetzt, zunehmende Bedeutung zu. Daher müssen mehr Formen angeboten und organisiert werden, die das Unterstützerpotential für die AWO stärken.

Im Rahmen der Mitgliederbefragung [5] wurde auch eine Potentialanalyse in Auftrag gegeben, die Auskunft über die Frage gibt, wie viele Menschen in der Bundesrepublik die AWO unterstützen würden. Danach gibt es ein deutliches Potenzial von mindestens zwei Millionen Menschen, die wegen ihrer Neigung zur Arbeiterwohlfahrt sowie aus ihrem sozialen Engagement oder aus ihrer politischen Überzeugung heraus für eine Unterstützungsfunktion ansprechbar sind. Eine solche Akquisition des guten Willens bedarf allerdings einer professionellen und konzentrierten Form der Organisationsarbeit, die weit über das hinausgeht, was bisher an Werbemaßnahmen betrieben wird.

Die „Magdeburger Beschlüsse" [6] haben für die AWO klare Positionen benannt: Es ist festgelegt worden, was zu machen ist, was man machen kann und was noch gemacht werden sollte. Das ist die Botschaft: Jeder Ortsverein, Kreisverband und Bezirksverband muss sich mit diesen Fragen beschäftigen und für sich entsprechende Entscheidungen treffen, die sicherlich unterschiedlich ausfallen können. Allerdings müssen die Entscheidungsträger am Ende eines solchen Diskussionsprozesses die Frage beantworten, ob sie unter den

---

[5] Siehe Fußnote 4.
[6] Siehe Fußnote 2.

aufgezeigten Möglichkeiten die richtige Wahl für die Organisationsform getroffen haben, um verantwortungsbewusst die Zukunftsgestaltung des Vereins
und des Unternehmens zu sichern.

Der Bundesverband unterstützt diesen Prozess durch Organisationsberatung, besonders aber durch Qualifizierung (Ausbildung Master of Arts –
Sozialmanagement) und Förderung der Nachwuchsführungskräfte (Coaching
und Vergabe von Stipendien). Darüber hinaus hat der Bundesvorstand als Konsequenz aus der Debatte und als Erkenntnis aus der Analyse, die seine eigenen
Aufgaben betreffen, beschlossen, einen hauptamtlichen Vorstand und ein ehrenamtliches Präsidium zu bilden.

Das Ziel dieses langjährigen Entwicklungsprozesses und seiner nun beginnenden Umsetzung ist es, die Arbeiterwohlfahrt zukunftsfest zu machen,
sowohl für den unternehmerischen Teil als auch für den verbandlichen Teil.
Die AWO muss für die Menschen zum einen das Symbol und Sinnbild für
Hilfe in allen Lebenslagen sein und zum anderen dafür stehen, dass von der
Arbeiterwohlfahrt die qualitativ beste Hilfe zu erwarten ist. Sie muss für die
Dienstleistungsempfänger das Symbol für die Grundsätze der Gerechtigkeit,
der Solidarität und der Menschlichkeit sein und dafür stehen, dass die Mitarbeiterinnen und Mitarbeiter sowie die ehrenamtlichen Kräfte, welche die Träger der Dienstleistung sind und die Verantwortung dafür tragen, sich ebenfalls
von diesen Werten getragen fühlen. Das Herz mit den drei Buchstaben wird so
in der jeweiligen Dienstleitung, in der jeweiligen Einrichtung – oder wo immer dieses Zeichen auftritt – mit Gerechtigkeit, Solidarität und Menschlichkeit
verknüpft werden können.

Best Practice in den deutschen Sozialen Diensten. Suche – Begriffe – Bestandsaufnahme

Andrea Buckley

Vorbemerkung

Ausschlaggebend für die konzentrierte Beschäftigung mit dem Begriff „Best Practice" in Bezug auf die Sozialen Dienste in Deutschland war für mich die Arbeit in einem aktuellen Projekt des Forschungsschwerpunktes Wohlfahrtsverbände an der Fachhochschule Düsseldorf unter Leitung von Prof. Dr. Karl-Heinz Boeßenecker. Der Titel dieses Projekts lautet „Soziale Dienste im Deutschen Roten Kreuz – Best Practice Beispiele im Bereich Gesundheit und Rehabilitation". [1] Im folgenden Beitrag wird allerdings nur am Rande auf die Arbeit dieses konkreten Projektes eingegangen. Die Intention dieses Beitrags ist, sich dem Thema der Best Practice anzunähern und sich Fragen der Verbreitung von Begriff und Methode in den sozialen Diensten bzw. der Sozialpolitik zuzuwenden.

Einleitung

Im Allgemeinen ist feststellbar, dass sich die Benutzung von Anglizismen in der deutschen Sprache als Trend zunehmend in vielen Bereichen durchsetzt. Gleiches gilt im Speziellen für den Begriff der „Best Practice", der ursprünglich aus der angloamerikanischen Betriebswirtschaft stammt. Best Practice – verkürzt gesagt, handelt es sich dabei um die Suche nach der besten Praxis und könnte ebenso bezeichnet werden als Suche nach Erfolgskriterien, erfolgreicher Umsetzung, Messung und Strukturierung von Methoden und Ergeb-

---

[1] Nähere Informationen zu diesem, zum Zeitpunkt des Verfassens dieses Beitrags noch laufenden Projektes, finden sich auf der Internetseite des Forschungsschwerpunktes Wohlfahrtsverbände an der Fachhochschule Düsseldorf sowie bei den zuständigen Mitarbeitern: http://www.wohlfahrtsverbaende.de

nissen. Die Suche nach der besten Praxis berührt Bereiche des Wissensmanagements, des Qualitätsmanagements und betriebswirtschaftliche Bereiche der Marktanalyse. Der Begriff „Best Practice" entwickelt Assoziationen wie Einfachheit, Erfolgsgeschichten, praktikable erfolgsversprechende Umsetzungsmöglichkeiten von erprobten Methoden und suggeriert eine Art Kochbuch und Handlungsanleitung zum Erfolg zu sein. Allein bei tiefergehenden Recherchen zu Begriffsdefinitionen und Anwendungsbereichen setzt Konfusion ein, da keine Einheitlichkeit in der begrifflichen Verwendung und Anwendung besteht.

Annäherung an das Thema

Eine Grundvoraussetzung, um von Best Practice zu sprechen bzw. nach einem Benchmarking Best Practice zu suchen, ist die Akzeptanz der Tatsache, dass es auch im Bereich der Sozialen Arbeit – wie in anderen Wirtschaftsbereichen – um die Konkurrenz begrenzter Ressourcen geht. Was von einigen Kritikern speziell des Begriffs „Sozialwirtschaft" oder allgemeiner neoliberaler Tendenzen im sozialen Bereich angefeindet wurde, ist längst bittere Realität. Nicht alles im sozialen Bereich ist ein freier Markt, allerdings sind die Tendenzen zur Privatisierung von Diensten, der Abbau von Privilegien der freien Wohlfahrtspflege gegenüber privaten Diensten unbestrittene Tatsache und führen zusätzlich zu erhöhter Konkurrenz. Neben der Frage der Legitimierung von sozialen Dienstleistungen gegenüber Finanzgebern bestehen im Feld Sozialer Arbeit seitens der professionell Tätigen verschärfte Anforderungen an die berufliche Legitimierung und Weiterentwicklung der Profession. Diese Entwicklungen sichern heute, anders noch als vor einigen Jahren, eine höhere Akzeptanz innerhalb des Feldes sozialer Dienstleistungen gegenüber Methoden des Lernens vom Besten bzw. die eigene Leistung von außen, d. h. von Kunden/Klienten, von Auftraggebern sowie von neutralen Stellen bewerten zu lassen.

Zwei Leitfragen der Arbeiten zu diesem Thema waren: Ist die Best-Practice-Diskussion in den Sozialen Diensten aktuell? Wird der Best-Practice-Begriff in den sozialen Diensten bzw. der Sozialpolitik bereits benutzt? An dieser Stelle muss vorweggenommen werden, dass der Begriff der Best Practice sehr wohl in den Sozialen Diensten angekommen ist. Teilweise wird nicht ausschließlich von Best Practice gesprochen, sondern – Abstand nehmend vom Superlativ – werden Good Practice oder weitere Synonyme benutzt, wie nachfolgend noch detaillierter ausgeführt wird.

Arbeitsschritte auf der Suche nach der besten Praxis

Die Annäherung an den Begriff erfolgte im oben genannten Best-Practice-Projekt des Forschungsschwerpunktes Wohlfahrtsverbände durch die Übersetzung vom Englischen ins Deutsche, durch die Stichwortsuche im Internet und weitergehende Internetrecherchen. Zusätzlich wurden Literaturdatenbanken, Fachzeitschriften der Sozialen Arbeit und Sozialwirtschaft und – in unserer speziellen Projektarbeit – insbesondere die Fachzeitschriften des Deutschen Roten Kreuzes sowie weitere interne Fachinformationen dieses Wohlfahrtsverbandes hinzugezogen. Ein erstes Ergebnis war, dass auch an verwandte Schlagworte gedacht werden muss, um speziell für den Sozialen Bereich hinsichtlich des Begriffes Best Practice fündig zu werden.

Neben der thematischen und lokalen *Festlegung des Untersuchungsbereichs* „Gesundheit und Rehabilitation innerhalb der Organisation des Deutschen Roten Kreuzes" wurden als nächste Schritte die *Kriterienentwicklung* (siehe untenstehende Übersicht 1) sowie die darauf aufbauende Informationssammlung in Form einer Datenbank betrieben. Nach Erstellung der *Datenbank* folgte die *Analyse und Auswertung* der gesammelten Projekte sowie die *Einordnung der ersten Befunde* anhand des Hinzuziehens weitergehender Hintergrundinformationen über den Verband – insbesondere zur Strategieentwicklung, der sogenannten „Strategie 2010 plus". Die „Strategie 2010 plus" des Deutschen Roten Kreuzes enthält wichtige Informationen zu Stärken und Schwächen des Verbandes sowie Positionierungen hinsichtlich der Kernkompetenzen und zukünftiger Arbeitsziele (Deutsches Rotes Kreuz 2006): [2]

Zwei weitere Leitfragen, die innerhalb des konkreten Forschungsprojektes bearbeitet wurden, sind im Folgenden mit entsprechenden Ergebnissen skizziert.

Welche allgemeinen Umstände haben dazu geführt, diesen eigentlich aus dem betriebswirtschaftlichen Bereich stammenden Begriff im Bereich der Sozialen Arbeit/den sozialen Diensten verstärkt zu verwenden? Entwicklungen wie die Verdoppelung des Weltwissens in immer kürzer werdender Zeit, die zunehmende Globalisierung und Internationalisierung von Märkten, technische Weiterentwicklungen, wie z. B. Internet, E-Learning, E-Governance, die zusammengefasst eine schnellere Kommunikation und den Austausch von Wissen ermöglichen, sowie ein allgemein schnelleres Tempo bei Innovationen, eingeschränkte Ressourcen für eine Vielzahl sozialer Dienste sowie teilweise

---

[2]   Nach dieser Aufteilung in sechs Arten des Benchmarking haben wir in dem von uns durchgeführten Forschungsprojekt des FSP WV „Best Practice im Bereich Gesundheit und Rehabilitation des DRK" intern und generisch nach Best-Practice-Projekten gesucht.

Anhand von elf Kriterien werden Arbeitsansätze auf ihre Relevanz als Good-Practice- oder Best-Practice-Beispiele vom Forschungsschwerpunkt Wohlfahrtsverbände/Sozialwirtschaft an der FH Düsseldorf recherchiert und dokumentiert:

1. Konzeption, Selbstverständnis (u. a. Vorlage einer schriftlichen Konzeption)

2. Zielgruppe (genauere Angaben über Nutzer, Adressatengruppe)

3. Innovation (Beschreitung neuer Lösungswege)

4. Nachhaltigkeit (kein kurzfristiger Aktivismus)

5. Multiplikatorenkonzept (Verbreitung des Arbeitsansatzes ist geplant)

6. Arbeitsweise (inhaltlich begründet und für Außenstehende nachvollziehbar)

7. Partizipation (Beteiligungskonzept für Nutzer und Adressaten)

8. Projektübergreifender Ansatz/Netzwerke (verbandsübergreifende Kooperation)

9. Qualitätsmanagement/-entwicklung, Evaluation (Struktur-, Prozess-, Ergebnis- und Wirkungsqualität werden überprüft)

10. Dokumentation (erfolgt schriftlich und ist öffentlich zugänglich)

11. Ressourcenausstattung (sachadäquate Kosten-Nutzen-Relation, Kombination von betriebswirtschaftlichen und sozialpolitischen Kriterien)

Um als Best-Practice-Beispiel qualifiziert zu werden, müssen folgende fünf Mindestkriterien erfüllt sein: 2. Zielgruppen, 3. Innovation , 4. Nachhaltigkeit, 10. Dokumentation und 11. Ressourcenausstattung.

Übersicht 1: Kriterien des Projektes „Best Practice im Bereich Gesundheit und Rehabilitation des Deutschen Roten Kreuzes". Eigene Darstellung.

bereits gesetzlich festgelegte Qualitätsbestimmungen erfordern und fördern in allen Bereichen – auch im Sozialbereich – die Anwendung von neuen Strategien, um innovativ und konkurrenzfähig zu bleiben. Zu beobachten ist, dass die komparative Forschung im sozialpolitischen Bereich zunimmt, beispielhaft genannt sei an dieser Stelle nur die PISA-Studie im Bildungsbereich. [3] Ebenfalls feststellbar sind Initiativen der Europäischen Union, transnationale Projekte zu fördern mit dem Ziel, von den Besten zu lernen. Im Bereich von Studiengängen hat es innerhalb der letzten Jahre Angleichungen in Bezug auf die europaweiten Abschlüsse Bachelor und Master gegeben, um eine erhöhte

---

[3]   PISA – Programme for International Student Assessment, die internationale Schulleistungsstudie. URL:http://www.mpib-berlin.mpg.de/pisa/

Flexibilität und Vergleichbarkeit und somit erhöhte Mobilität auch international zu gewährleisten.

Welche speziellen Beweggründe existieren, um nach Best Practice zu suchen? Zunächst muss angemerkt werden, dass gezielt nach erfolgreicher Praxis bzw. praxiserprobten Konzepten gesucht wird und nicht nach Theorie. Ausschlaggebend ist der Anreiz zur Veränderung oder Verbesserung einer bestehenden Lösung in der Praxis. Dabei wird darauf verzichtet, das Rad selbst neu zu erfinden, sondern man orientiert sich systematisch nach vorher definierten Bewertungskriterien und daran, wie andere erfolgreiche Lösungen umsetzen, d. h. der Blick wird über den Zaun gerichtet. [4]

Zur Begriffsdefinition von Best Practice

Zwei Definitionen sollen exemplarisch zusammenfassen, worum es bei Best Practice geht, was begrifflich übersetzt werden kann mit „hervorragender Praxis". Die erste Definition aus dem Online-Verwaltungslexikon (kurz: olev) erwähnt neben der Vorgehensweise die Einbindung in eine übergreifende Strategie und betriebliche Zielentwicklung: „Best practice ist ein pragmatisches Verfahren. Es *systematisiert* vorhandene Erfahrungen erfolgreicher Organisationen (oft auch Konkurrenten) oder Anwender usw., vergleicht unterschiedliche Lösungen, die in der Praxis eingesetzt werden, bewertet sie anhand betrieblicher Ziele und legt auf dieser Grundlage fest, welche Gestaltungen und Verfahrensweisen am besten zur Zielerreichung beitragen. Die zweite Definition spricht von Best Practice als Ergebnis eines vorausgegangenen Benchmarking-Prozesses. Die Betonung liegt hier ebenfalls auf der umgesetzten Lösung: „Im Gegensatz zur bestmöglichen Lösung ist ‚Best Practice' lediglich die beste realisierte Lösung. Innerhalb eines Benchmarking-Prozesses wird nicht nach der theoretisch oder technisch besten Möglichkeit gesucht. Vielmehr werden die tatsächlich auf dem Markt angebotenen Produkte oder Dienstleistungen hinsichtlich einheitlicher Qualitätskriterien miteinander verglichen. Der Sieger wird dann ‚Best Practice' genannt". [5]

---

[4]   http://www.olev.de
[5]   Quelle: http://www.projektmagazin.de/glossar/gl-0401.html

Benchmarking [6]

Benchmarking ist eine kontinuierliche umfangreiche Vergleichsanalyse von Produkten (Dienstleistungen), Prozessen und Methoden des eigenen Unternehmens mit denen des besten Konkurrenten oder sog. Marktführers, d. h. begrifflich gemeint ist der Weg, der dem Finden einer Best-Practice-Lösung vorausgeht. Ziel ist, die Leistungslücke zum führenden Unternehmen in der Branche systematisch zu schließen. Im Falle des klassischen Benchmarking wird der Konkurrent immer innerhalb des gleichen Segments untersucht. Der Vergleich mit strukturähnlichen, aber branchenfremden Organisationen kann allerdings ebenfalls nützliche Impulse liefern. Der Vergleich mit branchenfremden Konkurrenten ist aufgrund der höheren Schwierigkeit allerdings auch immer mit einem Mehraufwand verbunden. Hilfreich ist branchenübergreifendes Benchmarking besonders, wenn der gefundene Marktführer bereits seit langem erfolgreich verschärfte Wettbewerbssituationen gemeistert hat und wesentliche Erfolgskriterien auf die eigene Organisation übertragbar sind.

Der Erfolg von Benchmarking und Best-Practice-Analysen lässt sich nicht nur an der Zahl der neuen Ideen messen. Ein wichtiger Aspekt ist, dass diese Analysen wirkungslos bleiben, solange sie nicht in Gesamtstrategien und Zukunftsplanungen von Organisationen eingebunden werden. Der Grund ist, dass durch diese Analyseergebnisse ohne Einbindung in zukunftsorientierte Strategie- und Zielplanungen jeweils nur ein Gleichziehen mit dem Stand der Besten geschieht. Aufgrund sich immer schneller ändernder Rahmenbedingungen kann ein solches Gleichziehen nicht unbedingt ausreichend sein, um konkurrenzfähig zu bleiben.

Benchmarking kann auf unterschiedliche Arten erfolgen. Für das Vorgehen beim Benchmarking speziell in der öffentlichen Verwaltung existiert bereits seit mehreren Jahren ein standardisiertes Vorgehensmodell, das sog. „DIN PAS 1014".

Folgendes wird untersucht:
– *„intern:* Teile einer Einrichtung (Behörde/Betrieb)
– *horizontal*: vergleichbare Einrichtungen derselben Verwaltungsebene
– *intersektoral*: Behörden/Private
– *vertikal*: Behörden verschiedener Verwaltungsebenen
– *international*: Behörden verschiedener Länder
– Zusatz: *„generisch"*, allgemein bzw. unspezifisch, wenn sich die Vergleichspartner

---

[6]   Die jeweilig kenntlich gemachten Zitate stammen aus folgender Quelle: Deutsche Industrie Norm DIN (2001).

deutlich unterscheiden und das Benchmarking (nur) dazu dient, Ideen für Verbesserungen zu gewinnen, z. B. Benchmarking zwischen Be- und Entladen von Frachtflugzeugen mit dem Boxenstopp bei der Formel 1."

Was spricht für das Suchen nach der besten Praxis, was dagegen? Die Suche nach der besten Praxis reduziert Komplexität durch die Beschränkung auf gezielt definierte Untersuchungskriterien, es bietet Transparenz, da die Bewertungskriterien für die Analyse vorher definiert werden müssen. Ein strukturierter Vergleich mit der Konkurrenz wird möglich, sie kann zu einem Innovationsschub führen und kostengünstig sein, da es eigene Entwicklungsarbeit spart. Die Suche nach oder das prämierte Vorhandensein von Best bzw. Good Practice bietet für Organisationen Werbung und damit positive Öffentlichkeitsarbeit, welche wiederum den gestiegenen Ansprüchen von Kunden bzw. Nutzern der Dienste gerecht wird.

Die Reduzierung von Komplexität kann allerdings vorgaukeln, dass eine einfache Lösung möglich wäre. Gegen die Bestimmung der Best Practice spricht, das nur der Ist-Zustand ermittelt wird, d. h. ohne eine Einbindung dieses Ergebnisses in eine Strategieentwicklung nur ein Gleichziehen mit der Konkurrenz ermöglicht wird. Eine übereilte Übertragung von Best Practice kann teuer werden. Deming, der „Vater des Total Quality Management – kurz: TQM", warnt nachdrücklich vor einer solchen unbesonnenen Übernahme fremder Rezepte. Er weist darauf hin, dass es immer komplexe Systeme sind, in die diese Regeln eingepasst sind, und man sie deshalb nur übernehmen kann, wenn man die eigenen Prozesse und das fremde System vollständig verstanden hat. Daraus folgt seine 14. Management-Regel: „Übernehme Methoden und Verfahren Anderer erst dann, wenn sämtliche Grundlagen und Voraussetzungen bekannt sind und verstanden werden!"

Good Practice

Statt nach der Best Practice zu suchen, kann es teilweise einfacher und hilfreicher sein, nicht nach dem Superlativ, sondern nach „Good Practice" (übersetzt: Lösungen guter Praxis) zu suchen sowie die Umsetzbarkeit für die eigene Organisation zu prüfen. Der Vorteil dieser Vorgehensweise besteht darin, breiter und ergebnisoffener als Best Practice zu sein.

Im Folgenden sind Beispiele genannt, die Methoden der Suche nach Best-Practice-Beispielen widerspiegeln. Die Ausgangsfrage war, ist die Best-Practice-Diskussion in der Sozialpolitik bzw. den sozialen Diensten angekommen? Wenn man sich die Auswahl der aufgeführten Beispiele ansieht, ist diese Frage eindeutig mit „ja" zu beantworten, zumal sie nur eine Auswahl darstellt.

Allen gemeinsam ist die Zielsetzung, umfangreiches Wissen durch Sammlung und Strukturierungsversuche handhabbarer zu machen. Das gesammelte Wissen soll dem Erfahrungsaustausch, dem schonenden Umgang mit Ressourcen nach Effektivität und Effizienzkriterien dienen. Zusätzlich angestrebt sind Transparenz sowie das Ziel der Innovation und Weiterentwicklung durch das Ermöglichen des Lernens vom Besten.

Best-Practice-Suche im sozialpolitischen Bereich – Beispiele für die Anwendung

Methoden

Der *Methode der Offenen Koordinierung (kurz OMK)* kommt im Kontext der Best-Practice-Diskussion im Sozialen Bereich eine besondere Bedeutung zu. Sie wurde im März 2000 vom Europäischen Rat in Lissabon als neuartiges Instrument der Koordination und Steuerung auf der Ebene der Europäischen Union beschlossen. Hintergrund dafür war, dass die Europäische Union (kurz: EU) nicht harmonisierend, sondern nur koordinierend tätig werden konnte. Die OMK-Methode ist somit ein Instrument, bei der EU-weite Indikatoren, z. B. im Feld der Sozialen Integration (seit 2001) oder für die Gesundheit und Alten-/Langzeitpflege (seit 2005), bestimmt werden. Die Mitgliedsstaaten erstellen dann sog. „Nationale Aktionspläne" oder Strategieberichte. Die EU erhält somit die Möglichkeit komparative Forschung in verschiedenen Politikfeldern zu betreiben, d. h. Ergebnisse zu vergleichen und zu bewerten. Ziel ist dabei, wie bei der Best-Practice-Suche, die Basis für Informationsaustausch und Lernen vom Besten zu schaffen sowie Dienstleistungen insgesamt zur Verbesserung und Innovation anzuregen. [7]

Innovationsmessen/Tagungen

Ein weiteres internationales Beispiel für die Suche nach der besten Praxis im Bereich sozialer Arbeit von Nicht-Regierungs-Organisationen ist die *Innovationsmesse (Innovation Fair)*, veranstaltet vom Wirtschafts- und Sozialausschuss der Vereinten Nationen zum Thema Hunger- und Armutsbekämpfung. [8]

Im Bereich der Professionsentwicklung der Sozialen Arbeit wurde im November 2005 im Rahmen einer *internationalen Fachtagung* der Fakultät für

---

[7]   http://www.soziale-dienste-in-europa.de/frame/dokumente/Projekte/ix6299{_ }418291b96.htm?script=0

[8]   http://www.bestpractices.org/2006winners.html bzw. http://www.bestpractices.org/

Pädagogik der Universität Bielefeld die Frage gestellt: „*What works?*" – übersetzt: was wirkt, was funktioniert? Dabei ging es um die Frage, welches Wissen die Soziale Arbeit der Zukunft braucht und ob Wissens- und Evidenzbasierung und Handlungsvermögen und Wirkungsversprechen eine bessere Praxis bringen. Die Einschätzung der Tagungsorganisatoren ist, dass die Einführung des „*What works*"-Ansatzes in anderen westlichen Ländern, z. B. Großbritannien, wesentlich weiter entwickelt ist als in Deutschland. Bei diesem Ansatz geht es unter anderem darum, die Wirksamkeit von sozialpolitischen Maßnahmen nachzuweisen. Dies geschieht mit Hilfe statistischer Berechnungen und der Entwicklung standardisierter Programme. Im Rahmen dieser Tagung sollte es um einen internationalen Erfahrungsaustausch gehen, was wiederum dem Ansatz des Lernen vom Besten, aber auch Lernen aus Fehlern entspricht. [9]

Ebenfalls im Lichte des Erfahrungsaustausches bewährter Praktiken veranstaltete das Bundesamt für Migration und Flüchtlinge in Nürnberg eine *internationale Fachtagung* zum Thema „Austausch bewährter Praktiken der geförderten freiwilligen Rückkehr" am 18./19. Januar 2007. Diese Tagung soll ohne weitere Wertung exemplarisch für die Zunahme solcher Veranstaltungen gelten (Bundesamt für Migration und Flüchtlinge 2007).

Standardentwicklungen/Qualitätskriterien

Als ein Beispiel der *Entwicklung von Standards und Qualitätskriterien im internationalen Bereich* auf dem Gebiet *professioneller Sozialarbeit* kann die Arbeit des Internationalen Berufsverbandes der Sozialarbeiter (IFSW – International Federation of Social Workers) gelten. Der IFSW strebt danach, unter anderem die beste Praxis auf dem Gebiet der professionellen Sozialarbeit zu verwirklichen. [10]

Nicht nur der Internationale Verband der Sozialarbeiter, sondern auch der Deutsche Berufsverband für Soziale Arbeit bemüht sich, die *Entwicklung von Standards und Qualitätskriterien auf nationaler Ebene* voranzubringen. Im Rahmen eines Vereins mit dem Namen *Berufsregister für Soziale Arbeit* soll gute Praxis in der sozialen Arbeit mit Hilfe von Kompetenz- und Qualitätskriterien im Rahmen eines *Gütesiegels* verbindlich festgeschrieben werden. Die Idee ist dabei nicht neu: In anderen europäischen Ländern, beispielsweise Italien, darf ein Sozialarbeiter nur praktisch bei Behörden tätig werden, wenn er im nationalen Berufsregister registriert ist. [11]

---

[9] http://www.uni-bielefeld.de/paedagogik/agn/ag8/Flyer,\%20AnmeldungWhatWorks.pdf
     und www.uni-protokolle.de/nachrichten/id/108340/
[10] http://www.ifsw.org/home
[11] http://www.dbsh.de/html/einfuehrung_berufsregister.html

Preise/Wettbewerbe (teilweise auch Datenbanken) [12]

Ein Beispiel für einen *Wettbewerb* im Kontext von Verwaltungsreformen im öffentlichen Sektor ist der sog. *„Speyerer Qualitätswettbewerb"* – einer Preisausschreibung der Deutschen Hochschule für Verwaltungswissenschaft (DHV) mit Sitz in Speyer. Hierbei werden Kriterien dieses Wettbewerbs mit der Anwendung des *Common Assessment Framework* (kurz: *CAF)* zusammengeführt. [13] Beim CAF handelt es sich um ein gemeinsames europäisches Qualitätsbewertungssystem für *Organisationen des öffentlichen Dienstes.* Mit dem CAF wird eine Selbstevaluation anhand von neun vorgegebenen Themenfeldern vorgenommen, die standardisiert und mit relativ geringem Aufwand durchgeführt werden kann. Zum Entstehungshintergrund: Im Mai 2000 beschlossen die für den öffentlichen Dienst zuständigen Minister auf der 1. Europäischen Qualitätskonferenz in Portugal, in allen EU-Mitgliedstaaten das sogenannte Common Assessment Framework (CAF) einzuführen. Dieses gemeinsame Europäische Qualitätsbewertungssystem ist ein Instrument zur Selbstbewertung für Organisationen des öffentlichen Sektors. Dieses Modell wurde unter der Schirmherrschaft der Generaldirektoren für die öffentliche Verwaltung entwickelt, um die Grundidee und Prinzipien von Total Quality Management (TQM) im öffentlichen Sektor voranzubringen. Im CAF werden die wesentlichen Inhalte des Qualitätsmodells der European Foundation for Quality Management (EFQM) [14] und Kriterien des 4. Speyerer Qualitätswettbewerbs – einer Preisausschreibung der Deutschen Hochschule für Verwaltungswissenschaft (DHV) mit Sitz in Speyer – zusammengeführt.

Als ein Beispiel für eine *Preisverleihung im globalen Bereich* kann die *Best-Practices-Datenbank der United Nations Habitat* genannt werden. Diese internationale Organisation führt seit 1996 eine Informationssammlung zum Thema nachhaltige Entwicklung urbaner Lebensumstände bezogen auf wirtschaftliche, soziale und umweltpolitische Aspekte durch. [15]

Beim *Ludwig-Erhard-Preis* handelt es sich um eine nationale deutsche Preisverleihung – basierend auf dem European Foundation Quality Management-Modell für Excellence (EFQM-Modell). Im Jahre 2006 wurden

---

[12] Die Zuordnung zu Preisen und Wettbewerben bzw. Datenbanken ist nicht immer eindeutig vorzunehmen, da aus den Bewerberinformationen häufig Datenbanken entwickelt wurden.

[13] http://www.caf-netzwerk.de/cln{_}050/nn{_}376194/CAF-Netzwerk/Ueber{_}{_}uns/ueberuns-node.html?{_}{_}nnn=true

[14] http//:www.efqm.org

[15] http://www.bestpractices.org/2006winners.html bzw. http://www.bestpractices.org/

beispielsweise auch Unternehmen aus dem Bereich der Wohlfahrtspflege ausgezeichnet. [16]

Eine ebenfalls nationale Ausschreibung des Bundesministeriums für Familien, Senioren, Frauen und Jugend (BMFSFJ) vom April 2007 mit dem Titel *„Neue Wege für Jungs"* prämiert Ideen zur Jungenförderung. Alle prämier-
ten Konzepte stehen in einer *Best-Practice-Datenbank* im Internet zur Verfügung. [17]

Ein weiteres nationales Beispiel für die Suche nach Best-Practice-
Modellen im *Arbeitsfeld der Altenhilfe* ist der im Jahr 2007 erstmalig ausge-
schriebene *Deutsche Altenhilfepreis der Familie Josef-Kreten-Stiftung*, einer
Treuhandstiftung des Deutschen Roten Kreuzes. Hierbei prämierte eine Jury
innovative Altenhilfeprojekte. [18]

Der deutsche *Förderpreis EMMI (Eltern machen mit)* zeichnet *Kindertagesstätten* aus, die in sozialen Brennpunkten Brandenburgs gute Praxis im *Bereich der Gesundheitsförderung* bieten und die Eltern in diese Arbeit mit einbeziehen. Der Preis wurde seit dem Jahr 2005 gemeinsam vom Ministerium
für Arbeit, Soziales, Gesundheit und Familie (MASGF) und dem Ministerium
für Bildung, Jugend und Sport (MBJS) Brandenburg in Kooperation mit dem
Regionalen Knoten Brandenburg – Gesundheitsförderung bei sozial Benachteiligten verliehen. [19]

Datenbanken zu verschiedenen Themen

Im Verlauf der Recherchen zum Thema Best Practice wurde ich – bezogen
auf Datenbanken -zunächst im *Arbeitsfeld der Kriminalprävention* fündig.
Nach weitergehender Literaturrecherche in diesem Arbeitsfeld ist dieses Thema meines Erachtens zur Diskussion des Best-Practice-Begriffes in den Bereich der Sozialpolitik einzuschließen; aufgrund der holistischen Sichtweise
wird Kriminalprävention von den in den Quellenangaben erwähnten Autoren Bässmann und Feuerhelm als gesamtgesellschaftliches ressortübergreifendes Thema gesehen, das einer ebensolchen Lösung bedarf. Im Rahmen des
Arbeitsfeldes „Kriminalprävention" wurde seitens des Bundeskriminalamtes
mit dem Aufbau einer Projektsammlung, dem sog.*„Infopool Prävention"*, be-

---

[16]   Quelle: http://www.ilep.de bzw.
        http://www.ilep.de/ludwig-erhard-preis/preis-ziele.html
[17]   http://www.neue-wege-fuer-jungs.de und http://www.bmfsfj.de/Kategorien/Presse/
        Pressemitteilungen,did=97434.htm
[18]   Quelle: http://www.drk.de/tops_2007/0326_altenhilfepreis/bericht.html
[19]   Quelle:http://www.gesundheitliche-chancengleichheit.de/?uid=
        53b8749b203b2c1683e591f062440581\&id=main1\&news=198

reits im Jahr 1995 begonnen. Ziel dieser Projektsammlung war, vorbildliche Problemlösungen zu finden und damit sich der Steuerungsfunktion von Best-Practice-Beispielen zu bedienen. Im Fortgang dieser Informationssammlung ist die Best-Practice-Übersicht des Forums für Kriminalprävention zu sehen, die das Ziel verfolgte, nach festgelegten Kriterien eine Datenbank mit dem Titel„*Praevis*"zu erstellen. [20] Als Kernaufgabe der im Jahre 2001 gegründeten Stiftung Deutsches Forum für Kriminalprävention wird der „Wissenstransfer; Erhebung und Verbreitung von wissenschaftlichen und best-practice Erkenntnissen (national wie international)" genannt.

Die Bundesregierung startete im Jahr 1999 in Form eines Bund-Länder-Programms das Projekt: „*Stadtteile mit besonderem Entwicklungsbedarf – die soziale Stadt*" [21], um eine wachsende soziale und räumliche Spaltung in den Städten einzudämmen. Hauptzielsetzung dieses Programms seitens der Bundesregierung ist es, neue stadtentwicklungspolitische Akzente zu setzen und eine Verknüpfung von städtebaulichen Maßnahmen und anderen Politikfeldern zu erreichen. Wichtige Stichworte sind in diesem Zusammenhang: „ressortübergreifendes Arbeiten" und „integrierte Stadtteilentwicklung in gefährdeten Stadtteilen". [22] Im Internet ist eine umfangreiche *Praxisdatenbank* erstellt worden, in der anhand verschiedener Kriterien erfolgreiche Praxisbeispiele recherchierbar sind.

Ein zusätzliches nationales Beispiel im Bereich der Hochschulentwicklung ist das *CHE-Ranking* [23], d. h. das Vergleichen und Erstellen einer *Rangliste von Hochschulen*, von Universitäten und Fachhochschulen in Deutschland, Österreich und der Schweiz. Hierbei werden anhand von 30 Indikatoren Leistungsvergleiche vorgenommen. Ebenfalls bewertet sind bei diesem Vergleich alle Studienmöglichkeiten für Soziale Arbeit im deutschsprachigen Raum. [24] Durchgeführt wird dieses jährliche Ranking vom CHE, d. h. Centrum für Hochschulentwicklung in Gütersloh. Der Vergleich der Hochschulen soll die Initiierung und Umsetzung von Reformen und Innovationen befördern. [25]

Das Bundesministerium für Gesundheit hat im *Bereich der Gesundheitlichen Chancengleichheit* eine Datenbank zum Thema„*Gesundheitsförderung*

---

[20] http://www.kriminalpraevention.de und http://www.praevis.de
[21] http://www.sozialestadt.de/welcome.phtml
[22] http://www.sozialestadt.de/programm/
[23] CHE – Centrum für Hochschulentwicklung
[24] http://www.das-ranking.de/che8/CHE?module=WasIst\&do=show\&esb=23 oder z. B. ein Ergebnis für die FH Coburg im Jahre 2005 http://www.uni-protokolle.de/nachrichten/id/99915/
[25] http://www.che.deundhttp://www.che-ranking.de

bei sozial Benachteiligten" erstellen lassen. [26] Ausgangslage für dieses Projekt waren wenige bzw. unzureichend vorhandene Daten zu diesem Spezialthema. [27]

Ein Beispiel im Arbeitsfeld der Kindertageseinrichtungen und Tagespflege in Deutschland stellt die Datenbank „ProKiTa" [28] des Deutschen Jugend Instituts mit Sitz in München dar. Inhaltlich geht es in dieser Datenbank um Projekte zur Praxisforschung und Modellprojekte. Die gesammelten Daten werden zum Thema Qualitätentwicklung in den Kindertagesstätten und der Tagespflege ausgewertet. Hierbei geht es ausdrücklich um die „Entwicklung und Überprüfung von Kriterien guter Praxis" (Dittrich 2007).

Fazit

Als zusammenfassendes Fazit kann die Frage: *„Ist die Suche und Bewertung von Praktiken als Best Practice in den Sozialen Diensten angekommen?"* eindeutig mit „ja" beantwortet werden, was die unter Punkt 7 aufgeführten zahlreichen Beispiele belegen sollten. Nicht immer werden Anglizismen für die Suche nach der besten Praxis benutzt, teilweise gibt es auch keine eindeutigen betriebswirtschaftlichen Methoden zur Erfassung von Projekten, d. h. die Benennung erfolgt nicht immer systematisch bzw. nach genau definierten Kriterien. Dessen ungeachtet lässt sich festhalten, dass eine Zunahme von Wettbewerben und Auslobigungen von Preisen im Sozialen Bereich zu verzeichnen ist mit dem Ziel, Innovationen voranzutreiben, von den Besten zu Lernen, Kosten einzusparen etc . . . Technische Fortschritte, wie z. B. Weiterentwicklungen im Bereich des Internet und Intranet, Einrichtungen wie Online-Kompetenzplattformen, die Zunahme von Billigflügen als ein konkretes Beispiel sowie sich allgemein verbessernde Verkehrsanbindungen weltweit, lassen die Welt insgesamt schneller zusammenwachsen und bieten in Bezug auf wachsendes Wissen und Innovationsmöglichkeiten noch längst nicht ausgeschöpfte Möglichkeiten an. Jedoch sind durch dieses schnellere Zusammenwachsen auf der einen Seite nicht nur positive Möglichkeiten, sondern auf der anderen Seite auch Spaltungen innerhalb von Gesellschaften im Hinblick auf Partizipation und Nutzen von vorhandenen Möglichkeiten und Wissen zu konstatieren. Die Möglichkeiten, neues Wissen und Innovation auch im Sozialen Bereich einfacher und schneller zu kommunizieren, bieten somit andererseits

---

[26] Die Bundeszentrale für gesundheitliche Aufklärung (BZgA) delegierte den Auftrag zur Erstellung der o.g. Datenbank an den gemeinnützigen Verein Gesundheit Berlin.

[27] http://www.gesundheitliche-chancengleichheit.de

[28] Kita – Kindertagesstätte

neue verschärfte Konkurrenzen um vorhandene Ressourcen. Hier gilt die Re-
dewendung: „Wissen ist Macht."

So kann abschließend die Suche nach guter bzw. bester Praxis durchaus als Methode in modernes Wissensmanagement eingeordnet werden. Wenn
man mit diesem Instrument – ebenso wie mit Methoden des Qualitätsmanagements – reflektiert umgeht, kann es eine Form der Bereicherung für die Praxis
sein. Unumgänglich sind also nicht nur die einfache Suche nach Best Practice
und evt. deren Umsetzung in der eigenen Organisation, sondern die Einbindung in eine Strategie- und Visionsentwicklung der gesamten sozialen Organisation.

Literatur

Bässmann, J. (2002): Best Practise in der Kriminalprävention. In: Bundeskriminalamt
    KI 16 – 15.
URL:http://www.kriminalpraevention.de/forum/archiv/Best-practise.pdf
Bauer, R. (2001): Observatorium für die Entwicklung der sozialen Dienste in Europa,
    Arbeitspapier Nr. 2. Qualitätsdiskussion. Frankfurt/M.
URL:http://www.soziale-dienste-in-europa.de/Anlage16856/Arbeitspapier{_}Nr.{_
    }2.pdf
Bayrisches Rotes Kreuz (2007): Integrierte Qualität in der Breitenausbildung.
URL://http://cms.brk.de/Bildung/anzeige?Pfad=qm/iqba(Stand:23.\,Mai2007)
Bergmann-Pohl, S.: Strategische Weichenstellung für das DRK.
URL:http://www.drk-berlin.de/magazin/2004/0404{_}weichenstellung.htm (Stand:
    04. Oktober 2006).
Blaudszun, A. (2006): Benchmarking. Lernen vom Besten. In: SOZIAL*wirtschaft*. H.
    2. S. 9 – 12.
Boeßenecker, K.-H. (2006): Soziale Dienstleister als Markakteure. Der Gesundheits-
    sektor als Trendsetter auch für die Jugendhilfe? In: Hensen, G. (Hrsg.): Markt und
    Wettbewerb in der Jugendhilfe. Weinheim.
Buckley, A./Boeßenecker, K.-H. (Forschungsschwerpunkt Wohlfahrtsverbände/ Sozi-
    alwirtschaft der Fachhochschule Düsseldorf) (2006): Qualitätsentwicklung in der
    Sozialen Arbeit: Projektbericht. Schriftenreihe Arbeitsmaterialien. H. 22.
Buckley, A./Boeßenecker, K.-H. (Forschungsschwerpunkt Wohlfahrtsverbände/ So-
    zialwirtschaft der Fachhochschule Düsseldorf) (2006): Organisationsentwicklung
    in der Sozialwirtschaft: Projektbericht – eine Zwischenbilanz. Schriftenreihe Ar-
    beitsmaterialien. H. 23.
Buckley, A./Boeßenecker, K.-H.: (2007): Auf der Suche nach der guten Praxis. Die
    Qualitätsentwicklung in der Sozialen Arbeit – ein Überblick. In: Blätter der Wohl-
    fahrtspflege. H. 2. S. 66 – 68.
Bundesamt für Migration und Flüchtlinge (Hrsg.) (2007): Internationale Fachtagung
    zum Thema „Austausch bewährter Praktiken der geförderten freiwilligen Rück-
    kehr".

URL:http://www.bamf.de/nn{_}566316/DE/DasBAMF/EURatspraesidentschaft/
eu-ratspraesidentschaft-inhalt-11.html{_}{_}nnn=tru   (Stand: 27. Februar
2007).

Bundeszentrale für gesundheitliche Aufklärung (2006): Kriterien guter Praxis in der
Gesundheitsförderung bei sozial Benachteiligten. Ansatz – Beispiele – Weiterführende Informationen. Prävention. Band 5, Reihe: Gesundheitsförderung konkret.
2. erweiterte u. überarbeitete Auflage.

Deutsches Rotes Kreuz (2006): Ehrenamt und Qualität.

URL:http://www.equalitaet.de/master.php (Stand: 07. Dezember 2006)

Deutsches Rotes Kreuz (Hrsg.) (2006): Strategie 2010Plus. Die Info-Veranstaltungen.
In: Rotes Kreuz, Sonderausgabe Mai.

Deutsches Rotes Kreuz (2007): DRK-Benchmarking.

URL:http://www.drk-benchmarking.de (Stand: 09. März 2007).

Deutsche Industrie Norm DIN (Hrsg.) (2001): PAS 1014: Vorgehensmodell für das
Benchmarking von Dienstleistungen. Berlin.

URL:http://www.olev.de/b/benchm.htm

Dittrich, G. (2007): Querauswertung zum Thema Qualität.

URL:http://www.dji.de/cgi-bin/projekte/output.php?projekt=200\&Jump1=LINKS\
&Jump2=103 (Stand: 17. August 2007)

Feuerhelm, W. (2003): Ansporn für die Praxis? Zum Stellenwert von „best-pratice-
Projekten" in der Kriminalprävention. Vortrag im Rahmen des Landespräven-
tionstag 2003 „Gewalt an Schulen – Prävention und Strategien" 18. November
2003. Mainz.

Feuerhelm, W./Kuntze, G. (2004): Expertise. Kriminalprävention für Kinder und Jugendliche in sozialen Brennpunkten. Mainz: Institut für Sozialpädagogische Forschung Mainz e.V.

URL:http://www.eundc.de/pdf/58000.pdf.

Gapski, J./Hollmann, R./Mickler, O. (2006): Good-Practice-Beispiele der kommunalen Verwaltungsreform: Der Neuen Steuerung eine neue Beteiligungskultur folgen lassen. In: Heine, H./Schumann, M./Wittke, V. (Hrsg.): Wer den Ast absägt,
auf den er sitzt, kann deshalb noch längst nicht fliegen: Innovationen zwischen
institutionellem Wandel und Pfadkontinuitäten. Berlin. S. 125–146.

Graf von Waldburg-Zeil, C. (2006): Deutsches Rotes Kreuz. Ein Verband stellt sich
neu auf. In: SOZIALwirtschaft aktuell. H. 15–16. S. 1–3.

Koss, C. (2005): Prinzipal-Agent-Konflikte in Nonprofit-Organisationen: In: Hopt, K.
J./von Hippel, Th./Walz, W. R. (Hrsg.): Nonprofit-Organisationen in Recht, Wirt-
schaft und Gesellschaft: Theorien – Analysen – Corporate Governance. Tübingen.
S. 197–219.

Kreyer, I./Mangold, R./Winder, A. (2007): Evaluation: Gutes muss nicht teuer sein.
In: neue caritas, H. 4. S. 23–25.

Martens, R. (2003): Indikatoren und politisches Monitoring in der EU. In: Observatorium für die Entwicklung der sozialen Dienste in Europa (Hrsg.): Tagungs-
dokumentation „Indikatoren und Qualität sozialer Dienste im europäischen Kon-
text/Indicators and quality of social services in a European context". S. 167–178.

(URL:http://www.soziale-dienste-ineuropa.de/Anlage24303/Indikatoren{_}und{_ }Qualitaet{_}im{_}europaeischen{_}Kontext.pdf)

Maucher, M. (2004): Beteiligung möglich? – Die Offene Methode der Koordinierung und ihre Anwendung im Sozialbereich Frankfurt/M..
URL:http://www.soziale-dienste-in-europa.de/Anlage25405/Artikel{_}Offene{_ }Methode{_}der{_}Koodinierung{_}Beteiligungsverfahren.pdf

N. N. (2005): Brandenburger Strategie-Konferenz (I). Fünf Thesen für Brandenburg. In: Rotes Kreuz, H. 3/2005. S. 51f.

N. N. (2005): Brandenburger Strategie-Konferenz (II). Bringt Euch ein – blockt nicht ab!. In: Rotes Kreuz, H. 3. S. 52f.

N. N. (2005): Der Vorschlag. In: Rotes Kreuz, H. 2. S. 35f.

N. N. (2005): Führungsstellung sichern. In: Rotes Kreuz. H. 2. S. 36f.

N. N. (2006): „Berliner Beschluss" zu verbandsinternen Reformen. Steuerung im DRK erneuern. In: Rotes Kreuz. H. 5. S. 4f.

N. N. (2006): Das Generationenprojekt. In Lüneburg „Alt und Jung unter einem Dach". In: Rotes Kreuz. H. 5. S. 33.

N. N. (2006): Der Vorschlag. In: Rotes Kreuz. H. 3. S. 24–27f.

N. N. (2006): Management. Zur Führungskraft der Zukunft. In: trend informationen, H. 10. S. 11f.

N. N. (2007): Benchmark Datenbank Rettungsdienst. Positionsverbesserung. In: Rotes Kreuz. H. 1. S. 10.

Nullmeier, F. (2002): Demokratischer Wohlfahrtsstaat und das neue Marktwissen. In: Heinrich-Böll-Stiftung (Hrsg.): Gut zu Wissen. Links zur Wissensgesellschaft. Konzipiert und bearbeitet von Poltermann, A. Münster. S. 97–111.
URL:http://www.wissensgesellschaft.org/themen/demokratie/marktwissen.pdf

Schrödter, M./Ziegler, H. (2007): Was wirkt in der Kinder- und Jugendhilfe? Internationaler Überblick und Entwurf eines Indikatorensystems von Verwirklichungschancen. Schriftenreihe „Beiträge zur Wirkungsorientierung von erzieherischen Hilfen", Band 2.
URL:www.wirkungsorientierte-jugendhilfe.de/seiten/material/wojh{_}schriften{_ }heft{_}2.pdf

Schulte, B. (2006): Europäischer Dienstleitungswettbewerb – Chancen für die Soziale Arbeit? In: König, J./Oerthel, Ch./Puch, H.-J.: Visionen sozialen Handelns. Menschlich + fachlich + wirtschaftlich. Consozial 2005. S. 211–226.

Schulte, B. (2005): Die Sozialwirtschaft als Europäischer Marktplatz. In: Benchmarking – politische und betriebliche Implikationen aus Benchmarkingprozessen, Sozialwirtschaftliche Managementtagung, 2. März 2005. Fachhochschule Mainz. Mainz. S. 41–80.

Wendt, W.R. (Hrsg.) (2005): Innovation in der sozialen Praxis. Baden-Baden.

Auf der Suche nach einer neuen Gefängnispolitik

Bernd Maelicke

Siegburg ist überall – der Foltermord in der JVA Siegburg hat in der Öffentlichkeit in Deutschland Fassungslosigkeit und Entsetzen ausgelöst. Es wurde überdeutlich, dass es nicht nur eine einmalige und mit hohen Strafen genügend beantwortete Straftat von drei Gefangenen im Jugendvollzug war – Struktur- und Systemmängel wurden deutlich, die differenzierte Analysen und grundlegende Innovationen einfordern.

Sichere Gefängnisse – geringe Resozialisierungserfolge

Strafvollzug ist ein Kernbereich staatlichen Handelns, in dem das staatliche Gewaltmonopol als Ultima Ratio angewendet wird. Ca. 78.000 Gefangene befinden sich zur Zeit in Deutschland in der U-Haft, im Jugend- und im Erwachsenenvollzug in ca. 200 Gefängnissen mit ca. 50 bis ca. 1.600 Haftplätzen pro Anstalt. Die – zu 95 % männlichen – Gefangenen sind überwiegend Rückfalltäter („Chroniker"), bei denen zumeist vielfältige vorherige Maßnahmen der Jugendhilfe, der Bewährungshilfe, des Jugendarrests und auch kurze Freiheitsstrafen nicht zum Abbruch der kriminellen Karriere geführt haben. Eigentums- und Vermögensstraftaten dominieren. Gewaltdelikte, Raub und Erpressung und Drogendelikte sind weitere Hauptmerkmale.

Die Idee des Gefängnisses ist es, durch den zeitlich begrenzten Freiheitsentzug (im Jugendstrafvollzug im Durchschnitt ein Jahr Haftdauer) so intensiv auf die Täter einzuwirken, dass nach der Entlassung ein Leben ohne Straftaten ermöglicht wird. Zugleich sollen die Gefängnismauern ein Höchstmaß an Sicherheit garantieren – tatsächlich ist es vor allem durch moderne Technologien („elektronische Mauerkronensicherung") gelungen, die Ausbruchsquote auf nahezu Null abzusenken. Deutschland hat weltweit die sichersten Gefängnisse.

Die Resozialisierungserfolge sind dagegen gering. Die Rückfallquoten sind erschreckend hoch (ca. 80 %) – weniger Rückfall bewirken nur die Sozialtherapeutischen Anstalten (mit im Vergleich zum Regelvollzug guter Personalsausstattung und hoch qualifizierten Therapieprogrammen) als Leuchttürme des Behandlungsvollzugs (bundesweit ca. 2.000 Haftplätze). Gute Erfolge erzielten in den letzten Jahren auch Programme, die die Entlassungsvorbereitung verzahnen mit der Eingliederung nach der Entlassung: Wenn die Ex-Gefangenen in ambulanten Programmen in den Heimatorten weiter betreut werden (Ausbildung, Arbeit, Wohnen, Schuldenregulierung, Drogenhilfe etc.), dann können in den besonders gefährdeten ersten zwei Jahren nach dem Vollzug die Rückfallquoten erheblich gesenkt und die Integrationswirkungen verstärkt werden.

Zur Analyse gehört auch die Betrachtung der unterschiedlichen Gefangenenraten in den Ländern: Im Bundesdurchschnitt sind es 95,3 Gefangene pro 100.000 Mitglieder der Bevölkerung, in Bayern 99,4, in Baden-Württemberg 76,4, in Rheinland-Pfalz 99,8, in Sachsen 98,3, in Berlin 157,6 und in Schleswig-Holstein 55,9. Der Bundesdurchschnitt ist um 70 % gegenüber Schleswig-Holstein erhöht, das so auch europaweit seit Jahren eine Spitzenposition verteidigt. Faktisch bedeutet dies, dass das nördlichste Bundesland vergleichsweise 70 % weniger Haftplätze und entsprechend weniger Personal vorhalten muss – es verfügt so über bessere Möglichkeiten zum Einsatz seiner Ressourcen in qualifizierte Behandlungsmaßnahmen, in Neubau- und Modernisierungsprogramme und in den Ausbau seiner ambulanten Dienste.

Offenkundige Struktur- und Systemmängel

In den Medien und in der Politik fand der Strafvollzug in den letzten 50 Jahren in Deutschland überwiegend nur dann Beachtung, wenn er seine Sicherheitsaufgabe nicht erfüllte. Spektakuläre Ausbrüche und Geißelnahmen bestimmten lange das öffentliche Bild und führten zu Rücktritten von Justizministern und -senatoren. Investitionen in die bauliche und technische Sicherheit standen deshalb im Vordergrund – nunmehr ist die Ausbruchsrate nahezu Null. Aber: Der Druck im Kessel steigt, ebenso die Gefahr von Geißelnahmen und Freipressungen oder von Gewalttaten gegenüber Beamten oder zwischen den Gefangenen (Vorfälle und Versuche gab und gibt es von der Öffentlichkeit weitgehend unbemerkt immer wieder in nahezu allen deutschen Gefängnissen – auch und vor allem im Erwachsenenvollzug).

Die Quoten von Urlaub, Ausgang, Freigang und offenem Vollzug sinken z. T. dramatisch – Ministerien und Politiker betonen vorrangig die Sicherheit und reduzieren durch Verwaltungsvorschriften zunehmend die Spielräume für Erprobungs- und Lockerungs-entscheidungen der Anstalten. So werden immer mehr Gefangene unvorbereitet und mit vollständig verbüßter Endstrafe ohne Bewährungshelfer in die Freiheit entlassen – die Risiken werden verlagert in die Zeit nach der Entlassung, für die dann keine unmittelbare justizielle Verantwortung mehr reklamiert werden kann.

Das System der Sozialen Strafrechtspflege ist seit Bestehen der Bundesrepublik durch eine Unzahl von Gesetzesnovellierungen so ausdifferenziert worden, dass es völlig unüberschaubar geworden ist. Die Fachbegriffe sind nicht mehr trennscharf, die Zuständigkeiten sind bürokratisiert, die Institutionen und Dienste (Gerichte, Staatsanwaltschaften, Gerichtshilfe, Bewährungshilfe, Führungsaufsicht, Jugendgerichtshilfe, Justizvollzugsanstalten, Straffälligenhilfe, Jugendhilfe, Sozialhilfe, Arbeitsagenturen, Gesundheitsämter usw.) sind „versäult", grenzen sich voneinander ab, entwickeln immer neue Schnittstellenprobleme, haben keine gemeinsamen Instrumente der Diagnose, Prognose, Dokumentation und des Controlling.

Der teilweise jahrzehntelange Prozess der strafrechtlichen Behandlung von Rückfall- und Wiederholungstätern zerfällt in unkoordinierte Teilleistungen dieser Organisationen und ihrer Fach- und Führungskräfte, ohne dass sowohl für die Opfer wie die Täter das fachlich Bestmögliche an Wiedergutmachung und Resozialisierung praktiziert wird. Gründe dafür liegen u. a. in den unterschiedlichen Zuständigkeiten von Bund, Ländern und Kommunen – die Föderalismusreform hat diesen Befund noch weiter verschlechtert.

Es gibt nicht, wie in anderen vergleichbaren Arbeitsfeldern (Gesundheitswesen, Psychiatrie, Altenhilfe, Jugendhilfe) ein Gesamtkonzept der Verzahnung der ambulanten und stationären Maßnahmen, um Effektivität und Effizienz der Zielerreichung zu optimieren.

Der kostenintensive Strafvollzug benötigt ca. 90 % der Haushaltsmittel im Vergleich z. B. zur Bewährungshilfe, die mit 10 % der Mittel eine Erfolgsquote von 70 % bewirkt. Obwohl die Justiz die Gesamtzuständigkeit hat, ist in keinem Land ein Masterplan zur koordinierten Fortentwicklung von Gerichtshilfe, Bewährungshilfe, Führungsaufsicht, U-Haft, Jugend- und Erwachsenenvollzug und freier Straffälligenhilfe festzustellen.

Grundlegender Innovationsbedarf

Die Föderalismusreform, die dem Vollzug in einer Nachtsitzung von vier Personen (Merkel, Stoiber, Beck und Müntefering) im Juni 2006 die Zuständigkeitsverlagerung auf die Länder „im Rahmen eines Gegengeschäftes" bescherte, hat bisher erkennbar keinen der offenkundigen Struktur- und Systemmängel beseitigt. Obwohl die Länder nun die Gesetzgebungskompetenz für den Vollzug haben und zugleich für die Ausgestaltung der Aufgaben der Gerichtshilfe, Bewährungshilfe und Führungsaufsicht sowie für die Förderung der Freien Straffälligenhilfe zuständig sind, finden sich in den 13 Entwürfen zu den Jugendstrafvollzugsgesetzen und den drei Gesetzentwürfen, die zugleich den Erwachsenenvollzug regeln (Bayern, Niedersachsen und Hamburg) nur wenige vereinzelte Ansätze der organisationsübergreifenden Gestaltung von „Resozialisierungsketten", die ambulante und stationäre Maßnahmen verzahnen und Schnittstellen überbrücken. Nur in Hessen wird die Bewährungshilfe verpflichtet, sich bereits im Vollzug vor der Entlassung zu engagieren. Nur Nordrhein-Westfalen sieht Entlassungskoordinatoren vor.

Offener Vollzug und Vollzug in freien Formen werden nicht bundesweit ausgebaut, aus Gründen der baulichen Gegebenheiten werden weiterhin Mehrfachbelegungen von Hafträumen auch in den Ruhezeiten (am Wochenende bis zu 23 Stunden) möglich sein – in Bayern sogar Schlafsäale mit bis zu 8 Gefangenen. Das Menetekel Siegburg hat – bis auf NRW – schnell seine Wirkung verloren. Zwar gab es keinen „Wettbewerb der Schäbigkeit", aber auch keinen der Konzepte. Überwiegend werden unverbindliche Mindeststandards festgeschrieben. Um die Öffentlichkeit zu beruhigen, genügt der Hinweis auf neue Plätze der Sozialtherapie für gefährliche Sexual- und Gewalttäter. Die weiterhin unhaltbaren Zustände im Regelvollzug verschwinden wieder – bis zum nächsten Eklat – aus den Schlagzeilen. Auch die ebenso unhaltbaren Zustände in den Pflegeeinrichtungen müssen schließlich ausgehalten werden ...

Noch sind erst in Bremen und in Baden-Württemberg die Jugendstrafvollzugsgesetze in Kraft getreten – 14 Landtage verhandeln noch bis zum Jahresende. Die bisherigen Anhörungen sind eher ernüchternd: Selbst wenn nahezu alle Experten grundlegende Innovationen einfordern, verbreiten die Regierungsfraktionen am nächsten Tag in Pressemitteilungen, dass ihre Positionen voll von den Fachleuten bestätigt wurden. Ein Qualitätsgewinn ist im Vergleich zu den früheren Gesetzesdiskussionen auf Bundesebene bisher jedenfalls nicht festzustellen. Das Medieninteresse ist weiterhin begrenzt, es sei denn, es passieren weitere Skandale.

Für die Jugendstrafvollzugsgesetze bestehen wegen der Kürze der Zeit wenig Hoffnung auf Nachbesserungen durch die Landtage. Als nächste Vorhaben stehen Ländergesetze zur U-Haft (wegen fehlender gesetzlicher Grundlage ebenfalls ein verfassungswidriger Zustand) und zum Jugendarrest (dto) an – in zwei bis drei Jahren werden die Gesetze über den Erwachsenenvollzug folgen.

Ein Blick über die Grenzen würde genügen: Das Konzept der „Integrierten Resozialisierung" und des „Entlassungs- und Integrationsmanagements" wird in anderen europäischen Ländern und weltweit in einer Vielfalt von

Organisations- und Kooperationsformen erprobt und erfolgreich umgesetzt – mit deutlich verbesserten Resozialisierungserfolgen und effizientem Mitteleinsatz.

Die Diskrepanz zwischen der in den meisten deutschen Ländern vorherrschenden Gefängnispolitik und den nationalen und internationalen Erkenntnissen der Kriminologie und Strafvollzugswissenschaft wird immer größer – die Föderalismusreform hat den bundesweiten Fachdiskurs zerstört.

Quo vadis, Rechtsstaat Deutschland?

Sozialökonomie, Politische Ökonomie und Sozioökonomie – Begriffe der Ökonomik Sozialer Arbeit?

Volker Brinkmann

Karl-Heinz Boeßenecker ist für mich ein Grenzgänger zwischen praktizierter Sozialarbeit, seinen Erfahrungen als Berater, Geschäftsführer und der wissenschaftlichen Erforschung der Organisation Sozialer Arbeit, die diese Profession erst ermöglicht. Dies gilt auch für die sozialpolitische Reflektion der Modernisierungserfordernisse im „Wohlfahrtssektor". Er ist damit in guter Gemeinschaft mit all den Kollegen, die sich mit dieser sperrigen Materie Sozialwirtschaft, Soziale Arbeit und deren ökonomischer Effizienz beschäftigen.

Persönlich ist mir Karl-Heinz Boeßenecker durch seine Unkompliziert- und Direktheit im Umgang, die auf gegenseitigem Respekt basiert, entgegengekommen. Wir haben uns auf einer Tagung der Deutschen Gesellschaft für Soziale Arbeit im Jahre 2000 kennen- und im Kontext der Norddeutschen Sozialwirtschaftsmesse 2003 schätzen gelernt und ab diesem Zeitpunkt die Zusammenarbeit in den darauffolgenden Jahren immer wieder gesucht.

Karl-Heinz Boeßenecker hat einen interdisziplinären Vermittlungsrahmen geschaffen, der es ermöglicht, die Einzeldisziplin Sozialökonomie der Wohlfahrtsverbände als Bezugswissenschaft für die Soziale Arbeit besser als bisher zu verstehen. Eine Festschrift wie diese ist ein Ort, um Dank zu sagen. Vielen Dank auch für den Anstoß zum nachfolgenden Diskurs: Mein Versuch zum Begriff der „Sozialökonomie" im Kontext der Sozialen Arbeit, genauer des produktionstheoretischen Verhältnisses von Politischer Ökonomie und Sozioökonomie als einen Begründungszusammenhang der Ökonomik Sozialer Arbeit – der Sozialökonomie zu verorten.

Politische Ökonomie im Verständnis der wirtschaftstheoretischen Reflektion

Der Begriff der „Politischen Ökonomie" ist geschichtlich, erst recht im wissenschaftstheoretischen Verständnis und in seiner historisch-gesellschaftspolitischen Verortung, heterogen.

Wenn der Begriff der Politischen Ökonomie erörtert wird, so ist dies auch dem lange Zeit unbekümmerten Umgang der Ökonomen mit den Sachverhalten des Lebensstandards, mit dem sich ja Politische Ökonomie und Sozialökonomie als deren organisatorische Voraussetzung auseinandersetzen, zu verdanken. Die disziplinäre Verortung Politischer Ökonomie ist aus volkswirtschaftlicher Sicht verkürzt dargestellt: Politische Ökonomie nimmt sich der Aufstellung der gesellschaftlich wichtigen sozialen Programme an, die Exekutive (Verwaltungswissenschaft) kümmert sich um die möglichst beste Umsetzung, die Soziologie prüft die Nachhaltigkeit und die soziale Verträglichkeit des politisch veranlassten Gesetzesmodells. Der Ökonom hat hingegen mit den Inhalten dieser politisch gesteuerten Maßnahmen wenig im Sinn – er berechnet, „was es kostet". Diese vordergründig wertneutrale, inhaltsleere und theoretisch abgekoppelte Position wird von vielen Ökonomen nicht akzeptiert. Auch die Vorläufer in der nationalökonomischen Lehre Turgots, die Physiokraten, Ricardo und Adam Smith sowie Friedrich List mit seinem Werk „Das nationale System der politischen Ökonomie" trifft dieser Vorwurf nicht, da für diese (National-) Ökonomie immer ein Teil der gesellschaftlichen, ethischen als auch politischen Erwägungen war.

Stellvertretend hierfür steht William Petty mit seinem 1676 erschienenen Werk „Political Arithmetick", in dem er die Schätzung des Nationaleinkommens durch politische Vermutungen über lebenslagenorientierte Faktoren, den Wert der „allgemeinen Sicherheit" oder „das Glück der Menschen" als Indikatoren des Nationaleinkommens bezeichnete. Pettys Begriff des Nationaleinkommens hat „ein besseres Verständnis der Lebensbedingungen der Menschen" im Sinn. Dem folgt ordnungstheoretisch auch Adam Smith, der auf das variierende Verhältnis von Wohlstand und dem Erreichen bestimmter sozialer Leistungsmöglichkeiten hinweist. Die Klassiker verstanden Nationalökonomie als Politische Ökonomie – im Gegensatz zu den nachfolgenden Neoklassikern, insbesondere zum marktgläubigen Liberalismus eines Milton Friedman oder Friedrich August Hayeks, welche eine staatsfeindliche Variante des Neoliberalismus einführten. Dabei ist interessant, dass die Vorläufer Hayeks und Friedmans, wie etwa Frank Night oder Henry Simons, Begründer der Chicagoer Schule, anfangs starke ethische Bedenken gegen den Kapitalismus, insbesondere gegen Kartelle und Monopolbildung im Allgemeinen, hatten (Plickert 2007: 16). Sie kritisierten das Selbststeuerungsmodell des Marktklassikers Smith als Dogma des Laisser-faire der Nichteinmischung, was den Niedergang des Liberalismus in den 30ern mit verursacht hätte. Als Ort der Begründung des klassischen Neoliberalismus gilt das Colloque Walter Lippmann. Der Begriff „Neoliberalismus" entstand demnach als Abgrenzung gegenüber dem klassischen Liberalismus, denn wie Alexander Rüstow 1932 vor dem „Verein für Socialpolitik" formulierte, sei „ein schwacher Staat [. . .] die Beute dieser Gruppen"[1] (vgl. Plickert 2007: 16). Deshalb forderten Rüstow und Eucken einen starken Staat, der eine Wettbewerbsordnung als Chance für alle realisiert. Rüstow und Eucken waren Kritiker privater als auch staatlicher Kartell- und Monopolbildung. Ihre Forderung ist folgerichtig auf eine monopolkritische Wettbewerbsordnung gerichtet, die in das Wettbewerbsrecht der Bundesrepublik Deutschland ihren Eingang fand.

Erst in der Auffassung Friedrich August von Hayeks und Milton Friedmans, einem der jüngeren Wissenschaftler der Chicagoer Schule, werden private Monopole als weniger schädlich als staatliche Monopolbildung interpretiert. Hieraus entwickelt sich als wirtschaftspolitischer Ansatz der Staatskritik der Neoliberalismus. Den sich entwickelnden Wohlfahrtsstaat lehnen Friedman und Hayek – wie Ehrhard und Müller Armack für den deutschen Kontext – ab (Plickert 2007: 16).

Ehrhards Begriff „Soziale Marktwirtschaft" basiert auf einem neoliberalen Verständnis der Marktordnung dahingehend, dass „die Soziale Marktwirtschaft schon deshalb frei ist, da sie Chancen für alle eröffne". Je „freier eine Wirtschaft", so „sozialer ist sie auch". Der Begriff der Sozialen Marktwirtschaft wurde/wird diesbezüglich so manches Mal als sozialdemokratisches Konzept missverstanden, da die neoliberale Zuschreibung durch Miksch, Eucken und Ehrhardt im politischen Alltagsgeschäft taktisch eingesetzt wurde oder als Metapher im Kampf der Systeme, als Abgrenzung zu Planwirtschaftmodellen einerseits und „Raubtierkapitalismus" andererseits, fungierte. Der Begriff der Sozialen Marktwirtschaft ist von Anbeginn der Bundesrepublik Projektionsfläche, wie z.B. im Wahlkampf der Parteien. Soziale Marktwirtschaft im wieder aktivierten Bedeutungshorizont (z.B. der Initiative Soziale Marktwirtschaft) kehrt zum neoliberalen Verständnis zurück und wird also wieder neoliberal buchstabiert.

---

[1]   Walter Lippmann definiert in seinem Buch „The Good Society" eine radikale Kritik aller kollektivistischen Ideologien. Sozialismus, Faschismus, Kommunismus, ja sogar die sozialpolitisch motivierte Arbeitsmarktpolitik des New Deal in den USA Mitte der 30er Jahre, sind für ihn lediglich Ausdruck für das freie Spiel der Marktkräfte (vgl. Plickert 2007: 16).

William Petty und Adam Smith stehen demgegenüber für eine positivistische Beschreibung wirtschaftstheoretischer Grundlagen in der Reichweite und Begrenzung sittlich motivierter und ökonomischer Ordnungspolitik. Dies sind Faktoren, die über volkswirtschaftliche Leistungsindikatoren wie z. B. Produktion, Beschäftigung, Sparquote, Investitionsbarometer, Kaufentscheidung und globale Wachstumszahlen, die gegenwärtig das wirtschaftstheoretische Gerüst abbilden, hinausgehen. Die Welt ist komplizierter als sie sich Ökonomen vorstellen können. Der wirtschaftstheoretische Diskurs setzt sich deshalb heute mit den gesellschaftlichen und sozialstaatlichen Voraussetzungen für die Kosten des Lebensstandards und das globalisierte Produkt der Wohlfahrt auseinander. Die führenden Köpfe der Wirtschaftstheorie greifen seit Beginn der 80er Jahre in offensiver Weise auf andere sozialwissenschaftliche und psychologische Fächer und deren Methodik zurück. Ihr Ziel ist eine ökonomische Begründung menschlichen Verhaltens im Kontext der Wohlfahrtsökonomie. Beispielhaft ist hierfür der Begründer der „Public-Choice-Theorie" James Buchanan, der 1982 den Nobelpreis für Wirtschaft erhielt. In dem von Buchanan gegründeten ‚Center for Study of Public Choice' bei Washington untersuchte er, inwieweit ökonomische Kriterien in die Entscheidungsfindung von Staaten und politischen Einrichtungen einfließen. Als Vertreter der von ihm verfassten „Neuen Politischen Ökonomie" ist Buchanan der Ansicht, dass politische Beschlussfassung in die Wirtschaftstheorie eingebunden werden muss und somit politisches Verhalten als ökonomische Wahlhandlung zu bestimmen ist. Gary Becker nimmt den Ansatz auf, um ihn auf eine mikroökonomische Theorie „menschlichen Verhaltens und menschlicher Zusammenarbeit" zu erweitern. Letztlich ist es eine Ausweitung des *homo oeconomicus*-Modells, also die Übertragung des wirtschaftlichen Rationalprinzips auf neue Felder der Wirtschaftstheorie und bisher kaum beachtete Aspekte menschlichen Verhaltens. Beckers These lautet, dass Kosten-Nutzen-Rechnungen das gesamte menschliche Handeln bestimmen. Auch „außermarktliches" Verhalten und „außermarktliche" Entscheidungen basieren vorrangig – nach dieser „einheitlichen Entscheidungstheorie" – auf rational ökonomischen Verhaltenzwängen. So lassen sich Heirat, Scheidung, Kindererziehung usw. als Kosten-Nutzen-Funktion erklären und mathematisch darstellen (Becker 1993; Becker/Becker 1998).

Edmund Phelps, der den Nobelpreis 2006 erhielt, folgt dieser sozialwissenschaftlich inspirierten Wirtschaftstheorie „der individuellen Handlungsoptionen" Beckers in Hinsicht auf die „kurz- und langfristigen Auswirkungen der Wirtschaftspolitik und des Konsumverhaltens" und deren nachhaltige Wirkung auf „Befindlichkeiten der Individuen und Selbstbilder künftiger Generationen". Wirtschaftstheorie wird hier zur Handlungstheorie, bspw. für die politische Steuerung des individuellen Verhaltens mit „staatlich geförderter Altersvorsorge" oder im öffentlichen Diskurs zum Leistungsniveau „neuer sozialer Sicherungssysteme". Wirtschafttheorie und -politik in dieser Provenienz werden so verstanden als „rational begründete Sozialpolitik" oder (anders ausgedrückt) als Erforschung „mikroökonomischer Entscheidung" und ihrer makroökonomischen Wirkungen auf die (Sozial-/Wohlfahrts-)Politik der OECD-Staaten und ihrer Folgen – bspw. als ökonomisch begründete Infragestellung der verfassungsrechtlichen Interpretation der Einheitlichkeit der Lebensverhältnisse. Soziale Arbeit muss, wenn man dieser Logik folgt, neben der gesellschaftlichen, biologischen, sozialen und politischen Begründung nun vorrangig ökonomische Begründungszwänge beachten.

Vernon Smith und Daniel Kahneman (Nobelpreis des Jahres 2002) fordern darüber hinaus die Ausdehnung und intensivere Nutzung psychologischer Erkenntnisse für die Wirtschaftswissenschaften – besonders mit Bezug auf menschliches Urteilsvermögen und Entscheidungsverhalten unter unsicheren Bedingungen. Den Kern des traditionellen *homo oeconomicus*-Modells, Eigeninteresse und Rationalität, kritisieren Smith und Kahneman, indem sie das Postulat dieser wirtschaftswissenschaftlichen Theorie testen und verändern. Sie verwenden dazu Daten aus zwei Forschungsbereichen:
– Analysen von menschlichen Beurteilungen und Entscheidungen durch kognitive Psychologie
– Überprüfungen – bspw. des *homo oeconomicus*-Modells und anderer wirtschaftswissenschaftlicher Theorien im Labor durch experimentelle Wirtschaftswissenschaft

Ausgehend vom Modell des Menschen als „*problem solving machine*" und als „*decision maker*" erweitern sie die „wirtschaftliche Verhaltenslehre" einerseits auf eine „prozessuale Dimension der Aushandlung" und andererseits – vor dem Hintergrund der Spieltheorie – analysieren sie den erfolgreichen Abschluss von „Verhandlungsprozessen in nicht kooperativen Beziehungen" (vgl. Smith 2000: 10). Dies ist eine Annahme, der bisher im „Rational (Choice A. d. V.) Modell" nur wenig Beachtung geschenkt wurde. (Kauf-) Entscheidungen sind Aushandlungsprozesse, die aufgrund des Erfahrungspotenzials als faire Tendenzurteile gewichtet werden und nachhaltig und hinreichend den Faktor „Respekt" berücksichtigen müssen. Smith bezeichnet diese Haltung als „*Asset Position*" für ökonomisches Entscheidungsverhalten. Wie Becker und Phelps unterstützen Smith und Kahneman die empirisch-kritische Weiterentwicklung des Rational-Choice-Ansatzes und der Wiener Schule auf Lebensweltansätze und treten somit für die Ausweitung modifizierter verhaltenstheoretischer Tat-

bestände im Kontext global-gesellschaftlicher Zwänge und wirtschaftlichem
Entscheidungsverhalten ein. Sie kreieren ein sozialwissenschaftliches Grund-
lagenmodell als ökonomische Handlungstheorie, die auf rational nachhaltigen
bzw. immer auf fair-respektvollen Entscheidungsabwägungen beruht, ohne das
rationale Entscheidungsmodell aufzuheben, sondern es zu verfeinern und nun
auf alle Tatbestände der Lebenswelt anzuwenden. Gary Beckers „ökonomischer Imperialismus" (vgl. auch Pies/Leschke 1992) war bisher eine Domäne
anderer sozialwissenschaftlicher Disziplinen wie der Soziologie, der Psychologie und auch der Sozialarbeitswissenschaft. Damit wird ein für die Sozialarbeit überholt geglaubter Denkansatz als Rational Theorie über den Umweg
sozialwissenschaftlich-ökonomischer Theoriebildung wieder relevant.

Zur Deutung politischer Steuerung und sozialer Ungleichheit

Die Verlierer von heute sind nicht nur „die Klasse der Menschen ohne Arbeit", sondern auch wiederum die „Gruppe derer, die früher zwischen Mittelschicht und Armut gependelt sind. Die Arbeiterschicht! Die Arbeiterschicht
bleibt jedenfalls unten" (vgl. Wagner u. a. 2007: 139f.). So ist der Aufschwung
der letzten Jahre an der Arbeiterklasse Deutschlands vorbeigegangen, sie ver-
dienen nicht mehr als 1991 (vgl. Wagner u. a. 2007: 139f.). Darüber hinaus
differenzieren sich Einkommen und Vermögen in Deutschland, wie in anderen Staaten, welche dem neoliberalen Modell folgen, weiter aus (z. B. durch
die Arbeitsmarktflexibilisierung und Deregulierung im Kontext der Agenda
2010). Neben dem Grobschema ‚Arm und Reich' bewirkt die interne schicht-
bezogene Binnendifferenzierung der Einkommen die endgültige Beseitigung
der „gesamtgesellschaftlichen Mittelschichtsillusion" der 70er und 80er Jahre (vgl. Brinkmann 2008). So verdienten 1994 die 10 % der Arbeiter mit den
höchsten Löhnen im Durchschnitt 2,5 mal so viel wie jene 10 % mit den nied-
rigsten Löhnen. Im Jahre 2005 stieg diese Quote im Westen Deutschlands auf
3,1 und im Osten Deutschlands ging die Quote der schichtspezifischen Binnendifferenzierung trotz des Reallohnzuwachs noch stärker auseinander (u. a.
Wagner u. a. 2007).

   In der klassischen Nationalökonomie wurde auf die Notwendigkeit der ma-
terialen Einheit von Politik und Ökonomie hingewiesen. Ende der 60er wird
unter dem Stichwort „Neue Ökonomische Politik" ein Sachverhalt verstanden,
der die Trennung der ökonomischen Theorie von gesellschaftlicher und politischer Wirkmächtigkeit aufhebt. Anders als mit der Konzentration auf das
homo oeconomicus-Modell kritisiert die Linke im Modell „Neue Ökonomische Politik" den Primat der Ökonomie in der Konsequenz der 70er-Jahre-

Politik in Deutschland zum nachfrageorientierten Reformmodell des Keynesianismus, zur „politischen Ökonomie des Reformismus". Sozialdemokratische Regierungen der 70er-Jahre in Europa versuchten Nachfrageorientierung und Gesellschaftspolitik zu verbinden. Eine Auseinandersetzung, die die SPD bis heute umtreibt und hinsichtlich ihrer parteipolitischen Programmatik immer wieder auf ein Neues herausfordert. Somit ist es ein Modell, das von neoliberalen Kritikern als kostenspezifisch bodenlos und verantwortlich für die gegenwärtige Krise des Wohlfahrtsstaats bezeichnet wird und damit der Verursachungsgrund für die Krise der Organisationen des Wohlfahrtstaats, der Sozialökonomie, der Sozialen Arbeit, also der staatlich organisierten Hilfe und somit des Versagens der sozialpolitischen Steuerung, sei (bspw. Miegel 2005: 123ff).

Ursprünglich war der Begriff der „Politischen Ökonomie" rein ordnungspolitisch gefasst als Wirtschaftslehre des absolutistischen Staatshaushalts des Merkantilismus mit dem Ziel, die Macht des Leviathans, des Staates und die Macht der Unternehmer und deren Kapitalbildung zu vermehren. Es ist ein Kampf um wirtschaftliche Ordnungspolitik, der heute wieder die Schlagzeilen bestimmt, für die Gestaltung und Veränderung des gegenwärtigen sozialpolitischen Sicherungssystems vor dem Hintergrund der wirtschaftspolitischen Ordnungslehre – wie etwa dem Ordoliberalismus und der ideologisch geführten „Neoliberalismusdebatte" – bspw. durch die Lobbyisten der „Initiative Soziale Markwirtschaft". Der Diskurs über Reichtum und seine Verfügungsgewalt in dieser Gesellschaft ist und bleibt notwendigerweise umkämpftes Terrain.

Hier offenbart sich ein Kampf, der gegenwärtig auf den globalen Umverteilungsgrad des wohlfahrtsstaatlichen Niveaus abzielt und auf die richtige Wahl der Mittel in der Strategie gegen Soziale Ungleichheit. Einerseits steht die Behauptung, dass erst die Spreizung der Löhne und der Einkommen Anreize schafft, um zu arbeiten, zu investieren und wirtschaftliche Risken einzugehen. Dieses Mehr an gesellschaftlichem Reichtum würde als „steigende Flut alle Schiffe anheben" (Kennedy) und so einen Gewinn für alle darstellen, auch für diejenigen in dieser Gesellschaft, die unter Einkommensgesichtspunkten ganz unten sind. Anders die Position des Ökonomen Robert H. Frank, Professor für Management an der Cornell University, der behauptet, dass gegenwärtig die Verfestigung der Einheit von Einkommensschwäche und Bildungsferne in den unteren sozialen Schichten im globalisierten Wettbewerb tendenziell auf Teile der Mittelschicht übergreift und somit die Gesamtgesellschaft sozial und wirtschaftlich bedroht (Frank 2007). Empirisch fundiert er diese Aussage mit der Tatsache, dass die arbeitsbezogenen Anteile (Löhne) der Arbeiterklasse – gemessen am Bruttosozialprodukt -seit Beginn der 80er-Jahre in allen OECD-

Staaten kontinuierlich sinken und auch die Reallohneinkommen in Deutschland seit Mitte der 90er sinken, während das Vermögen aus Kapital und Eigentum expotenziell steigt (Frank 2007).

Die ordnungstheoretische Frage der Wirtschaftspolitik über den Umfang der Umverteilung durch politische Steuerung und über Art, Inhalt und Umfang des sozialen „Dienstleistungsangebots im Allgemeinen" und der „Sozialen Hilfen im Besonderen" bleibt somit Gegenstand der gesellschaftspolitischen und ideologischen Auseinandersetzung. Die öffentliche Auseinandersetzung über Mindestlöhne findet ihre wirtschaftstheoretischen Wurzeln immer noch in der Auseinandersetzung zwischen ordoliberalen Wachstumsstrategien contra sozialpolitischen Verteilungsstrategien. Sie werden gegenwärtig im realpolitischen Raum vermischt (vgl. die Debatte um die Versorgungsniveaus der Sozialleistungen bzw. der Mindestlöhne). Die reformerische Perspektive der politischen Steuerung ist aus diesem Grunde zugleich Gegenstand und Verhandlungsmaß, soziales Reformprojekt und wirtschaftliche Rationalisierungsreserve im Diskurs über das Projekt Sozial- und/oder Wohlfahrtsstaat.

Was ist vor diesem sozioökonomischen Hintergrund einer wirtschaftstheoretischen und ordnungspolitischen Gemengelage von der Sozialökonomie zu erwarten?

Zum Verhältnis von Sozialökonomie und Sozioökonomie

Sozioökonomie und Sozialökonomie werden manchmal gern miteinander verwechselt. Sozialökonomie umfasst m. E. das Wirtschaften von Organisationen mit sozialem Hilfszweck, die sich mit der konkreten Verteilung von Geld, Sach- und Dienstleistungen und anderen Ressourcen (informellen und intermediärer organisierter Hilfen) befasst. Organisationssoziologisch und gesellschaftspolitisch ist es ein Begriff der Mesoebene – zwischen volkswirtschaftlichem Nutzen und Verbrauch (Makroebene) und der individuellen Leistungserbringung auf der Handlungsebene für hilfebedürftige Klienten im Sozialsystem (Mikroebene).

Sozioökonomie erforscht demgegenüber wirtschaftliche Bedingungen im Kontext gesellschaftlicher und sozialer Prozesse. Dies geschieht mit Hilfe des Sozioökonomischen Panels (SOEP). Das Soziökonomische Panel ist in Deutschland am Deutschen Institut für Wirtschaftsforschung angesiedelt und wird von Gert Wagner seit 1986 betreut. Er sieht seine Aufgabe in der „Erhebung der umfassendsten Datensammlung über die Lebensverhältnisse der Menschen in Deutschland". Bund und Länder finanzieren das Institut gleichermaßen. Das Institut ist inhaltlich unabhängig und eine wichtige wirtschaftssoziologische Quelle der Beschreibung der Lebensqualität in diesem Land. Disziplinär ist Sozioökonomie vorrangig in der Soziologie und Volkswirtschaft verankert. Es gibt bisher keine Indikatoren, die den volkswirtschaftlichen und gesellschaftlichen Aufwand und Verbrauch der Organisationen Sozialer Hilfe durch Soziale Arbeit darstellen. Das Sozioökonomische Panel befasst sich im Wesentlichen mit der Erhebung von Einkommensungleichheit, Armutsforschung, Einwanderung, Wohnsituation, intergenerationaler Übertragung von Einkommen, Erwerbschancen und sozialem Kapital (vgl. Wagner 2007: 139ff.). Sozioökonomie beschreibt indirekt den gesellschaftlichen Bedarf von sozialen Dienstleistungen, aber nicht den unmittelbaren ökonomischen Aufwands- und Verwendungszugang der Organisationen Sozialer Arbeit. Anders der ökonomisch geprägte Begriff des Humankapitals: In diesem wird die Ressourcenverwendung als Nutzung der wirtschaftlichen Effekte des Sozialen (z. B. der Einsatz von Erfahrungswissen älterer Mitarbeiter in der 50-Plus-Initiative) im Zusammenhang mit dem damit verbundenen Kosten-Nutzen-Aufwand zweckrational erfasst. Auch die Investition in „marktverwertbares Humankapital" (in der Sprache des Managements) und die Integration durch adäquate Preisbildung am Faktormarkt Arbeit sind hier relevant (vgl. auch Wößmann 2002). Im Gegensatz dazu setzt der sozioökonomische Indikatorenkatalog im Sinne Bourdieus (1983) auf die informellen Formen und Stile der Verfasstheit des Sozialen Kapitals, bspw. Beziehungsfähigkeit der Menschen und deren sozialräumliche Netzwerkoptionen, die mehr sind als reine Marktverwendung und zur ökonomischen Distinktion bzw. Integration nicht unerheblich beitragen (bspw. Soziale Arbeit in Form der Integrationsunternehmen). Insofern liefern sozioökonomische Panelstudien keine direkten Hinweise über die Leistungsfähigkeit der Sozialorganisationen, aber Hinweise auf die soziologisch begründete Intervention und – im Idealfall – in Hinblick auf die Reichweite der wohlfahrtstaatlichen Intervention. Deshalb bedarf es zusätzlich einer Form politisch, volkswirtschaftlich und betriebswirtschaftlich relevanter Aussagen als eigener Disziplin und somit des Fachgebietes Sozialökonomie.

Sozialökonomie

Die Begrifflichkeit der Politischen Ökonomie entspricht der volkswirtschaftlichen Dimension der Sozialökonomie (Wendt 2002: 170ff). Der Begriff der Sozialökonomie in einem etwas engeren Verständnis kennzeichnet – neben dem Aufwand und Verbrauch auf der Makro- und Mesoebene der Volkswirtschaft – die jeweils konkrete Hilfeleistung an den Hilfsbedürftigen durch die Einrichtungen, Träger und Betriebe Sozialer Arbeit. Die Wohlfahrtsprodukte der Sozialwirtschaft sind m. E. im weitesten Sinne Maßnahmen zur Sozialkapitalbildung. Beispiele sind die Vermeidung und Erleichterung von Armut, Bildung und Ausbildung, Förderung der Gesundheit, Unterstützung und Schutz von Senioren, Behinderten, Kindern und Jugendlichen, der Einsatz für die Menschenrechte und verschiedener anderer Gemeinwesenszwecke. Sozialökonomie ist hierfür die organisierte Tätigkeit von öffentlichen Trägern, erwerbswirtschaftlichen Unternehmen und/oder das persönliche und gemeinschaftliche und/oder gegenseitige Wirtschaften für Einzelne und das Gemeinwesen. Die Sozialwirtschaft erzeugt so wirtschaftlich relevante Konsequenzen im Nutzen und Verbrauch gesellschaftlicher Ressourcen (vgl. hierzu auch Wendt/Wöhrle 2007: 101 ff.; Kolhoff 2005: 7f.).

Da Sozialökonomie weder in den sozioökonomischen Indikatorenkatalogen noch in volkswirtschaftlichen Indikatoren eine Entsprechung findet, dekonstruiert Sozialökonomie in meinem Verständnis aus sozioökonomischer Empirie nachvollziehbare Bedarfssituationen sozialer Dienstleistungen für bestimmte Lebenslagen. Sozialökonomie benötigt dafür allerdings bisher nicht nachgewiesene, wirtschaftliche Leistungsindikatoren (Sozialbilanzen) für die Bemessung des sozialen Hilfsbedarfs, welcher in die volkswirtschaftliche Verteilungs- und Verwendungsrechnung aufzunehmen ist. Die Suche nach aussagekräftigen Indikatoren für den Sektor Sozialökonomie bleibt auch deshalb Entwicklungsaufgabe, da die Europäische Union bisher keine relevante Systematik für die sozialökonomischen Organisationen erstellt hat. Stattdessen arbeitet sie mit Zahlenmaterial unter dem Stichwort „Organisationen ohne Erwerbszweck", der „Produktionstätigkeit im Sozialwirtschaftssektor für verschiedene Varianten der Nonprofit-Organisationen" (Brinkmann 2003: 15).

Besser geeignet scheint mir das Modell einer „*Welfare-Mix*-Ökonomie" im Sinne von Evers und Olk. Es bietet die Chance einer Analyse und Kategorienbildung sozialer Produzenten, gleich ob in Profit- oder Nonprofit-Organisationen oder im informellen Hilfesystem. Der Nutzen Sozialer Arbeit ist gesellschaftlich unbestritten, politisch aber immer umkämpft. Mit dem Instrument der Sozialbilanzen kann der makroökonomische Erfolg der Träger und Betriebe der Sozialen Arbeit transparenter als bisher nachgewiesen werden.

Sozialökonomie, Politische Ökonomie und Sozioökonomie – Begriffe der Ökonomik Sozialer Arbeit

Wolf Rainer Wendt erweitert das makroökonomische Sozialwirtschaftskonzept durch den Begriff der persönlichen Haushaltswirtschaft. Das Haushalten des Staates im staatlich organisierten Gemeinwesen und das persönliche Haushalten der Bürger gehören aus der Sicht der Sozialarbeitswissenschaft als analytische Kategorie zusammen. Für Soziale Arbeit stellt sich die Frage des persönlichen Wirtschaftens, bspw. des Umgangs mit Geld im Kindesalter als persönliches Wirtschaften, oder anders formuliert, als eine frühe Form der sozial vermittelten Kompetenzaneignung des wirtschaftlichen Handelns (z. B. durch Kindertageseinrichtungen). Im Zuge der Akademisierung, bspw. der Erziehungs- und Bildungsaspekte im Vorschulalter, erhält Soziale Arbeit eine zusätzliche, bislang ungenügend beachtete Kompetenzanforderung des persönlichen Wirtschaftens.

Wendts „Kompetenzkonzept des persönlichen Wirtschaftens" überschreitet das Konzept der klassischen Ökonomie und deren Dimension des wirtschaftliches Aufwands- und Nutzeneffektes, bspw. durch eine gemeinwesensorientierte Bürgeraktivität und den Einsatz bürgerschaftlichen Sozialkapitals für soziale und zivilgesellschaftliche Integration (Wendt 2002: 116ff.).

Die Verteilungsökonomik des Staates allein reicht ebenso wenig wie das Marktgeschehen für Kompetenzaneignung für persönliches Wirtschaften. Es bedarf des persönlichen Wirtschaftens in und mit sozialen Netzwerken einer Sozialökonomie im bürgerschaftlichen Verständnis.

Sozialwirtschaft handelt und vermittelt also auf zwei Ebenen: Zum einen als professionelle sozialwirtschaftliche Tätigkeit zusammen mit den Organisationen für gesellschaftliche und individuelle Wohlfahrt. Zum anderen wirkt sie durch bürgerschaftliche Sozialaktivität der Bürger selbst (vgl. Wendt 1999: 22, 2002: 18f.und 2007: 101ff.). Diese Vermittlungsfunktion für persönliches Wirtschaften sollte im Curriculum und in den Studienordnungen für Soziale Arbeit verankert werden. Soziale Arbeit bekommt also eine zusätzliche Aufgabe zur theoretisch und methodisch begründeten Vermittlung/Entwicklung des Erwerbs persönlicher und gemeinwesensökonomischer Kenntnisse und Fähigkeiten. Produkt und Aufgabe der Sozialwirtschaft als Soziale Arbeit ist und bleibt das Ziel der „Steigerung gesellschaftlicher Wohlfahrt" (vgl. auch in unterschiedlicher Auslegung Follet 1918/1920; Althans 2007; Sahle/Scurell 2001: 131f.; Staub-Bernasconi 2007: 105ff.). Insoweit sind die Begriffe Politische Ökonomie, Sozioökonomie und Sozialökonomie der Kategorierahmen zur weiteren Erschließung des ökonomischen Charakters der Sozialen Arbeit.

Literatur

Althans, B. (2007): Das maskierte Begehren. Frankfurt/M..

Becker, G. S. (1993): Der ökonomische Ansatz zur Erklärung menschlichen Verhaltens. 2. Auflage. Tübingen.

Becker, G. S./Becker, G. N. (1998): Die Ökonomik des Alltags. Tübingen.

Behrens, Ch. U. (2005): Marktwirtschaftlicher Wettbewerb und Investieren sind mit-menschlicher als „Teilen" – Eine Abwägung unter Berücksichtigung der katholi-schen Soziallehre. Wilhelmshaven.

Bourdieu, P. (1987): Die feinen Unterschiede. Die Kritik der gesellschaftlichen Ur-teilskraft. Frankfurt/M..

Brinkmann, V. (1998): Intermediäre Engagements als Herausforderung an die Sozial-politik in Deutschland. Münster.

Brinkmann, V./Feldt, A. (2003): Sozialpolitik. Probleme und Perspektiven im deut-schen und russischen Kontext. Arkhangelsk.

Buchanan, J. M. (1975): The Limits of Liberty: Between Anarchy and Leviathan. Chicago.

Eichhorn, P. (2000): Das Prinzip Wirtschaftlichkeit, Basis der Betriebswirtschaftsleh-re. Wiesbaden.

Evers, A. /Olk, Th. (1996): Wohlfahrtspluralismus. Vom Wohlfahrtsstaat zur Wohl-fahrtsgesellschaft. Opladen.

Felderer, B./Homburg, St. (2005): Makroökonomik und neue Makroökonomik. 9. Auflage. Berlin/Heidelberg/New York.

Follet, M. P. (1918): The New State: Group Organization, the Solution of Popular Government. New York.

Frank, R. H. (2007): Falling Behind: How Rising Inequality Harms the Middle Class (Aaron Wildavsky Forum for Public Policy). University of California Press.

Kolhoff, L./Gruber, Ch. (2005): Die EU-Erweiterung, Herausforderungen für die So-zialwirtschaft. Augsburg.

Lüchinger, R. (2007): Die zwölf wichtigsten Ökonomen der Welt. Zürich.

Miegel, M. (2005): Epochenwende, Gewinnt der Westen die Zukunft. Berlin.

Phelps, E. S. (1967): Models of Technical Progress and the Golden Rule of Research. In: Review of Economic Studies 33. S. 133 – 146.

Phelps, E. S. (1968): Money-Wage Dynamics and Labor Market Equilibrium. In: Jour-nal of Political Economy 76. S. 678 – 711.

Phelps, E. S. et al. (1970): Microeconomic Foundations of Employment and Inflation Theory. New York.

Pies, I./Leschke, M. (1998): Gary Beckers ökonomischer Imperialismus. Tübingen.

Plickert, Ph. (2007): Der missverstandene Neoliberalismus. In: FAZ, H. 137. S. 16.

Ries, H. A./Elsen, S. et al. (1997): Hoffnung Gemeinwesen. Neuwied/Kriftel/Berlin.

Sahle, R./Scurell, B. (Hrsg.) (2001): Lokale Ökonomie. Freiburg/Br..

Sen, A. K. (2000): Ökonomie für den Menschen, Wege zu Gerechtigkeit und Solida-rität in der Marktwirtschaft. München/Wien.

Schmidt, M.G./Ostheim, T./Siegel, N.A./Zohlnhofer, R. (2007): Der Wohlfahrtstaat – Einführung in den historischen und internationalen Vergleich. Wiesbaden.

Smith, A. (1927): Theorie der ethischen Gefühle. Leipzig.

Smith, A. (1927): Der Wohlstand der Nationen. Eine Untersuchung seiner Natur und seiner Ursachen. Leipzig.

Schumpeter, J. (1954): History of Economic Analyses. Oxford/New York.

Staub-Bernasconi, S. (2007): Soziale Arbeit als Handlungswissenschaft. Bern/Stuttgart/Wien.

Wagner, G./Frick, J.R./Schupp, J. (2007): The German Socio-Economic Panel Study (SOEP) – Scope, Evolution and Enhancements In: Schmollers Jahrbuch 127. H. 1. S. 139 – 169.

Schnelldienst (2005), H. 19. S. 18 – 27.

Smith, V. L. (2000): Bargaining and Market Behaviour. Essays in experimental Economics. Cambridge University Press.

Wendt, W. R. (2002): Sozialwirtschaftlehre, Grundlagen und Perspektiven. Baden-Baden.

Wendt, W. R. (1998): Sozialwirtschaft und Sozialmanagement in der Ausbildung. Baden-Baden.

Wendt, W.R./Wöhrle, A. (2007): Sozialwirtschaft und Sozialmanagement in der Entwicklung ihrer Theorie. Augsburg.

Wößmann, L. (2002): Leistungsfördernde Anreize für das Schulsystem. ifo - Wößmann: Schooling and the Quality of Human Capital. Kieler Studien. Berlin.

Zapf, W. (1982): Welfare Production: Public versus Private. In: Sonderforschungsbereich 2, Arbeitspapier 85. Frankfurt/M..

Corporate Social Responsibility – ein Thema für die Sozialwirtschaft?

Michael Vilain

Einleitung

Unternehmen verbrauchen zur Produktion ihrer Leistungen Ressourcen in Form von Energie, Wasser, menschlicher Arbeitskraft, Geld etc. Damit bedienen sie sich auch solcher Güter, die eigentlich der Allgemeinheit zur Verfügung stehen. Sie sind somit auf die Duldung ihrer Aktivitäten durch die Gesellschaft angewiesen. Die Art und Weise, wie sie mit den Ressourcen umgehen, entscheidet maßgeblich darüber, ob die Gesellschaft die Aktivitäten dauerhaft toleriert. Dabei wird – über rechtliche Rahmenbedingungen – eine Art Lizenz zum Arbeiten ausgestellt, deren Einhaltung vom Staat und den Bürgern überwacht wird. Diese *license to operate* basiert auf dem Vertrauen, dass Unternehmen die Spielregeln für ein verantwortungsvolles Miteinander einhalten. In einer globalisierten Welt zeigt sich jedoch das Problem: Nicht jeder Staat ist in der Lage die Vorstellungen seiner Bürger gegenüber internationalen ökonomischen Interessen durchzusetzen. Umweltschutz und Menschenrechte sind dabei oftmals bloße Zufallsprodukte. Vor diesem Hintergrund sind die weitergehenden Bemühungen der UNO, EU und auch der Bundesrepublik Deutschland sowie vieler anderer Nationalstaaten zu sehen, Auswüchsen national oder international agierender Unternehmen zu begegnen. Traditionell wird dabei auf freiwillige Selbstbeschränkung in Verbindung mit Selbstverpflichtungserklärungen gesetzt. Diese konstituieren die Rahmenbedingungen für eine verantwortungsvolle Unternehmenstätigkeit vom Einkauf über die Investitionstätigkeit und das Marketing bis hin zum Umgang mit Mensch und Natur.

Was aber hat all das mit der frei-gemeinnützigen Sozialwirtschaft zu tun? Nonprofit-Organisationen (NPOs) [1] spielen diesbezüglich eine doppelte Rolle.

---

[1] Der Begriff Nonprofit-Organisation umfasst alle, nicht auf primäre Gewinnerzielung ausgerichteten Organisationen. Als solche zählen große Teile der Sozialwirtschaft wie Jugend-

Zum einen agieren sie als gesellschaftliche Anwälte, die das Verhalten solcher Firmen national und international genau beobachten, Verstöße aufdecken und öffentlich anklagen. Sie wirken somit unmittelbar an der Interpretation der *license to operate* mit und können Unternehmen durch öffentlichen Widerstand beträchtlichen Schaden zufügen.

Zugleich sind uneigennützig agierende NPOs gesellschaftlich hoch angesehen. Das wiederum macht sie als Kooperationspartner interessant. Solche Kooperationen können für beide Seiten Vorteile bieten. Während die NPO zusätzliche Ressourcen für ihre Arbeit gewinnen kann, nutzen Unternehmen dieses Ansehen im Rahmen des Marketings zur eigenen Imageverbesserung.

Zum anderen sind viele NPOs jedoch selbst unternehmerisch tätig. Was aber legitimiert sie oder besser: Wie sieht ihre *license to operate* aus? Soziale Organisationen haben sich den Habitus der „per se guten" Organisation angewöhnt. In der Bundesrepublik berufen sie sich zudem oft auf das Subsidiaritätsprinzip als Ankerpunkt ihrer Legitimation, dabei gerne übersehend, dass dieses Prinzip eine einzigartige historisch bedingte Privilegierung der freien Wohlfahrtspflege beinhaltet, die sich in anderen gesellschaftlichen Bereichen wie Sport oder Kultur so nicht wiederfindet. Angesichts der Skandale bei einigen Wohlfahrtsverbänden wie die öffentlich gewordenen Fälle von Veruntreuung und Unterschlagung, der allgemeine Pflegenotstand, die illegalen Beschäftigungspraktiken oder auch die umstrittenen Auslandsaktivitäten in der Katastrophen- und der Entwicklungszusammenarbeit hat dieses Image deutliche Kratzer bekommen. Frei nach Wüllenweber scheint es so zu sein, dass dort, wo sozial draufsteht, oft unsozial drin ist (vgl. Wüllenweber 2001: 11). Betroffen sind dabei nicht nur die schwarzen Schafe einer Branche, sondern auch die Unschuldslämmer. Auch ihr Image leidet unter diesen Skandalen.

Wie aber kann sich die frei-gemeinnützige Sozialwirtschaft in dieser Debatte positionieren? Welche Chancen und Risiken bietet die Zusammenarbeit mit Unternehmen jenseits der reinen Spende? Sind viele NPOs nicht schon längst selbst in der Rolle von Unternehmen und – wenn ja – was bedeutet dies für ihre Legitimation?

---

und Wohlfahrtsverbände oder Selbsthilfegruppen etc. dazu. Der Begriff beinhaltet ebenfalls die so genannten Non-Governmental Organizations (NGO), die insbesondere zur Bezeichnung themenspezifischer Nichtregierungsorganisationen im internationalen Kontext verwendet werden.

Gesellschaftliche Verantwortung und Geschäftstätigkeit

Getreu dem Motto „*the business of business is business*" argumentieren seit über 200 Jahren einige Vertreter wirtschaftsliberalen Gedankenguts, wenn es um die gesellschaftspolitische Rolle von Unternehmen geht. In diesem Sinne erschöpfen sich die gesellschaftlichen Aktivitäten eines Unternehmens darin, gute Geschäfte zu tätigen und ordentliche Gewinne zu erwirtschaften. Die Wohltaten, die sich daraus volkswirtschaftlich für Beschäftigung und Einkommen ergäben, reichten vollkommen aus, um den Ressourcenverbrauch zu legitimieren. Es werde ja ein Mehrwert produziert. Paradox ist, dass gerade in jenen Ländern, in denen die vehementesten Vertreter dieser Denkrichtung zu finden sind, ein besonders ausgeprägtes Engagement von Unternehmen zu verzeichnen ist. So stammen gerade aus dem angelsächsischen Raum die Vorbilder für die aktuelle Diskussion um ethisches Verhalten in der Wirtschaft unter dem Schlagwort „Corporate Social Responsibility" (CSR).

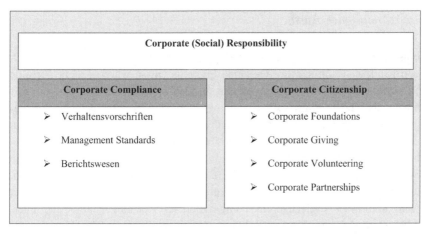

Abbildung 1: Compliance und Citizenship-Ansatz im Rahmen der Corporate Social Responsibility-Debatte. Eigene Darstellung.

Unter dem Begriff CSR wird ein diffuses Spektrum von wirtschaftsethischen Positionen, Selbst- und Fremdverpflichtungserklärungen, Marketingaktivitäten und Engagementformen zusammengefasst. Daneben stehen in oftmals ungeklärtem Verhältnis eine Fülle unterschiedlichster Termini wie „Corporate Citizenship", „Nachhaltiges Wirtschaften", „Bürgerschaftliches Engagement von Unternehmen" oder „Corporate Volunteering". Kurz, in Wissenschaft und Praxis herrscht kein einheitliches Verständnis vor. Die hohe Anschlussfähigkeit an Fragen des strategischen Managements und Marketings

fügt diese Begriffe jedoch trotz – oder gerade wegen – ihrer Unbestimmtheit nahtlos in die Sprache und Angebote der Kommunikationsagenturen und
Beratungsfirmen ein. Unklar ist insbesondere das Verhältnis zwischen „Coporate Citizenship" und Corporate „Social Responsibility". Hier soll in Anlehnung an Mutz/Kormacher (2003) sowie die Enquette-Kommission des Deutschen Bundestages CSR als ein ideeller Oberbegriff verstanden werden. Damit bildet CSR „das Dach, dem sich Coporate Citizenship und dessen konkrete Ausprägung in Form von bürgerschaftlichem Engagement zuordnen lassen"
(Enquette-Kommission 2002: 457). [2] Um die Bedeutung der aktuellen CSR-
Diskussion für die Sozialwirtschaft besser einordnen zu können, soll zunächst
ein Überblick über verbreitete Methoden und Instrumente gegeben werden.
Dazu sollen zwei sich in Teilen ergänzende Ausgangspunkte unterschieden
werden: der Compliance-Ansatz und der Corporate Citizenship-Ansatz (vgl.
Abbildung 1).

Der Compliance-Ansatz

Folgt man der Auffassung, dass Unternehmen gesellschaftlich verantwortungs-
voll handeln, wenn sie ihre Gewinne maximieren, so wäre es nicht nur eine
Selbstverständlichkeit, sondern bereits ein Idealzustand, wenn sie sich darüber
hinaus auch noch an die gesetzlichen Vorschriften des jeweiligen Staates halten würden. Durch den Begriff *„legal compliance"* wird diese Konformität
mit dem Gesetz ausgedrückt. An dieser Stelle wird allerdings gerne übersehen, dass weder im Nationalstaat westlichen Zuschnitts und erst recht nicht in
Schwellen- und Entwicklungsländern die gesetzlichen Grundlagen ausreichen,
um alle Facetten sozialer Realität abzubilden. Selbst wenn dies gewährleistet
wäre, kommt es bei der Durchsetzung nationalen Rechts gegenüber den über-
mächtigen *global players* zu Problemen. Firmen können darüber hinaus dafür
Sorge tragen, dass die Umsetzung rechtlicher und gesellschaftlich wünschens-
werter Vorgaben durch ein entsprechendes Management sicher verfolgt wird
(*positive compliance*). Und selbstverständlich steht es allen Unternehmen offen, neben internen Maßnahmen eine ganze Reihe weiterer Aktivitäten (*beyond*

---

[2]   Andere Autoren verwenden die Begriffe dagegen eher synonym (vgl. z. B. Rieth 2003; Heu-
       berger/Oppen/Reimer 2004) oder sehen im Begriff des „Corporate Citizenship" die überge-
       ordnete Leitidee (vgl. Habisch 2003). Backhaus-Maul und Braun sehen in den Begriffen
       zwei unterschiedliche, sich aber gleichwohl ergänzende Perspektiven: Während CSR die
       betriebswirtschaftliche Binnenwelt fokussiert, beleuchtet CC die gesellschaftliche Außen-
       welt (vgl. Backhaus-Maul/ Braun 2007: 5).

compliance), die über die reine Einhaltung der Gesetze hinausgeht, zu initiieren und umzusetzen (vgl. Kaufmann/Stauffer 2003: 53). [3]

Soweit lässt sich dieser Ansatz gut auf sozialwirtschaftliche NPOs in der Bundesrepublik übertragen. Auch hier reichen rechtliche Standards längst nicht mehr aus, um die soziale Wirklichkeit ethisch ausreichend zu beschreiben. Wie sonst lassen sich die Zustände in „warm-satt-sauber"-Einrichtungen, die offensichtlich im Einklang mit der herrschenden Gesetzeslage (und den Leitbildern der Einrichtungen) sind, erklären? Hier werden NPOs im Sinne einer *beyond compliance* dauerhaft mehr einbringen müssen als den ewigen Verweis auf die zu geringe staatliche Finanzierung.

Der Compliance-Ansatz wird geprägt durch die Bemühungen zahlreicher Akteure, einen weltweit verbindlichen sozialen und ökologischen, aber auch Management-Mindeststandard zu entwickeln. Die Mittel der Wahl sind dabei meist Selbstbeschränkungserklärungen und Fremdverpflichtungen, die von Unternehmen sowie nationalen, inter- und supranationalen Akteuren initiiert werden. Folgende Regelwerke lassen sich dabei unterscheiden:

a) *Unternehmenskodizes* sind Regeln, die sich Unternehmen selbst geben, um ihre ökologischen und sozialen Prinzipien und Werte im Unternehmen systematisch zu verankern. Sie sind besonders bei multinational agierenden Unternehmen weit verbreitet und meist dann von Bedeutung, wenn Unternehmen in einem Umfeld geschäftstätig sind, in dem ökologische und soziale Mindeststandards nicht konsequent durchgesetzt und gewährleistet werden (vgl. CSR Germany 2007).

b) *Branchenkodizes* sind Regeln, die für alle beteiligten Unternehmen einer Branche bindend sein sollen. Die vertretenen Unternehmen gehen damit zumeist freiwillig die Verpflichtung ein, sich an die vereinbarten Prinzipien des sozial- und umweltverträglichen Wirtschaftens zu halten. Da solche Vereinbarungen Regeln fördern, die alle Wettbewerber einer Branche betreffen, wirken diese für einzelne Unternehmen weniger wettbewerbsverzerrend. Zu denken wäre hier beispielsweise an den „Code of Business Practices" des International Council of Toy Industries (ICTI) von 1995, in dem Standards zu Arbeitsbedingungen und Umweltschutz in der internationalen Spielzeug-Industrie festgelegt werden. [4]

c) Daneben gibt es *europäische und internationale Absprachen* der Sozialpartner, insbesondere zwischen den internationalen Dachverbänden der Gewerkschaften und Großkonzernen: In den letzten Jahren kommt es auf Druck der internationalen Branchengewerkschaften zunehmend zum Ab-

---

[3] Dazu zählen unter anderem die in Kapitel 2.2 dargestellten Instrumente.

[4] Der Code wurde 2001 aktualisiert und weiter entwickelt.

schluss von Rahmenvereinbarungen, den so genannten International Framework Agreements (IFA). Dabei wird versucht, auf der Grundlage der Kernarbeitsnormen der ILO eine formale Verbindung zwischen den internationalen Branchengewerkschaften und multinationalen Unternehmen zu etablieren. Ein Beispiel dafür sind die „Social Responsibility Principles of Daimler Chrysler", die im Juni 2002 zwischen der International Metalworkers' Federation (IMF) und Daimler Chrysler vereinbart wurden.

d) Bei *Multi-Stakeholder-Kodizes* handelt es sich um Absprachen, die auf gemeinsame Anstrengungen von Unternehmen, Gewerkschaften und NPOs zurückgehen. So wurde in England die „Ethical Traiding Initiative" von zahlreichen international agierenden Unternehmen und NPOs, unterstützt von der Regierung, auf den Weg gebracht. Ziel der Initiative ist es, die Arbeitsbedingungen in der gesamten globalen Wertschöpfungskette international agierender Firmen zu verbessern. Die Aktivitäten werden durch Beiträge der Mitglieder sowie des Department for International Development unterstützt. Dabei wird aktuell noch in unterschiedlichen Ländern mit unterschiedlichen Implementierungs- und Kontrollmodellen experimentiert.

e) Im Rahmen so genannter *Modell-Richtlinien* erstellen verschiedene Organisationen Referenzrichtlinien für Unternehmen in Bezug auf allgemeine oder spezielle ethische Fragen. Sie dienen Unternehmen als Folie für die Entwicklung eigener Standards. Typisch für ein solches Vorgehen sind unter anderem die „Internationalen Menschenrechtsprinzipien für Unternehmen" von amnesty international.

f) Abschließend sind die *Richtlinien und Empfehlungen inter- und supranationaler Organisationen* wie die der Vereinten Nationen (UN), der Organisation für wirtschaftliche Zusammenarbeit und Entwicklung (OECD) oder der Europäischen Union (EU) zu nennen (z. B. OECD-Leitsätze für multinationale Unternehmen, die dreigliedrige Erklärung der IAO oder der UN-Global Compact).

Verhaltenskodizes enthalten also rechtlich unverbindliche Anforderungen an verantwortliches Unternehmensverhalten oder Methoden zur Überprüfung ihrer Einhaltung (vgl. Kaufmann/Stauffer 2003: 54). Zwei Beispiele für weit verbreitete internationale Verhaltenskodizes sind die OECD-Leitsätze sowie der UN-Global Compact:

OECD-Leitsätze: Der ältere und zugleich umfangreicherer Ansatz, globale und unternehmensübergreifende Instrumente zur Einhaltung sozialer Unternehmensverantwortung zu schaffen, sind die Leitsätze der Organisation of Economic Cooperation and Development (OECD), die 1976 erstmalig verfasst und im Jahr 2000 überarbeitet wurden. Diese neue Fassung sollte die „künftige Relevanz und Wirksamkeit auch im Kontext der sich rasch wandelnden Weltwirtschaft [...] gewährleisten" (Organisation für ökonomische Zusammenarbeit und Entwicklung 2000: 5). Seitdem bilden die OECD-Leitsätze eine Mischform aus unternehmensbasierten und zwischenstaatlichen Vereinbarungen. Dahinter stehen die 29 Teilnehmerstaaten der OECD, die Nicht-Mitglieder Argentinien, Brasilien, Chile und die Slowakische Republik sowie von den beteiligten Ländern aus agierende multinationale Unternehmen (vgl. Bundesministerium für wirtschaftliche Entwicklung und Zusammenarbeit 2004).

Bei der Ausgestaltung der Leitsätze sind insbesondere die Wertesysteme derjenigen Länder eingeflossen, von denen die größten Direktinvestitionen ausgehen und in welchen die meisten multinationalen Unternehmen ihren Standort haben. Die Ausrichtung der Leitsätze bezieht sich auf alle Regionen, in denen die entsprechenden Unternehmen aktiv sind (vgl. Organisation für ökonomische Zusammenarbeit und Entwicklung 2000: 5).

In der unmittelbaren Folge der Überarbeitung der Leitsätze im Jahr 2000 wurde von den teilnehmenden Staaten eine „Erklärung über Internationale Investitionen und Multinationale Unternehmen" unterzeichnet. Demnach ist jede Regierung für die auf ihrem Staatsgebiet tätigen Unternehmen verantwortlich. Dadurch wurde eine Art Kontrollmechanismus geschaffen, der sich sowohl auf die Kontrolle der Unternehmen des eigenen Territoriums als auch auf eine Gleichbehandlung von Unternehmen aus anderen Teilnehmerstaaten bezieht. Es geht an dieser Stelle also nicht mehr nur um eine freiwillige Teilnahme von Unternehmen, sondern eher um eine staatliche Initiative zum Vorantreiben eines international sozialverträglichen Unternehmertums. Um dieses Prinzip umzusetzen, wurden von der OECD auf dem Boden eines jeden Teilnehmerlandes „Nationale Kontaktstellen" (NKS) eingerichtet.

UN Global Compact: Auch die UNO beschäftigte sich bereits seit den 70er Jahren – damals weitgehend erfolglos – mit der Erstellung eines Verhaltenskodex für Unternehmen. Im Rahmen des Weltwirtschaftsgipfels 1999 schließlich wurde vom damaligen Generalsekretär der Vereinten Nationen, Kofi Annan, die Idee eines weltumspannenden Paktes mit dem Ziel einer gerechteren Globalisierung angeregt. Verbunden war diese Idee mit dem Appell an die Unternehmensführer der Welt, sich zu grundlegenden Prinzipien verantwortungsvollen Handelns zu bekennen (vgl. Abbildung 2). Nachdem mehrere Großunternehmen, NPOs, Gewerkschaften und Verbände schon vorab ihre Beteiligung zusagten, wurde im Juli 2000 damit begonnen, diesen Ansatz in die Tat umzusetzen (vgl. Fenner 2004: 53; Global Compact Büro 2005).

Menschenrechte:
Prinzip 1: Schutz der internationalen Menschenrechte im eigenen Einflussbereich
Prinzip 2: Selbstkontrolle bzgl. Menschenrechtsverletzungen

Arbeitsnormen:
Prinzip 3: Sicherung der Vereinigungsfreiheit und Wahrung des Rechts
            auf Kollektivverhandlungen
Prinzip 4: Abschaffung jeglicher Zwangsarbeit
Prinzip 5: Beseitigung von Kinderarbeit
Prinzip 6: Keine Diskriminierung bei Anstellungen

Umweltschutz:
Prinzip 7: Vorsorge bzgl. aktueller und zukünftiger Umweltprobleme
Prinzip 8: Eigeninitiative bei der Förderung des Umweltbewusstseins zeigen
Prinzip 9: Einsatz für Entwicklung umweltfreundlicher Technologien

Korruption:
Prinzip 10: Beteiligung am Kampf gegen jegliche Art von Korruption, auch:
             Bestechung und Erpressung

Abbildung 2: Prinzipien des UN-Global Compact. In Anlehnung an: Global Compact 2005.

Auch die Europäische Union – und hier insbesondere die Kommission –
beschäftigt sich seit einigen Jahren mit der Frage des sozialverträglichen Unternehmertums. Einen wichtigen Meilenstein bildet in diesem Zusammenhang
der EU-Gipfel in Lissabon im Jahr 2000. Ein erstes Ergebnis der intensiven Reflexion über das veränderte Verhältnis von Staat, Gesellschaft und Wirtschaft
kann in dem 2001 erschienenen Grünbuch „Europäische Rahmenbedingungen
für die soziale Verantwortung der Unternehmen" gesehen werden, dem 2002
die „Communication on CSR" folgte. Dies waren die Rahmenbedingungen
für das „Multi-Stakeholder Forum CSR", an dem Vertreter der EU, Unternehmen, Gewerkschaften, Sozial- und Umweltverbände sowie anderer NPOs teilgenommen haben. Die Rolle der EU kann dabei wie folgt zusammengefasst
werden:

Vor dem Hintergrund bestehender internationaler Regelungen wird es der „Hauptbei-
trag des europäischen Ansatzes [...] sein, einen Mehrwert zu schaffen und bereits
laufende [Anm.: internationale] Aktivitäten wie folgt zu ergänzen: Schaffung gesam-
teuropäischer Rahmenbedingungen, die darauf abzielen, die Qualität und die einheit-
liche Umsetzung des Konzepts der sozialen Verantwortung zu fördern durch Erarbeitung von Grundzügen und Instrumentarien und Förderung von Best Practice und
innovativen Ideen; Förderung von Best Practice in der kosteneffizienten Bewertung
und unabhängigen Validierung von CSR-Verfahren mit dem Ziel, deren Wirksamkeit
und Glaubwürdigkeit zu garantieren." (Europäische Kommission 2001: 9)

Darüber hinaus hat sich in den letzten Jahren eine unüberschaubare Vielfalt an
Richtlinien auf nationaler Ebene entwickelt. Beispielhaft für Deutschland ist

hier der „Runde Tisch Verhaltenskodizes", an dem Unternehmen, Wirtschaftsverbände, Gewerkschaften, NPOs und Bundesministerien beteiligt sind (Sekretariat des Runden Tisches Verhaltenskodizes 2004: 2).

Auffällig ist, dass NPOs (insbesondere Gewerkschaften, Sozial-, Umwelt- und Menschenrechtsverbände) in der Regel in beratender Funktion an diesen Debatten beteiligt sind, wobei es kein Widerspruch zu sein scheint, wenn sich Organisationen, die aufgrund ihrer eigenen Aktivitäten immer häufiger selbst im Mittelpunkt öffentlicher Kritik stehen, Verhaltensrichtlinien für Dritte erstellen.

Eine Seite des Compliance-Ansatzes ist die Entwicklung und Akzeptanz von ethischen Richtlinien für unternehmerisches Handeln. Eine zweite ist deren Umsetzung. Diese ist betriebswirtschaftlich nicht immer ganz einfach. Abgesehen von möglichen Zielkonflikten zwischen gesellschaftlich gebotenen und unternehmerisch wünschenswerten Verhaltensweisen, bedarf es eines umfangreichen Instrumentariums, um die Übereinstimmung mit der betrieblichen Realität mit den einmal akzeptierten Kodizes sicherstellen zu können. Abstrakte Forderungen müssen in betriebliche Handlungsanweisungen übersetzt werden. Dazu werden in der Praxis eine ganze Reihe unterschiedlicher Verfahren und Instrumente eingesetzt. Anzumerken ist, dass es dabei meist nicht um spezifische CSR-Instrumente geht. Vielmehr fügt sich CSR ein in die Fülle existierender normativer und strategischer Instrumente sowie in die Methoden des Qualitätsmanagements sowie des Rechnungswesens und Controllings. Grob lassen sich drei Teilbereiche (vgl. Abbildung 1) differenzieren:

a) Die nationalen und internationalen Standards sollen innerhalb der Unternehmen im Rahmen von internen*Verhaltensvorschriften* umgesetzt werden. Diese müssen dann für alle Unternehmensfunktionen und -bereiche operationalisiert werden. Dazu dienen neben Leitbildern und Missionsbeschreibungen insbesondere die Instrumente des strategischen und operativen Controllings, die helfen, das Verhalten in mess- und überprüfbare Größen zu übersetzen. So können strategische Handlungsempfehlungen, z. B. durch Anwendung der Balanced Scorecard, bis auf die operative Ebene transferiert werden.

b) Gute *Managementstandards* sollen die Umsetzung gesetzter Normen entlang der gesamten Wertschöpfungskette eines Unternehmens von der Beschaffung über die Produktion bis hin zum Absatz der Leistungen gewährleisten. Damit müssen sowohl Zulieferer (z.B. Sozialstandards) und Geldgeber (z. B. Rendite) als auch Kunden (Produkt- und Dienstleistungsqualität) und Arbeitnehmer (z. B. Arbeits- und Arbeitsplatzsicherheit) sowie andere Stakeholder (z. B. Umweltverbände) einbezogen werden. In diesem Zusammenhang haben sich unzählige Managementverfahren und -standards entwickelt, von denen einige wichtige im Folgenden beispielhaft für die Bereiche Arbeitssicherheit, Qualitätsmanagement und Umweltschutz ausgeführt werden.

Bereich Arbeitssicherheit:
Gesundheit und Sicherheit gehören zu den Kernschutzrechten von Arbeitnehmern an ihrem Arbeitsplatz. Internationale Regeln sollen hier zum einen Mindeststandards etablieren und zum anderen Lücken in den nationalen Regelungen kompensieren. Zwei Beispiele aus der Fülle des Regelungsdickichts sind die „Social Accountability-Norm" und die „Richtlinien zur Arbeitssicherheit und Gesundheit der Internationalen Arbeitsorganisation":

SA 8000: Die Social Accountability-Norm 8000 von SAI[5] baut im Kern auf zahlreichen Konventionen von UNO und Internationaler Arbeitsorganisation (IAO) auf. Die Norm unterstützt Unternehmen bei der Entwicklung und Implementierung eines CSR-Managements. Die Zertifizierung nach SA 8000 wird durch akkreditierte Auditoren vorgenommen, wenn alle Bereiche unternehmerischer Aktivität mit den normierten Anforderungen, die thematisch von der Koalitions- und Versammlungsfreiheit für Arbeitnehmer über das Verbot der Kinderarbeit bis hin zu Arbeitszeit- und Vergütungsrichtlinien reichen, übereinstimmen.

ILO-OSH 2001: Die von der Internationalen Arbeitsorganisation (IAO/ILO) in 2001 fertig gestellten Richtlinien zur Arbeitssicherheit und Gesundheit (Occupational Safety and Health) ILO-OSH 2001 erfordern kein spezielles Akkreditierungsverfahren. Vielmehr sollen sie als Referenz für nationalstaatliche Regelungen einerseits sowie für problemadäquate Managementsysteme auf der Ebene des einzelnen Unternehmens andererseits dienen. Auch sie beziehen die zahlreichen vorangegangenen Normen und Richtlinien der IAO und UN mit ein.

Qualitätsmanagement:
Qualitätsmanagementverfahren zielen in der Regel darauf ab, das Qualitätsniveau der Produkte und Dienstleistungen gegenüber den Kunden sicherzustellen. Dabei wird der Kundenbegriff in den letzten Jahren verstärkt in Richtung auf einen allgemeinen Stakeholderbegriff ausgedehnt. So wird auch die Berücksichtigung der gesellschaftlichen Dimension mehr und mehr zum Beurteilungskriterium für organisatorische Qualität. Qua-

---

[5]   Social Accountability International (SAI) ist eine international agierende NPO, die es sich zum Ziel gesetzt hat, Standards im Bereich Corporate Social Responsibility zu etablieren. Die SA-Norm wurde 1998 vom Advisory Board entwickelt, einem Gremium mit internationalen Experten aus Unternehmen, Gewerkschaften und NPOs.

lität wird dabei üblicherweise in Prozess-, Ergebnis- und Strukturqualität unterschieden, wobei es insbesondere für NPOs sinnvoll sein kann, eine grundlegende Normqualität, die sich auf die Qualität der Ziele selbst bezieht, zu berücksichtigen (vgl. Vilain 2003: 179f.) Qualitätsmanagementverfahren werden auf diese Weise zu wertvollen CSR-Instrumenten:

DIN EN ISO 9000 ff.: Die Normenfamilie rund um die DIN EN ISO-9000er-Reihe wurde von der International Standardization Organization (ISO) 1987 erstmalig verabschiedet und in einer vollständig überarbeiteten Version 2000 revidiert. Die Normenreihe ist sowohl in der Europäischen Union als auch der Bundesrepublik übernommen worden. [6] Mit der Berücksichtigung anderer, sogenannter „interessierter Parteien", bezieht die Norm über die Kunden im engeren Sinne auch die Stakeholder in das Qualitätsmanagement ein und geht damit über die Normierung einfacher Produktionsstandards hinaus. In der Industrie und den Organisationen der Sozialwirtschaft wurden die Richtlinien weithin übernommen. In vielen Fällen basieren sektoral unterschiedliche Managementverfahren (z. B. für Pflegeeinrichtungen oder Kindertageseinrichtungen) auf der ISO-Reihe. Im Regelfall führen akkreditierte Berater einen standardisierten Beratungs- und Einführungsprozess durch, an dessen Ende im Falle eines Erfolges eine zeitlich befristete Zertifizierung erfolgt.

EFQM: Die European Foundation for Quality Management (EFQM) ist eine Stiftung, die 1988 durch namhafte europäische Industrieunternehmen zur Förderung eines umfassenden Qualitätsmanagements gegründet wurde. Ausgehend von der Erkenntnis, dass Ressourcen und Ansprüche mit dem Management und den Ergebnissen einer Organisation in enger Wechselbeziehung stehen, wurde ein systematischer Selbst-Bewertungs-Prozess auf der Grundlage von neun zentralen Bewertungsbereichen entwickelt. [7] Anreiz, sich an diesem Verfahren der Qualitätssicherung und -steigerung zu beteiligen, ist der jährlich vergebene European Quality Award (EQA). Damit werden Organisationen ausgezeichnet, die den Nachweis erbringen, dass ihr Vorgehen zur Verwirklichung eines ganzheitlichen Qualitätsmanagement im Sinne von Total Quality Management (TQM) beiträgt und somit einen beträchtlichen Beitrag zur Erfüllung der Erwartungen der Anspruchsgruppen erbracht hat.

---

[6] Europäische Norm (EN) und Deutsche Industrienorm (DIN).

[7] Die Bewertungskriterien sind einerseits in Befähigerkriterien (Führung, Politik und Strategie, Mitarbeiter, Partnerschaften und Ressourcen sowie Prozesse), andererseits in Ergebniskriterien (kundenbezogene, mitarbeiterbezogene und gesellschaftsbezogene Ergebnisse sowie wichtige Ergebnisse der Organisation) unterteilt. Vgl. Langnickel 2003: 42.

Darüber hinaus gibt es eine Fülle weiterer internationaler Verfahren.[8] Gerade aber EFQM und die DIN-ISO-Reihe bilden die Grundlage zahlreicher Managementstandards, die auch hierzulande Eingang in die Sozialwirtschaft gefunden haben (vgl. Boeßenecker/Vilain/Biebricher/Buckley/ Markert 2003). Die Natur der sozialen Leistungsproduktion bedingt eine enge Verknüpfung zwischen der Qualität der Dienste und verschiedenen ethischen Aspekten. Bedauerlich ist in diesem Zusammenhang, dass sich die Bemühungen um Qualitätsverbesserung bisher vielfach in der Umsetzung technokratischer Regeln zur Gewährleistung von Prozesssicherheit erschöpft haben.

Umweltmanagementsysteme:
Umweltmanagementsysteme zielen darauf ab, die Auswirkungen unternehmerischen Handelns auf die Umwelt zu analysieren und durch fortlaufende Verbesserung die negativen Auswirkungen stetig zu verringern. Für Europa sind besonders das Eco-Management and Audit Scheme sowie die ISO-Norm 14000 ff interessant. Auch hier kann die Fülle der Regelungen – vor allen Dingen auf nationaler Ebene[9] – kaum wiedergegeben werden. Zwei bekannte Beispiele für Umweltmanagementstandards sind:
EMAS: Mit dem „Eco-Management and Audit Scheme" (EMAS) hat die Europäische Kommission 1995 ein Managementverfahren entwickelt, das sowohl in Unternehmen als auch in Verwaltungen und in NPOs eingesetzt werden kann. Der Einsatz ist für die Organisationen freiwillig und zielt auf eine fortlaufende Verbesserung des Umweltschutzes ab. Die Mitgliedsländer der EU sind verpflichtet, die Implementierung von EMAS in ihrem Staatsgebiet voranzutreiben und die Kommission über den Stand zu informieren. Ausgangspunkt für eine Registrierung ist eine Review, bei der die Auswirkungen der Aktivitäten der Organisation sowie ihrer Produkte und Dienstleistungen für die Umwelt aufgedeckt und analysiert werden müssen. Darauf aufbauend muss ein Umweltmanagementsystem (Effective Environmental System (EMS)) eingeführt werden. Abschließend bedarf es eines *statement of environmental performance.* Alle Schritte werden von einer dazu autorisierten Stelle abgenommen. Organisationen, die alle Schritte erfolgreich durchlaufen haben, dürfen das EMAS-Logo verwenden.
ISO 14000 ff.: Auch zum Umweltmanagement hat die ISO mit ihrer Norm 14000 ff. entsprechende Standards entwickelt. Die Erfordernisse für eine Zertifizierung sind in der zentralen ISO-Norm 14001 niedergelegt. Alle an

---

[8]   Beispielhaft sind hier der Accountability-1000- oder ISO-CR-MSS-Standard zu nennen.
[9]   Beispielhaft sollen hier die nationalen Standards AFNOR SD 21 00 (Frankreich) oder AE-NOR PNE 165001 (Spanien) genannt werden.

dieser Stelle festgelegten Forderungen sollten in jedem Umweltmanagementsystem erfüllt sein. Es finden sich hier die Spezifikationen für Umweltmanagementsysteme mit Anleitung zu ihrer Umsetzung. Im Rahmen der ISO 14004 sind die Elemente eines Umweltmanagementsystems beschrieben. Es handelt sich dabei um einen allgemeinen Leitfaden über Grundsätze, Systeme und Hilfsinstrumente zur Implementierung der Norm. [10] Dazu kommen eine Reihe weiterer Ergänzungen, insbesondere zur Konzeption und Durchführung von Umweltaudits (DIN EN ISO 14010, 14011 und 14012). Die ISO-Reihe wird oftmals als Konkurrenz zur EMAS gesehen (vgl. European Commission 2004: 24).

Soziale NPOs setzen in der überwiegenden Zahl keine normierten Umweltstandards um. Sieht man einmal vom Arbeitsfeld Gesundheit (z. B. Krankenhäuser) ab, scheint eine Diskussion um umweltgerechtes Verhalten weder in der Theorie noch in der Praxis verbreitet zu sein. Vielleicht dominiert dabei ein Bild, das Umweltsünder mit großen Industrieproduzenten gleichsetzt.

c) Getrieben durch die Ansprüche von Shareholdern, der Öffentlichkeit, anderen Stakeholdern sowie den Anforderungen nationaler und internationaler Richtlinien hat das *Berichtswesen* (Reporting) von Organisationen in den letzten Jahren große Bedeutung erlangt. Nur durch regelmäßige Berichterstattung zum Organisationsverhalten in gesellschaftlich relevanten Problemfeldern kann ein erfolgreich aufgebautes CSR nach außen nutzbringend kommuniziert werden. Das Berichtswesen liefert dazu die Grundlagen, indem es – an die Betriebsstatistik und das interne und externe Rechnungswesen anknüpfend – relevante Daten für die Anspruchsgruppen zur Verfügung stellt. Weitverbreitete Standards sind in diesem Zusammenhang die Erstellung von Sozial- und Umweltbilanzen. Daneben existieren eine ganze Reihe weiterer Konzepte für ein umfassendes Berichtswesen wie der „Assurance Standard (AA) 1000" des Institute of Social and Ethical Accountability oder der „Rahmenplan für Nachhaltigkeit im Berichtswesen der Global Reporting Initiative".

Besondere Bedeutung bekommt das Berichtswesen seit Ratingagenturen wie Moody's oder Standard & Poor's verstärkt den Aspekt des nachhaltigen Wirtschaftens zur Bewertung von Unternehmen und deren Bonität heranziehen. Dies um so mehr, als man gelernt hat, dass nachhaltig agierende Un-

---

[10] Daneben enthält sie die Forderungen zu den unterschiedlichen Teilaspekten des betrieblichen Umweltmanagements: Umweltpolitik, Umweltplanung, gesetzliche und andere Forderungen, Zielsetzungen und Einzelforderungen; daneben Hinweise zur Implementierung, Überwachung und Korrektur sowie zur Bewertung durch die oberste Leitung.

ternehmen oft auch wirtschaftlich erfolgreicher sind. Damit ergeben sich für die Unternehmen unmittelbare ökonomische Konsequenzen aus ihrem sozialen und ökologischen Handeln. [11] Das Berichtswesen hat seinen Ursprung im Rechnungswesen und Controlling und geht nahtlos in die Kommunikationspolitik des Unternehmens über. Ein ethisch orientiertes Berichtswesen kann dabei Grundlage für Informationen in Jahresberichten, Pressemitteilungen, Tage der offenen Tür, Broschüren, Internetauftritten, Workshops und Informationsprojekten sein.

Fasst man den Compliance-Ansatz in seiner Bedeutung für die Sozialwirtschaft zusammen, so zeigt sich ein ambivalentes Bild. Zwar sind die Vertreter der Sozial- und Wohlfahrtsverbände gerade immer wieder dazu eingeladen, sich an der Entwicklung von Sozialstandards für andere zu beteiligen und dahingehend Einfluss auf die Politik zu nehmen. Bei der Implementierung in den eigenen Reihen zeigen sich, trotz positiver Anfänge vor allem im Qualitätsmanagement, vielfach noch große Lücken.

Der Citizenship-Ansatz

Neben der bloßen Einhaltung rechtlicher Bestimmungen oder internationaler Vereinbarungen spielt nicht zuletzt aufgrund der weltweit abnehmenden nationalstaatlichen Gestaltungsspielräume das aktive gesellschaftliche Verhalten von Unternehmen eine immer wichtigere Rolle:

> Sozial verantwortlich handeln heißt nicht nur, die gesetzlichen Bestimmungen einhalten, sondern über die bloße Gesetzeskonformität hinaus „mehr" investieren in Humankapital, in die Umwelt und in die Beziehungen zu anderen Stakeholdern. Die Erfahrung mit Investitionen in umweltverträgliche Technologien und Unternehmenspraktiken legt nahe, dass es der Wettbewerbsfähigkeit eines Unternehmens zuträglich sein kann, wenn man über die bloße Gesetzeskonformität hinausgeht. So kann es sich z. B. unmittelbar positiv auf die Produktivität auswirken, wenn man im sozialen Bereich mehr tut, als es die gesetzlichen Auflagen erfordern, z. B. in Bezug auf Ausbildung, Arbeitsbedingungen und Beziehungen zwischen Management und Beschäftigten. Man eröffnet sich damit neue Wege der Bewältigung des Wandels und neue Möglichkeiten, soziale Errungenschaften mit der Steigerung der Wettbewerbsfähigkeit in Einklang zu bringen (Europäische Kommission 2001: 10).

---

[11] Unter anderem bieten Aktienindizes, die von Ratingagenturen erstellt werden, Anlegern Hilfestellungen bei der Auswahl möglicher Investitions- und Geldanlagealternativen. Immer häufiger wird dabei nicht nur auf ökonomische Kriterien, sondern auch auf die Nachhaltigkeit des Wirtschaftens geachtet. Indizes, die diesen Aspekt stärker berücksichtigen, sind beispielsweise der Dow Jones Sustainability Index (DJSI), der Natur-Aktien-Index (NAI) oder das auf den Kriterien des Frankfurt-Hohenheimer-Leitfadens beruhende Corporate Responsibility Rating.

Einer solchen erweiterten Vorstellung folgt der Citizenship-Ansatz. Von Corporate Citizenship kann gesprochen werden, wenn Unternehmen mit NPOs in so genannten New Social Partnerships zusammenarbeiten, um gemeinsam konkrete Probleme ihres gesellschaftlichen Umfelds zu lösen. Sie bringen dazu nicht nur Geld, sondern unter anderem auch Engagement seitens der Mitarbeiter und des Managements, fachliches Know-how und Kompetenz ein (vgl. Habisch 2006: 229). Im Mittelpunkt steht die aktive Gestaltung der Gesellschaft. Dazu hat sich in der Praxis eine Reihe von Instrumenten etabliert (vgl. Abbildung 1).

Die klassische Geld- oder Sachspende gehört in den Bereich des *Corporate Giving*. Unternehmen unterstützen die Aktivitäten von NPOs oder gesellschaftlichen Gruppen durch Zuwendungen. Die Mitspracherechte können sich dabei recht unterschiedlich gestalten. Die Reichweite der Aktivitäten korreliert dabei in hohem Maße mit der Marktdefinition der jeweiligen Unternehmen. Corporate Giving ist insbesondere im Mittelstand nur selten strategisch angelegt und hängt vielmehr von den Präferenzen der jeweiligen Entscheidungsträger ab. Welche NPOs davon profitieren, ist dementsprechend oft von persönlichen Kontakten und damit dem persönlichen Umfeld abhängig. Hier erklärt sich wahrscheinlich auch die hohe Präferenz für die Förderung von Kultur- und Sportaktivitäten. Bei den NPOs fällt die Bearbeitung solcher Kontakte in der Regel in das Fundraising. Beispiele dazu finden sich täglich hundertfach in den lokalen Zeitungen, wenn ein örtliches Unternehmen dem Roten Kreuz oder NABU eine Spende zukommen lässt oder aber wenn ein Unternehmen Bandenwerbung in den Stadien finanziert.

Daneben besteht die Möglichkeit, eine eigene Unternehmensstiftung zu gründen (*Corporate Foundation*). Der Vorteil für das Unternehmen kann – neben steuerlichen – darin bestehen, dass eine eigene inhaltliche Programmatik nachhaltiger verfolgt werden kann. Die Unternehmensstiftungen nehmen sich einer bestimmten Aufgaben- oder Problemstellung an. Die Arbeit der Stiftung kann grundsätzlich operativ oder fördernd angelegt werden. Operative Stiftungen verfolgen ein selbst gesetztes Ziel in eigener Regie und erbringen die zur Realisierung notwendigen Aktivitäten weitgehend selbst. Sie unterhalten dazu meist einen entsprechenden Mitarbeiterstab (z. B. Bertelsmann-Stiftung). Förderstiftungen verfolgen hingegen ihre Ziele, indem sie mittelbar tätig werden. Dabei unterstützen sie häufig bestimmte Einrichtungen oder Antragsteller, die dann entsprechende Aktivitäten entfalten (z. B. Quäker-Hilfe-Stiftung). Daneben gibt es eine Fülle von Stiftungen, die sowohl operativ als auch fördernd tätig sind (z. B. Robert-Bosch-Stiftung).

Beim *Corporate Volunteering* unterstützt das Unternehmen das Engage-

ment in NPOs, indem sie beispielsweise Mitarbeiter dazu anregt oder frei-
stellt, sich dort zu organisieren. Ein bekanntes Beispiel ist hier das Corporate Volunteering-Programm von Ford. Angelehnt an ein Programm, welches
1999 in der US-amerikanischen Konzernzentrale entwickelt wurde, stellt Ford
Deutschland seit 2000 seine Mitarbeiter für bezahlte 16 Stunden pro Jahr für
gemeinnützige Projekte frei. Das Unternehmen kooperiert hier mit mehreren
NPOs aus den Bereichen Umwelt, Bildung und Soziales. Neben dem reinen
Imagegewinn für das Unternehmen sollen Volunteering-Programme weitere
Vorteile für beide Seiten bringen. NPOs können von dem Wissen und der Ma-
nagementerfahrung der Unternehmen profitieren und die Mitarbeiter in Unter-
nehmen erlernen weitergehende Sozialkompetenz. In der Praxis zeigt sich ein
komplexeres Bild. Der Erfolg der Programme hängt hier sehr stark von ihrer
Konzeption und der Kompetenz der Mitwirkenden ab.

  Corporate Partnerships sind dauerhaft strategisch angelegte Partnerschaften – in der Regel über mehrere Jahre – die dazu dienen, gemeinsam ein Thema voranzubringen oder längerfristige Projekte zu realisieren. Im Gegensatz
zu strategischen Partnerschaften in der Wirtschaft, wo es um horizontale und
vertikale Kooperationsbeziehungen zwischen zwei Unternehmen geht, stehen
bei Corporate Partnerships die Beziehungen zwischen einer NPO und einem
Wirtschaftsbetrieb im Mittelpunkt. Sehr verbreitet sind derartige Beziehungen
vor allem im Sport. So sind der FC Bayern München und die Hypovereinsbank
eine solche Partnerschaft eingegangen. Dabei führt der Sportverein nicht nur
seine Konten bei der Hypovereinsbank. Vielmehr nutzt die Bank das Image eines der erfolgreichsten europäischen Sportvereine zu Werbezwecken und konzipiert darüber hinaus neue Finanzprodukte für die zahlreichen Mitglieder und
Anhänger des Vereins. Im Gegenzug erhält der Verein Geld- und Beratungs-
leistungen durch das Geldinstitut.

Unternehmen und NPOs als Partner gesellschaftspolitischer Gestaltungsaufgaben?

Den Bemühungen um soziale und ökologische Nachhaltigkeit steht eine Sichtweise gegenüber, die gerade in der spezifischen Systemlogik von Unternehmen
deren Wert sieht. Die aktuelle Diskussion um unternehmerische Verantwortung
wird dabei als derart überfrachtet angesehen, dass ihre Umsetzung gar als eine
Bedrohung für die Wahlfreiheit der Unternehmen und letztendlich damit für
die Marktwirtschaft gesehen wird (vgl. z. B. Henderson 2001). Vor dem Hintergrund derart unterschiedlicher theoretischer Positionen scheint es sinnvoll,
einen Blick auf Befunde aus der Praxis zu werfen.

Dabei kann grundsätzlich festgehalten werden, dass das unternehmerische Interesse am uneigennützigen Engagement in sozialen oder anderen gesellschaftlichen Fragen im Durchschnitt als eher gering eingestuft werden kann. So sieht Habisch die zentralen Motive für ein unternehmerisches Engagement im Unternehmensimage, der Kundenakquise und -bindung, der Erschließung neuer Märkte, der Mitarbeiterzufriedenheit, der Realisierung von Innovationspotenzialen sowie der Unterstützung eines intakten gesellschaftlichen Umfelds (vgl. Habisch 2006: 229).

Gestützt werden diese Annahmen durch die Ergebnisse einer Studie, welche die Bertelsmann-Stiftung in Zusammenarbeit mit TNS Emnid erstellt hat. [12] Schon die Assoziationen, die das Management zum Begriff „gesellschaftliche Verantwortung von Unternehmen" haben, zeigen eine Fokussierung auf ureigenste Belange: „Verantwortung für die Mitarbeiter" und „Arbeitsplätze sichern" rangieren (mit 38 % der Nennungen) auf den vorderen Plätzen, während Verantwortung für Kultur, Umwelt, die Region oder demokratische Rechte kaum von jedem Zehnten genannt werden (Bertelsmann 2005: 6). Damit wird deutlich, dass Unternehmen hierzulande Ihre Verantwortung sehr viel stärker nach innen als nach außen interpretieren. Im Grunde handelt es sich dabei um das Konzept der Corporate Governance, d. h. der guten Unternehmensführung. Bei diesem Ansatz steht das wechselseitige, innere Verhältnis zwischen den Eigentümern eines Unternehmens (Principal, Aktionäre, Eigenkapitalgeber) und dessen Geschäftsleitung (Agent, Beauftragte, Arbeitnehmer i. w. S.) im Mittelpunkt (vgl. Müller/Thomson-Guth 2001). Das Konzept der CSR stellt demgegenüber jedoch deutlich stärker die externe Perspektive in den Mittelpunkt. Dazu gehören neben Konsumenten bzw. Kunden eben auch der Staat und die gesellschaftlichen Kräfte – wie eben auch die NPOs (vgl. Kaufmann/Stauffer 2003: 52f.)

Der Stellenwert gesellschaftlichen Engagements rangiert im Rahmen dieser Befragung hinter den Items „Qualifizierte Mitarbeiter", „Kostenreduktion", „Wachstum" sowie „Forschung und Entwicklung" und bildet für sich genommen keine Kernfunktion des Unternehmens (vgl. Bertelsmann 2005: 19).

Schaut man einmal auf die Gruppen, denen sich die Unternehmen vorrangig verpflichtet fühlen, so sind dies die Kunden, Mitarbeiter und Kapitalgeber (vgl. Bertelsmann 2005: 17). Das Geschäft steht erwartungsgemäß im Vordergrund. Diese Darstellung wäre so sicherlich verkürzt und würde den zahlreichen Formen unternehmerischen Engagements nicht gerecht werden, und zwar nicht nur mit Blick auf die *global player*, die sich – schon lange vor der

---

[12] Im Rahmen der 2005 erschienenen Studie wurden 500 Entscheider aus dem Topmanagement deutscher Wirtschaftsunternehmen befragt. Vgl. Bertelsmann 2005.

CSR-Debatte – umfangreich engagierten, sondern insbesondere auch auf den in seinem Engagement stärker lokal und regional orientierten deutschen Mittelstand. Mitnichten scheinen die deutschen Unternehmen daher ausschließliche Gewinnmaximierer zu sein, deren Aktivitäten sich im reinen Profitstreben erschöpfen (vgl. Bertelsmann 2005: 17). Dem überwiegenden Teil der Unternehmen ist klar, dass die unternehmerische Verantwortung mit dem Rückzug des Nationalstaates und der Globalisierung von Wirtschaftsprozessen zunehmen wird. Zugleich scheinen sie jedoch nur schlecht auf diesen Bedeutungszuwachs vorbereitet. Fehlendes Instrumentarium zur Umsetzung und Evaluation von gesellschaftlichen Projekten sowie geringe Budgets lassen das Fazit pessimistisch aussehen:

Derzeit sind die Unternehmen für solche Herausforderungen aber noch denkbar schlecht gerüstet. Es werden nur geringe operative Ressourcen und knappe Budgets für das gesellschaftliche Engagement aufgewendet, die zum Teil weniger als 1 Promille des Umsatzes betragen (Bertelsmann 2005: 27).

Dennoch richten sich auch in NPOs viele Hoffnungen auf das Engagement von Unternehmen. Es liegt in der Natur der Sache, dass sie mit ihren zeitlich (und oft auch inhaltlich) unbestimmten Sachzielvorgaben einen nahezu unbegrenzten Ressourcenbedarf haben. Immer könnte man noch mehr im Kampf gegen Hunger, Armut, Umweltverschmutzung etc. erreichen. Unternehmen sind hier im Rahmen von Corpotate Giving oder Sponsoring gern gesehene Geldgeber. Aber kommen deswegen Partnerschaften zustande? Um die Frage zu beantworten, sind die Rollen, die NPOs hier einnehmen können, zu differenzieren. Zu unterscheiden ist einerseits ihre Rolle als Impulsgeber und andererseits als Projekt- oder gar strategischer Partner.

Als Impulsgeber sollte die Bedeutung der NPO für Unternehmen nicht allzu sehr überschätzt werden. Die Erwartungen, die NPOs in Bezug auf das Engagement der Unternehmen haben, spielen für diese in der Regel kaum eine Rolle. Nur rund 5 % der Unternehmen geben an, dass NGOs/NPOs einen entscheidenden Einfluss auf ihre Motivation für gesellschaftliches Engagement haben. „Allein für große Unternehmen (7 %), insbesondere aus dem Handel (9 %), ist der Druck seitens der Nichtregierungsorganisationen eine – wenn auch untergeordnete – Entscheidungsgröße für die Übernahme gesellschaftlicher Verantwortung" (Bertelsmann 2005: 10).

Als Projektpartner spielen NPOs durchaus eine Rolle, wenngleich auch deren Bedeutung in der Praxis – insbesondere der Sozialwirtschaft – deutlich relativiert werden muss. Ein ganz banaler Grund dafür ist das fehlende Wissen um passende Engagementmöglichkeiten auf der Seite der Unternehmen. Gerade dort, wo sich Entscheidungsträger aus der Wirtschaft, zum Beispiel aus eigener Betroffenheit heraus engagieren möchten, werden gerne eigene Lösungen (z. B. Corporate Foundation) entwickelt. Die Reichweite dieser *stand-alone*-Lösungen ist oftmals nicht sehr groß, da sie sich nur unzureichend in die Bedarfslagen und Netzwerke der sozialen Praxis einfügen.

Seitens der Unternehmen ist insbesondere der Faktor Zeit das entscheidende Argument für ein längerfristiges Engagement (vgl. Bertelsmann 2005: 10ff.) Langatmige Gremiensitzungen und unklare Entscheidungsstrukturen bei den Sozialorganisationen erweisen sich dabei als Kooperationshindernisse. Seitens der NPOs sind hier effiziente Kommunikations- und Arbeitsprozesse gefragt.

Andererseits stehen auch gemeinnützige Organisationen dem Engagement von Unternehmen oftmals sehr kritisch gegenüber. Der Wunsch vieler Unternehmen, NPOs für gewerbliche Zwecke zu instrumentalisieren, stößt gerade im Sozialbereich oftmals auf erbitterte Ablehnung. Zwar sind NPOs immer auch in der Pflicht, die Motivlagen möglicher Partner kritisch zu durchleuchten. Eine Überwindung rein ideologisch motivierter Vorurteile wäre jedoch förderlich.

Unternehmen fehlt es oft an Kenntnissen über effektives Management von Engagement. Dies ist ein maßgeblicher Vorteil vieler NPOs. Es gehört zu ihren Kernkompetenzen, menschliche Arbeitskraft intrinsisch motivieren zu können. Das sollten Unternehmen anerkennen.

Argwohn und ein gewisses Maß an Selbstverliebtheit auf beiden Seiten erklärt, warum vermutlich viele Kooperationen in der Praxis nur von kurzer Dauer sind. Hier gilt es unterschiedliche Organisationskulturen zu überwinden. In der Praxis kommt es an dieser Schnittstelle -trotz anfänglich erfolgreicher Zusammenarbeit – regelmäßig zu Problemen. Der Realisierung steht ein oftmals hoffnungslos überfordertes Management in Vereinen und Verbänden gegenüber. Strategische Planung findet nur selten statt. NPOs müssten daher „in ihre Partnerschaftsfähigkeit investieren" (Habisch 2006: 231), Unternehmen in ihre gesellschaftliche und soziale Kompetenz.

Die Problemlagen sind also komplex. Mittlerweile werden zur Lösung solcher Herausforderungen zahlreiche Weiterbildungsangebote sowohl für Unternehmen als auch für NPOs angeboten. Zu denken ist hier unter anderem an den weiterbildenden Masterstudiengang „Nonprofit-Management and Governance" des Zentrums für Nonprofit-Management und der Westfälischen

Wilhelms-Universität Münster, der zentrale Probleme auch im Bereich des CSR thematisiert. [13]

Spricht man über gesellschaftliche Verantwortung, wäre es verkürzt, NPOs lediglich als Handlungsgehilfen von Unternehmen zu thematisieren. Die freigemeinnützigen Organisationen in der Sozialwirtschaft sind selbst Produzenten wichtiger gesellschaftlicher Dienstleistungen. Im Gegensatz zu vielen Unternehmen haben sie eine besondere Stellung und Verantwortung. Ihre *license to operate* definiert sich ebenfalls über die Dienstleistungen, die sie für ihre Klienten und Kunden bereitstellen. Darüber hinaus werden sie aber über Steuerbegünstigungen und öffentliche Zuwendungen bei der Wahrnehmung ihrer Aufgaben staatlich unterstützt. Aus derartigen Privilegien ergeben sich auch Verpflichtungen, die weit über die Dienstleistungserstellung hinausgehen. Ihr Status als steuerbegünstigte Organisationen hat sie lange Zeit vor jeder Art von Kritik geschützt. Getreu dem Motto, „wer staatlich anerkannt Gutes tut, kann nur gut sein", wurde in den Zeiten übervoller Kassen über manche Schwierigkeiten auch der Mittelverwaltung und -verwendung hinweggesehen. Das hat sich geändert.

Dazu trägt auch der veränderte Habitus in vielen Verbänden bei. Verbände definieren sich immer häufiger als Sozialunternehmen und immer häufiger findet man auch die Statussymbole der gewerblichen Wirtschaft bei ihren Führungskräften. Zugleich steigt die Anzahl der bekannten Skandale wie zum Beispiel illegale Beschäftigungspraktiken, fragwürdige Zustände in den Einrichtungen (z. B. Gewalt in der Pflege), Veruntreuung, Konkursverschleppung oder Vorteilsnahme deutlich an. Diese treffen auf eine zunehmend sensiblere Öffentlichkeit.

Deutlich wird, dass plötzlich die „Unternehmen" der Sozialwirtschaft selbst mitten in der Debatte um ethisches Handeln gelandet sind. Corporate Social Responsibility wird zum Thema – und muss es auch werden. Es ist ein Thema für Spender, für die Öffentlichkeit, für die Kunden, die Steuerzahler und die Politik. Diese Notwendigkeit wird auch in der Sozialwirtschaft zunehmend – wenngleich oft widerwillig – anerkannt. Dies zeigt unter anderem die wachsende Bedeutung von Spendensiegeln, des Qualitätsmanagements oder diverser freiwilliger Zusammenschlüsse im Bereich Fair Trade. Leider reichen diese Verfahren in der Praxis jedoch oft noch nicht über die Qualität eines punktuellen symbolischen Managements hinaus. Eine perspektivische Auseinandersetzung fehlt meist noch ganz.

---

[13] Nähere Informationen unter http://www.npm-online.de.

Fazit

Corporate Social Responsibility ist aktuell ein Modewort. Für die betriebliche Praxis und das strategische Management in bundesdeutschen Unternehmen spielt das gesellschaftliche Engagement – wie oben gezeigt wurde – de facto nur eine untergeordnete Rolle. Es reiht sich vielmehr ein, in den Reigen kommunikationspolitischer Instrumente und hat darüber hinaus häufig lediglich arbiträren Charakter.

Für NPOs stellen sich in dieser Debatte gleich mehrere Fragen. Zum einen betreffen sie die Zusammenarbeit mit Unternehmen. Einerseits können sich eine Reihe interessanter Anknüpfungspunkte für gemeinsame Vorhaben ergeben. Unternehmen können mit ihrem Know-how und ihrer Finanzkraft zu potenten Partnern werden. Damit dies gelingt, müssen jedoch Voraussetzungen erfüllt werden. Relativ unproblematisch ist die Kooperation dort, wo die Rollen klar abgegrenzt sind, wenn beispielsweise die NPO fachlich zuständig ist und das Unternehmen die Finanzierung übernimmt. Probleme ergeben sich dabei aus Sicht der Sozialwirtschaft hinsichtlich der Motivation des Partners. Wie zahlreiche Beispiele der jüngsten Vergangenheit zeigen, haben insbesondere Unternehmen mit „moralischem Aufholbedarf" Interesse an Kooperationen. Andererseits gibt es viele Unternehmen mit hohem gesellschaftspolitischem Sendungsbewusstsein. Durch das Engagement wird ein bestimmtes gesellschaftspolitisches Modell forciert, das nicht selten im Widerspruch zu den Vorstellungen der Sozial- und Wohlfahrtsverbände steht. Bei einer Zusammenarbeit um jeden Preis könnte der Preis am Ende überraschend hoch sein. Dennoch zeigen viele positive Beispiele, dass sich diese Hürden überwinden lassen. Zentral ist dann die Management- und Kooperationskompetenz auf beiden Seiten.

Generell muss man sich der organisationskulturellen Unterschiede bewusst sein. Dass Nonprofit-Management dabei nicht automatisch geringwertiger als Forprofit-Management ist, hat sich noch nicht immer herumgesprochen. Die Probleme, die NPOs beim Management von Geldgebern und Ehrenamt typischerweise haben, sind Unternehmen in der Regel fremd. Umgekehrt haben NPOs oftmals Probleme, dem Anspruch der Unternehmen in punkto Rechnungswesen und Controlling sowie der Mittelbewirtschaftung nachzukommen. Hier gilt es auf beiden Seiten, die Kooperationsfähigkeit zu stärken. Dazu gibt es aktuell eine steigende Anzahl von Angeboten in der Aus- und Weiterbildung.

Daneben gibt es in der CSR-Debatte eine weitere Perspektive, die nur selten thematisiert wird. Die Organisationen der Sozialwirtschaft definieren sich immer häufiger selbst als Unternehmen und versuchen zu den „großen Vorbildern" aufzuschließen. Andererseits wird gerne auch an die Vergangenheit angeknüpft, in der man als Sozialorganisation die Aura des „per se Guten" genießen sowie die Vorurteile gegenüber der gewerblichen Wirtschaft pflegen konnte. Angesichts der oben diskutierten Praktiken werden die Widersprüche für viele Verbände immer weniger auflösbar. An dieser Stelle sind viele NPOs selbst „reif" für Corporate Social Responsibility.

Literatur

Backhaus-Maul, H./Braun, S. (2007): Gesellschaftliches Engagement von Unternehmen in Deutschland. Konzeptionelle Überlegungen und empirische Befunde. In: Stiftung & Sponsoring. 10. H. 5. Oktober 2007.

Backhaus-Maul, H./Brühl, H. (Hrsg.) (2003): Bürgergesellschaft und Wirtschaft – zur neuen Rolle von Unternehmen. Berlin.

Bertelsmann Stiftung (Hrsg.) (2005): Die gesellschaftliche Verantwortung von Unternehmen. Dokumentation der Ergebnisse einer Unternehmensbefragung der Bertelsmann Stiftung. Gütersloh.

Boeßenecker, K.-H./Vilain, M./Biebricher, M./Buckley, A./Markert, A. (Hrsg.) (2003): Qualitätskonzepte in der Sozialen Arbeit. Eine Orientierung für Ausbildung, Studium und Praxis. Weinheim/ Basel/ Berlin.

Bundesministerium für wirtschaftliche Entwicklung und Zusammenarbeit (2004): Im gemeinsamen Interesse – Unternehmensführung in sozialer und ökologischer Verantwortung. URL:http://www.gtz.de/de/dokumente/de-factsheetcsr.pdf (Stand: 12.September 2007)

Chahoud, T. (2005): Internationale Instrumente zur Förderung von Corporate Social Responsibility (CSR). URL:http://www.die-gdi.de/die{_}homepage.nsf/ 6f3fa777ba64bd9ec12569cb00547f1b/aa2a4c2a9a995aa1c1256f810030655d/ \$FILE/A+S\%202.2005.pdf (Stand: 21. September 2007)

CSR Germany (Hrsg.): Verhaltenskodizes. URL:http://www.csrgermany.de/www/ csrcms.nsf/id/8E298EE3D688F098C1256F1900311549(Stand: 20.Oktober 2007)

Europäische Kommission (Hrsg.) (2001): Europäische Rahmenbedingungen für die soziale Verantwortung der Unternehmen – Grünbuch. Generaldirektion Beschäftigung und Soziales. Luxemburg.

European Commission (Hrsg.) (2004): ABC of the main instruments of corporate social responsibility. Luxemburg.

Enquete-Kommission „Zukunft des Bürgerschaftlichen Engagements" des Deutschen Bundestages (Hrsg.) (2002): Bürgerschaftliches Engagement von Unternehmen. Schriftenreihe. Band 2. Opladen.

Fenner, Ch. (2004): Der Globale Pakt der Vereinten Nationen. Karlsruhe.

Global Compact Büro (2005): Der Global Compact – Gesellschaftliches Engagement von Unternehmen in der Weltwirtschaft. URL:http://www.unglobalcompact.org/Languages/german/de-gc-flyer-05.pdf (Stand: 30. Juli 2007)

Habisch, A./Schmidpeter, R. (2003): Unternehmen in der Aktiven Bürgergesellschaft: Die Fortschreibung der Sozialen Marktwirtschaft auf kommunaler Ebene. In: Söder, M./Stein, P. (Hrsg.): Moral im Kontext unternehmerischen Denkens und Handelns. Argumente und Materialien zum Zeitgeschehen. Hanns Seidel Stiftung, H. 39. S. 9 – 26.

Habisch, A. (2006): Corporate Social Responsibility – Schlüssel zur Partnerschaft mit Wirtschaftsunternehmen. In: König, J./Oerthel, Ch./Puch, H.-J. (Hrsg.): Visionen sozialen Handelns. Menschlich + fachlich + wirtschaftlich. Consozial 2005. München. S. 227 – 232.

Henderson, D. (2001): The Case Against 'Corporate Social Responsibility'. In: Policy 17. H. 2. S. 28 – 32.

Heuberger, F./Oppen, M./Reimer, S. (2004): Der deutsche Weg zum bürgerschaftlichen Engagement von Unternehmen – Thesen zu Corporate Citizenship in Deutschland. Studie für den Arbeitskreis „Bürgergesellschaft und Aktivierender Staat" der Friedrich-Ebert-Stiftung. In: Friedrich-Ebert-Stiftung (Hrsg.): Analyse-Reihe „betrifft: Bürgergesellschaft 12". Bonn.

Kaufmann, I./Stauffer, Th. (2003): Corporate Social Responsibility – Ansätze und Perspektiven. In: Die Volkswirtschaft. S. 52 – 55.

Langnickel, H. (2003): Das EFQM-Modell für Excellence. In: Boeßenecker, K.-H./Vilain, M./Biebricher, M./Buckley, A./Markert, A. (Hrsg.)(2003): Qualitätskonzepte in der Sozialen Arbeit. Eine Orientierung für Ausbildung, Studium und Praxis. Weinheim/Basel/Berlin. S. 38 – 47.

Müller, R. A./Thomson-Guth, B. (2001): Corporate Governance – wirtschaftliche Relevanz in der Welt und in der Schweiz. In: Die Volkswirtschaftslehre. H. 8/2001. S. 52–56.

Mutz, G./Korfmacher, S. (2003): Sozialwissenschaftliche Dimensionen von Corporate Citizenship in Deutschland. In: Backhaus-Maul, H./Brühl, H. (Hrsg.): Bürgergesellschaft und Wirtschaft – zur neuen Rolle von Unternehmen. Berlin. S. 45 – 62.

Organisation für wirtschaftliche Zusammenarbeit (OECD) (2000): Die OECD-Leitsätze für multinationale Unternehmen – Neufassung 2000. Paris.

Rieth, L. (2003): Deutsche Unternehmen, soziale Verantwortung und der Global Compact – ein empirischer Überblick. In: Zeitschrift für Wirtschafts- und Unternehmensethik. H. 4/3. S. 372–391.

Sekretariat des Runden Tisches Verhaltenskodizes (Hrsg.) (2004): Ratgeber Verhaltenskodizes zu Sozialstandards. Eschborn.

Vilain, M. (2003): Ergebnisse des Projektes „Qualität in der Sozialen Arbeit": Das Konzept QUI. In: Boeßenecker, K.-H./Vilain, M./Biebricher, M./Buckley, A./Markert, A. (Hrsg.) (2003): Qualitätskonzepte in der Sozialen Arbeit. Eine Orientierung für Ausbildung, Studium und Praxis. Weinheim/Basel/Berlin. S. 175 – 196.

Wüllenweber, W. (2001): Wo sozial draufsteht, ist oft unsozial drin. In: Kursbuch. H. 143/2001. S. 11–22.

Internetquellen

Informationen zum Global Compact der Vereinten Nationen: URL:http:://www. unglobalcompact.org

Informationen zur trilateralen Erklärung der Internationalen Arbeitsorganisation: URL:http://www.ilo.org/public/english/standards/norm/sources/mne.htm

Informationen zu den OECD Leitlinien für multinationalen Unternehmen: URL:http: //www.oecd.org/daf/investment/guidelines

Weiterbildungsangebote des gemeinnützigen Zentrums für Nonprofit-Management: URL:http://www.npm-online.de/ueber_uns_aus-_und_weiterbildung.htm

Internetpräsenz CSR Germany: URL:http://www.csrgermany.de

Führungskräfte im Dritten Sektor

Annette Zimmer

Einleitung

Während Führungskräfte von Markt und Staat traditionell im Zentrum des wissenschaftlichen Interesses stehen, wurde das Leitungspersonal des Dritten Sektors bislang kaum beachtet. Hier setzt das Projekt „Bürgerschaftliches Engagement und Management" an, das erstmals die „vergessene Organisationselite" der haupt- und ehrenamtlichen Führungskräfte der gemeinnützigen Organisationen des Dritten Sektors in den Blick nimmt.

Dieser Sektor deckt ein weites Spektrum von Organisationen ab, das von den Wohlfahrtsverbänden bis hin zu den Vereinen vor Ort in den Bereichen Kultur, Sport und Erholung reicht. Mit mehr als zwei Millionen Arbeitsplätzen kommt dem Dritten Sektor in Deutschland eine wichtige wirtschaftliche Relevanz zu (vgl. Zimmer/Priller 2004). Darüber hinaus konnte der Sektor im Gegensatz zu Markt und Staat in den letzten Jahren in beachtenswertem Umfang Zuwächse an Arbeitsplätzen verzeichnen (vgl. Zimmer/Priller 2004: 55). Dieser Erfolgskurs ist mit einem deutlich gestiegen Erwartungshorizont an das Management der Organisationen verbunden. Eine nahtlose Übertragung von Managementansätzen aus der Privatwirtschaft kommt jedoch nicht in Frage, da sich gemeinnützige Organisationen durch Strukturbesonderheiten auszeichnen. Insbesondere werden Dritte-Sektor-Organsationen maßgeblich von bürgerschaftlichem Engagement getragen. Vorrangig sind hier freiwillige Mitarbeit sowie die unentgeltliche Übernahme von Leitungs- und Führungsaufgaben zu nennen.

Angesichts wachsender Erwartungen an Dritte-Sektor-Organisationen sieht sich das Leitungspersonal ebenfalls einem deutlich gestiegen Erwartungshorizont gegenüber. Es wundert daher nicht, dass viele Organisationen des Sektors über Rekrutierungsprobleme klagen. Es werde immer schwieriger, die „Richtigen" für Leitungs- und Führungsaufgaben zu gewinnen, so der

Tenor. Vor diesem Hintergrund war es mehr als notwendig, die Führungskräfte im Dritten Sektor ins Zentrum einer empirischen Untersuchung zu stellen. Genau dies ist die Zielsetzung des Projektes „Bürgerschaftliches Engagement und Management". Die Ergebnisse des Projektes vermitteln einen ersten Eindruck von der unbekannten Welt der Organisationselite des Dritten Sektors. Im Folgenden werden ausgewählte Projektergebnisse vorgestellt.

Das Projekt „Bürgerschaftliches Engagement & Management"

Das Projekt wurde auf Anregung von VertreterInnen aus dem Dritten Sektor initiiert und unter Federführung des Bundesministeriums für Familie, Senioren, Frauen und Jugend (BMSFJ) als Kooperationsprojekt der Westfälischen Wilhelms-Universität, der Universität Dortmund und des Deutschen Jugendinstituts durchgeführt. Im Mittelpunkt des Projektes stand die telefonische Befragung hauptamtlicher und ehrenamtlicher Führungskräfte in Vereinen und Verbänden (vgl. Beher/Krimmer/Rauschenbach/Zimmer 2006). [1] Insgesamt haben 24 Dachorganisationen des Dritten Sektors Projekt und Befragung nachhaltig unterstützt. Das Spektrum der Arbeitsbereiche der Organisationen reicht von Kultur, Ökologie und Naturschutz über Sport und Feuerwehr bis hin zu sozialen und gesundheitsbezogenen Diensten sowie der Menschenrechte & Internationales und nicht zuletzt der Frauenförderung und des Gender Mainstreamings.

Die im Folgenden vorgestellten ausgewählten Ergebnisse basieren auf den Aussagen von 2.037 Führungskräften, die auf unterschiedlichen föderalen und fachlichen Ebenen von Dritte-Sektor-Organisationen beruflich oder ehrenamtlich tätig sind. Insgesamt haben 1.496 ehrenamtliche und 544 hauptamtliche Führungskräfte an der Befragung teilgenommen und zwar 726 Frauen und 1.313 Männer. Hiervon waren 173 weibliche und 371 männliche Führungskräfte hauptberuflich tätig, während 553 der befragten Frauen sowie 942 Männer ehrenamtliche Vorstandsämter innehatten.

Zentrale Ergebnisse der Befragung

Engagiert und hoch motiviert

Es handelt sich um einen hoch engagierten und hoch motivierten Personenkreis, der sich zur Übernahme einer Leitungstätigkeit in einer Dritte-Sektor-

---

[1]   Diese Broschüre gibt ausführlich Auskunft zur Anlage des Projektes, zu den beteiligten Organisationen und zur Laufzeit. Auch erhältlich unter: http://www.bmfsfj.de/Kategorien/ Forschungsnetz/forschungsberichte,did=76022.html

Organisation entscheidet. Dies gilt gleichermaßen für haupt- wie ehrenamtliche Funktionsträger. Der Einsatz für Andere, der Wunsch, eine Tätigkeit auszuüben, die Spaß macht, und gleichzeitig Teil einer Gemeinschaft mit gemeinsamem Anliegen zu sein, sind die wichtigsten Motive für die Übernahme einer Führungsaufgabe im Dritten Sektor.

Gründe	Mittelwerte	n
. . . sich für andere Menschen und für gesellschaftlich wichtige Anliegen einsetzen	4,4	2027
. . . eine Tätigkeit übernehmen, die Spaß macht	4,1	2027
. . . Teil einer Gruppe sein, die durch eine gemeinsame Sache verbunden ist	4,0	2037
. . . persönlichen Vorstellungen und Interessen nachgehen	3,7	2030
. . . gesellschaftlich Einfluss ausüben	3,5	2026
Mittelwert auf einer Skala von 5 „ist mir sehr wichtig" bis 1 „ist mir unwichtig"		

Abbildung 1: Gründe für die Übernahme einer Leitungstätigkeit in einer NPO. Quelle: Bürgerschaftliches Engagement & Management (2006).

Es lassen sich kaum Unterschiede zwischen Haupt- und Ehrenamtlichen sowie auch nicht zwischen Männern und Frauen hinsichtlich der Motive ausmachen, sich in einer gemeinnützigen Organisation zu engagieren und Verantwortung zu übernehmen. Die Führungskräfte des Dritten Sektors zeichnen sich alle durch ein sozial motiviertes Verantwortungsbewusstsein aus, das mit der Freude an der Tätigkeit einhergeht. Ebenso wichtig ist ihnen, und zwar von Anfang an, „Teil einer Gruppe", d. h. einer Gemeinschaft zu sein, sowie gleichzeitig in einer Position zu sein, in der man „gesellschaftlichen Einfluss ausüben" kann. Die Ergebnisse der Befragung machen aber auch deutlich, dass die heutigen Führungskräfte von Dritte-Sektor-Organisationen bereits auf eine lange „Engagementkarriere" zurückblicken.

Mehr als jeder Vierte der Befragten und heute über 51-Jährigen hatte bereits im Alter von unter 18 Jahren eine leitende Funktion in einer Dritte-Sektor-Organisation inne. Der Bereich Sport mit seinem breiten Spektrum von Aufgaben mit Leitungsverantwortung im Trainings- und Wettkampfbereich ist hier besonders zu nennen. Spätestens in der Lebensphase der beruflichen Etablierung im Alter von 18 bis 30 Jahren war mehr als jeder zweite der Befragten mit leitenden Aufgaben ehren- oder hauptamtlich betraut. Insgesamt weisen die Ergebnisse der Befragung eine noch früher einsetzende verantwortliche Tä-

		< 30 Jahre	31 – 50 Jahre	>51 Jahre
Hauptamtliche	< 18 Jahre	38	38	38
	18 – 30 Jahre	38	50	56
	31 – 50 Jahre	-	54	67
	> 51 Jahre	-	-	59
Ehrenamtliche	< 18 Jahre	34	24	20
	18 – 30 Jahre	98	39	39
	31 – 50 Jahre	-	100	63
	> 51 Jahre	-	-	100

Abbildung 2: Übernahmezeitpunkt einer Leitungstätigkeit in einer NPO im Verhältnis zum Lebensalter (in %). Quelle: Bürgerschaftliches Engagement & Management (2006).

tigkeit für die heute in hauptamtlichen Funktionen arbeitenden Dritte-Sektor-Eliten aus. Über zwei Drittel (76,2 %) der heutigen Hauptamtlichen über 50 Jahre hatte bereits im Alter von unter 18 Jahren eine leitende Funktion in einer gemeinnützigen Organisation inne, während dies bei den Ehrenamtlichen in einem etwas geringeren Umfang der Fall war (70,6 %). Im Vergleich hierzu übernehmen Frauen leitende Tätigkeiten in Dritte-Sektor-Organisationen etwas später. Dennoch lässt sich für beide Gruppen – Männer wie Frauen, die heute in Führungsverantwortung stehen – festhalten, dass sie frühzeitig in ihre Leitungsaufgabe hineinsozialisiert wurden. Hierbei kommt dem Elternhaus eine wichtige Bedeutung zu.

Soziale Herkunft, Bildung und Aufstieg

Das Elternhaus hat einen beachtlichen Einfluss auf den haupt- oder ehrenamtlichen Werdegang von Leitungskräften im Dritten Sektor. Meist waren die Eltern (60 % der Väter und über 40 % der Mütter) schon im Dritten Sektor engagiert und haben insofern Vorbildfunktion übernommen. Dies gilt auch in Hinblick auf das Bildungsniveau. Schon das Bildungsniveau im Elternhaus liegt deutlich über dem Durchschnitt der Bevölkerung (vgl. Beher/Krimmer/Rauschenbach/Zimmer 2006: 24). Umso mehr trifft dies für die befragten haupt- und ehrenamtlichen Führungskräfte zu. Die deutliche Mehrheit der ehrenamtlichen (knapp 60 %) sowie hauptamtlichen Führungskräfte (86 %) verfügten über einen Hochschulabschluss. Unter den hauptamtlich Tätigen war das Bildungsniveau besonders hoch. Von den befragten hauptamtlichen Führungskräften hatten 59,0 % der Frauen und 62,7 % der Männer einen

Universitätsabschluss. Weitere 22,5 % der weiblichen und 24,9 % der männlichen Führungskräfte hatten einen Fachhochschulabschluss.

Allerdings reicht ein gutes bis sehr gutes Qualifikationsniveau nicht aus, um eine Leitungsposition in einer Dritte-Sektor-Organisation zu erreichen. Grundlegende Voraussetzung für die Übernahme einer Leitungstätigkeit im Dritten Sektor ist neben fachspezifischem Know-how Vertrautheit mit bürgerschaftlichem Engagement. In Studium und Ausbildung erworbene Qualifikationen wurden von allen Befragten als wichtig für eine qualifizierte Mitarbeit in einer gemeinnützigen Organisation erachtet. Aber gleichzeitig wurden Kompetenzen, die auf Lernprozesse in einer beruflichen Tätigkeit oder einem früheren Ehrenamt zurückverweisen, sowie das „learning on the job" in der aktuellen Tätigkeit als zentral eingeschätzt.

Frauen in Leitungspositionen

Auf den ersten Blick lassen sich keine signifikanten Unterschiede zwischen dem weiblichen und männlichen Führungspersonal in gemeinnützigen Organisationen feststellen. Ein hohes Bildungsniveau und ein Elternhaus, in dem bürgerschaftliches Engagement zum Alltag gehört, sowie eine lange Engagementbiographie zeichnen auch die weiblichen Führungskräfte im Dritten Sektor aus. Deutliche Unterschiede zwischen männlichen und weiblichen Führungskräften – und zwar sowohl im Haupt- als auch im Ehrenamt – zeigen sich jedoch in Hinblick auf die familiäre Situation. Weibliche Führungskräfte im Dritten Sektor sind häufiger als ihre männlichen Kollegen geschieden und kinderlos. Von den an der Befragung beteiligten Führungspersonen waren 73,3 % der Männer verheiratet oder in fester Partnerschaft lebend, dagegen aber nur 60,9 % der Frauen. Jede Dritte der befragten weiblichen Führungskräfte war kinderlos, bei den Männern traf dies in geringerem Umfang (26,8 %) zu. Schließlich übernehmen die weiblichen Führungskräfte mit Kindern weitaus öfter die Hauptzuständigkeit für die Kinderbetreuung im Vorschulalter.

Wie überall, so zeigt sich auch im Dritten Sektor, dass der Weg in die Leitungstätigkeit für Frauen nicht einfach ist. In der Regel übernehmen Frauen später als Männer verantwortungsvolle Positionen, sowohl im Haupt- als auch im Ehrenamt. Viel seltener als ihre männlichen Kollegen neigen Frauen zu Ämterhäufung und damit zu „Lokalmatadorentum". Auch zeigen die Ergebnisse der Befragung, dass Frauen sich ganz bewusst für die Übernahme einer Leitungstätigkeit entscheiden.

Seltener als ihre männlichen Kollegen verbinden die weiblichen Führungskräfte mit ihrer verantwortungsvollen Tätigkeit das Gefühl, Abstriche in ande-

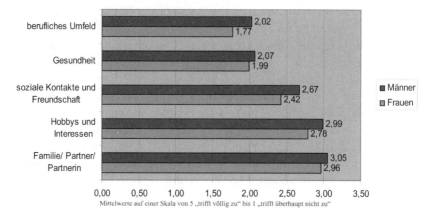

Abbildung 3: „Mussten Sie in den folgenden Bereichen Abstriche machen, um dorthin zu kommen, wo Sie heute sind?" Quelle: Bürgerschaftliches Engagement & Management (2006).

ren Lebensbereichen wie etwa der Familie, der Hobbytätigkeit oder hinsichtlich sozialer Kontakte hinnehmen zu müssen oder zwecks Erreichung der Führungsposition hingenommen zu haben. Insofern gehört „Jammern" bei dem weiblichen Führungspersonal von Dritte-Sektor-Organisationen – im Gegensatz zu ihren männlichen Kollegen – nicht zum Alltag.

Arbeitsbedingungen und Kooperation zwischen Haupt- und Ehrenamtlichen

Einmal angekommen im Arbeitsalltag einer Dritte-Sektor-Organisation will die Mehrheit der Führungskräfte, und zwar Frauen wie Männer, nicht mehr zurück in den Bereich Markt oder Staat. Obgleich die Verdienstmöglichkeiten bei gemeinnützigen Organisationen im Vergleich zu Unternehmen oder auch staatlichen Einrichtungen eher begrenzt eingeschätzt werden, fühlen sich die Hauptamtlichen in ihren Positionen zu Hause.

Wenn ein Wechsel angestrebt wird, dann im Kontext der eigenen Organisation oder aber zu einer anderen Dritte-Sektor-Organisation. Die Mehrheit der befragten hauptamtlich Tätigen äußerte sich zufrieden über die Arbeitssituation, obgleich es sich im Dritten Sektor nicht um einen einfachen Arbeitsalltag handelt. Auch hier sind Stress, Arbeitsüberlastung und Termindruck an der Tagesordnung. Wichtig war den Befragten jedoch, dass sie einer sinnvollen Tätigkeit nachgehen, die in hohem Maße mit ihren individuellen Zielsetzungen und Wünschen übereinstimmt. Gemäß den Ergebnissen dieser Befragung handelt es sich bei hauptamtlichen Leitungstätigkeiten im Dritten Sektor auch

Zukunftsoptionen	
	%
Verbleib in derselben Position und Tätigkeit	74,1
Wechsel in eine andere gemeinnützige Organisation	23,3
Wechsel in eine höhere Position/anderen Tätigkeitsbereich	22,3
Wechsel in den öffentlichen Dienst	8,1
Wechsel in ein Unternehmen der Privatwirtschaft	5,8
Ausscheiden aus dem Berufsleben	5,6

Abbildung 4: Die berufliche Zukunft aus Sicht der hauptamtlichen Führungskräfte, in Prozent bei Mehrfachnennungen möglich. Quelle: Bürgerschaftliches Engagement & Management (2006).

nicht um prekäre Beschäftigungsverhältnisse: Die überwiegende Mehrheit der Befragten arbeitet in unbefristeten Arbeitsverhältnissen (85,5 %) mit nach eigener Einschätzung nicht übermäßiger, aber durchaus ordentlicher Bezahlung.

Interessant, und sicherlich so nicht erwartet, war die positive Einschätzung der Zusammenarbeit von haupt- und ehrenamtlichen Führungskräften auf der Leitungsebene. Das semi-professionelle Modell der Organisationssteuerung hat offensichtlich durchaus Vorteile gegenüber einer Vollprofessionalisierung. So werden von den ehrenamtlichen Leitungskräften Erfahrungen und Kompetenzen eingebracht, die ansonsten der Organisation nicht zur Verfügung stehen würden. Auch ist den ehrenamtlichen Führungskräften die „Bodenhaftung" der Organisation, ihre Einbindung in das soziale Umfeld besonders wichtig, während die hauptamtlichen Führungskräfte vor allem darauf achten, dass „die Kasse stimmt" und die Organisation auf Kurs gehalten wird. Allerdings sehen die Hauptamtlichen ihre ehrenamtlichen Kollegen und Kolleginnen deutlich kritischer als umgekehrt.

Informationsdefizite und gering ausgeprägte Problemwahrnehmungen der ehrenamtlichen Leitungskräfte wurden im Kontext der Befragung von Seiten der Hauptamtlichen deutlich häufiger geäußert. Entsprechendes gilt für die Beurteilung von Sachfragen sowie in Hinblick auf die organisationsinterne Kommunikation. Im Ergebnis lässt sich festhalten, dass die hauptamtlichen Führungskräfte Effizienz und Effektivität ihrer Organisation ins Zentrum stellen, während zivilgesellschaftliche und vorrangig gemeinschaftsorientierte Aspekte des Organisationsalltags einen höheren Stellenwert bei den Ehrenamtlichen genießen.

So ist es auch nicht verwunderlich, dass sich klare Unterschiede bei Haupt- und Ehrenamtlichen in Hinblick auf die Sicht auf ihre eigene Organisation aus-

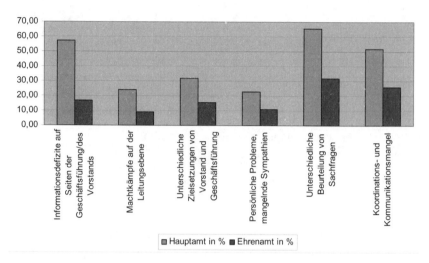

Abbildung 5: Problemursachen bei der Zusammenarbeit zwischen Haupt- und Ehrenamtlichen, Nennungen in %. Quelle: Bürgerschaftliches Engagement & Management (2006).

machen lassen. Im Fokus der Berufstätigen dominieren die harten Geschäftsbereiche, konkret die Dienstleistungserstellung sowie die Interessenvertretung. Für die Ehrenamtlichen sind dagegen die eher „weichen" Standortfaktoren – wie etwa Organisationsklima und -kultur sowie der gute Kontakt zur Basis vor Ort – wichtig. Insofern unterscheiden sich Haupt- und Ehrenamtliche auch hinsichtlich der Problemdefinition in ihren Organisationen.

Die Erschließung neuer Finanzquelle, die zunehmende Bürokratisierung sowie der wachsende Konkurrenzdruck sind für die Hauptamtlichen die Problemfelder Nummer eins der Zukunft. Ganz anders die Ehrenamtlichen, die sich um die Zukunft des bürgerschaftlichen Engagements sorgen und insbesondere die Rekrutierung ehrenamtlichen Führungspersonals als problematisch erachten. Einig sind sich Haupt- wie Ehrenamtliche, weibliche wie männliche Führungskräfte im Dritten Sektor hinsichtlich des Bedarfs an Weiterbildung und professioneller Qualifizierung. Ganz oben auf der Liste stehen hier Öffentlichkeitsarbeit, Projektmanagement sowie Weiterbildungen im Aufgabengebiet der eigenen Organisation.

Fazit

Dank des Projektes „Bürgerschaftliches Engagement und Management" können erstmals die Organisationseliten des Dritten Sektors näher charakterisiert

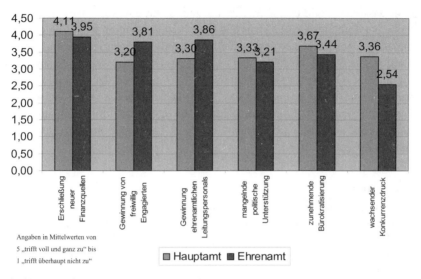

Angaben in Mittelwerten von
5 „trifft voll und ganz zu" bis
1 „trifft überhaupt nicht zu"

□ Hauptamt ■ Ehrenamt

Abbildung 6: Zukunftsprobleme der eigenen Organisation aus Sicht der Haupt- und Ehrenamtlichen. Quelle: Bürgerschaftliches Engagement & Management (2006).

werden. So verfügen Führungskräfte in Dritte-Sektor-Organisationen zweifellos über ein spezifisches Profil. Bereits die Rekrutierungswege des Leitungspersonals weisen im Vergleich zum Managementpersonal von Unternehmen Besonderheiten auf. Zurückliegende ehrenamtliche Führungstätigkeiten und eine moralische sowie gesellschaftspolitische Leistungsmotivation deuten auf eine klare Orientierung zur Mitarbeit in einer gemeinnützigen Organisation hin. Es zählen das Moment der Gemeinschaft und die Wertschätzung von sozialen Zusammenhängen. Diese Wertschätzung wird meist bereits im Elternhaus erfahren. Verstärkt wird dieser Erfahrungshorizont durch eine frühzeitig begonnene und meist kontinuierliche Biographie des bürgerschaftlichen Engagements in unterschiedlichen Arbeitsbereichen des Dritten Sektors. Doch die Ergebnisse der Befragung zeigen auch, dass der gemeinnützige Bereich sich im Hinblick auf die Akzeptanz von Frauen in Führungspositionen nicht von Markt und Staat unterscheidet. Auch im Dritten Sektor, der mehrheitlich von Frauenerwerbstätigkeit geprägt ist, müssen sich Frauen ganz bewusst für die Übernahme einer Leitungstätigkeit entscheiden, wenn sie es schaffen wollen. Sie verzichten auch hier häufig auf Partnerschaft und Kinder, um in die verantwortungsvolle Position zu gelangen. Dies empfinden sie subjektiv nicht als Verlust oder Einbuße an Lebensqualität, obgleich diesbezüglich kaum Zweifel bestehen können. Ferner wird auf der Basis der Ergebnisse auch deut-

lich, dass eine Vollprofessionalisierung und damit ein Abdrängen des ehrenamtlichen Leitungspersonals aus den Entscheidungszentren von Dritte-Sektor-
Organisationen nicht gewünscht wird. Vielmehr kommen Haupt- und Ehrenamtliche als „gemischtes Duo" auf der Leitungsebene der Organisationen ganz
gut zurecht. Gleichzeitig dokumentieren die Antworten der Hauptamtlichen,
dass man sich keine ehrenamtlichen „Frühstücksdirektoren" wünscht, sondern
kompetente und gut informierte Partner, die sich nicht in alle Kleinigkeiten
einmischen, aber die „große Linie" im Blick haben und insofern über Füh-
rungsqualitäten verfügen.

Literatur

Beher, K./Krimmer, H./Rauschenbach, Th./Zimmer, A. (2006): Führungskräfte in ge-
    meinnützigen Organisationen (Broschüre). Münster. URL:http://www.bmfsfj.de/
    Kategorien/Forschungsnetz/forschungsberichte,did=76022.html
Zimmer, A./Priller, E. (2004): Gemeinnützige Organisationen im gesellschaftlichen
    Wandel. Wiesbaden.

Das soziale Managen oder Managen des Sozialen – Zur Diskussion über soziale Dienste in der EU und die Herausforderung an die sozialen Professionen

Peter Herrmann

Vorbemerkung

Beim Schreiben eines Artikels für eine Festschrift mag man sich zwischen zwei Wegen entscheiden: Festlichkeit oder Lebendigkeit, den Blick zurück richten auf Geleistetes oder aber den Blick nach vorn richten: Wie im „wirklichen Leben" versuchen, in einem unwegsamen Gelände einen Weg zu finden.

Den zweiten Schritt zu wählen mag dabei auch bedeuten, nicht so sehr mechanisch von eingefahrenen wissenschaftlichen Standards auszugehen, anzustreben, diese zu erfüllen, sondern eher diese als allgemeinen Bezugspunkt zu nehmen, um sie neuen Fragestellungen entsprechend anzuwenden.

Bei der Suche nach einem geeigneten Thema für einen Beitrag für diese Festschrift war ein wichtiger Bezugspunkt in der Diskussion um Sozialmanagement, wenngleich vielfach nicht unbedingt ausgesprochen, die europäische Diskussion um die Dienstleistungen des Allgemeininteresses. Der Teufel steckt hier wie üblich im Detail – dabei sollte nicht übersehen werden, dass es zumindest aus der Sicht der sozialen Professionen nicht vornehmlich um juristische Haarspalterei ging. Vielmehr stand hinter diesen Fragen immer die politische Fragestellung, die im EU-Jargon dann ausgedrückt wurde in der Unterscheidung zwischen „allgemeinem Interesse" und „allgemeinem wirtschaftlichen Interesse". Der Hinweis auf dieses Detail aber lenkt gerade die Aufmerksamkeit ab von dem eigentlichen Detail. Dieses besteht darin, dass diese Unterscheidung keinen Sinn macht. Sie macht keinen Sinn, wenn man erkennen muss, dass im Grunde durch die Definitionen und Gesetzgebungen (es gilt hier vor allem die Gesetzgebung durch die Interpretation des Europäischen Gerichtshofes) die Unterscheidung hinfällig ist: Sofern eben alles Handeln als letztlich wirtschaftlich bestimmt ist, ist die Unterscheidung zwischen wirtschaftlich und nicht-wirtschaftlich hinfällig. Und so wurde auch in der Diskussion von Seiten der Anbieter von Sozialdiensten aus dem Nichtregierungs- und Nichtprofitbereich auf genau diesen Punkt fokussiert: Die Unterscheidung sei nicht gerechtfertigt, da eben die angebotenen Dienste „nicht-wirtschaftlichen Charakters" seien. Auch wenn bestimmte wirtschaftlich-relevante Aspekte Teil der Dienstleistungserbringung seien, so sei dies eben doch keineswegs mit einer wirtschaftlichen Dienstleistung zu verwechseln. Dies genauer zu betrachten bedeutet, dass schnell der tatsächliche Kern zutage tritt. So wichtig die Unterscheidung zwischen Dienstleistungen mit wirtschaftlichem und nicht-wirtschaftlichem Charakter in der tagespolitischen Diskussion ist, so sind doch in der wissenschaftlichen Diskussion zwei andere Dimensionen von größerer Bedeutung. Erstens handelt es sich um die Unterscheidung zwischen Dienstleistungen und Dienstleistungserbringung; zweitens handelt es sich um die Bestimmung dessen, was denn nun als Allgemeininteresse verstanden werden soll.

Dienstleistung und Dienstleistungserbringung

Es wird immer wieder auf diese Unterscheidung hingewiesen – die üblichen Begriffe sind Status und Prozessanalyse, *input-output*-Messung etc... Es bleibt aber doch zu fragen, ob dies ausreicht, denn eine solche Unterscheidung zielt eher auf traditionelle Management-Fragen und mündet dann logischerweise auch in der Orientierung eines sozialen Managements: Die Dienstleistung selbst ist gleichsam beliebig – ob es eine Sozialdienstleistung ist oder eine kaufmännische Dienstleistung oder eine technische. Es spielt im Wesentlichen keine Rolle, denn das Entscheidende ist, wie die Dienstleistung erbracht wird. Nun soll natürlich nicht geleugnet werden, dass es einen Unterschied macht, wie etwas erbracht wird. Und ebenso wenig soll unterschlagen werden, dass es in allen Bereichen wichtig ist, bestimmte Standards einzuhalten, die auch bei der Erbringung selbst gewisse „soziale Aspekte" berücksichtigen. Zu fragen bleibt aber, was denn eigentlich tatsächlich bestimmte Dienstleistungen zu sozialen Dienstleistungen macht. Eine nahe liegende Antwort ist schlicht: Es handelt sich um solche, die in einem bestimmten Bereich erbracht werden, eben jenem, den wir landläufig als Sozialbereich bezeichnen. Allerdings – und dies ist auch ein immer wieder vorgebrachtes Argument in der EU-Debatte – ist es keineswegs klar gegeben, was nun diesen Bereich ausmacht.
– Es scheint einerseits eine eher willkürliche Entscheidung zu sein, was wichtiger ist: Es scheint, dass es keine tatsächlichen Kriterien für eine solche Zuordnung gibt. So bleibt es damit auch in den aktuellen Auseinandersetzung-

zungen den Mitgliedsstaaten überlassen, welche Leistungen sie als Leistungen des Allgemeininteresses ansehen und welche nicht.

– Andererseits wird indirekt Bezug genommen auf das Konzept des *developmental (welfare) state,* ein Konzept, wie es eigentlich im Zusammenhang mit der Diskussion um die sogenannten Entwicklungsländer eingeführt wurde. Ein Kernmoment dieses Konzepts ist eben die produktive Rolle, die Sozialpolitik zu spielen habe.

Nun ließe sich an dem letztgenannten Punkt eine weit reichende Diskussion anknüpfen, nicht zuletzt ist ja damit auch in der einen oder anderen Form besagt, dass sich die EU in gewisser Hinsicht mit ihrer Sozialpolitik in den Stand eines „Entwicklungslandes" stellt – weit reichende Implikationen ließen sich diskutieren. Allemal steht aber hiermit im Zusammenhang, dass der Sozialbereich nicht nur in einem Nachrangigkeitsverhältnis steht, sondern mehr noch in ein Bestimmungsverhältnis zum Wirtschaftsbereich gestellt wird.

Zunächst: Dies widerspricht nun dem Anspruch der EU-Politik selbst. In der immer noch als Referenz dienenden „Sozialpolitischen Agenda" aus dem Jahre 2000 wird der Sozialpolitik zumindest noch ein eigenständiger Bereich zugesprochen: Dieser Bereich sei für die Produktion von Sozialer Qualität und Sozialem Zusammenhalt zuständig. Was dies ist, wird nicht wirklich ausgeführt, aber es ist etwas, was von den anderen Hauptbereichen – der Wirtschaftspolitik einerseits, der Beschäftigungspolitik andererseits – nicht abgedeckt wird. Zwar besteht in dieser Sicht kein Widerspruch, aber doch ein notwendiges Komplementärverhältnis – und Komplementarität schließt Selbstständigkeit zumindest zum Teil ein.[1] Die Zuweisung einer produktiven Rolle zur Sozialpolitik taucht schon seit langem auf und ist selbst in der genannten Agenda zu finden. Aber je mehr diese Produktivitätsfunktion betont wird, desto unsozialer wird Sozialpolitik, nicht nur im Sinn von Einzelmaßnahmen, sondern von der Gesamtanlage her. Später wird hierauf unter dem Stichwort der Produktion des Sozialen zurückzukommen sein.

Allgemeininteresse oder allgemeines Interesse

Nicht weniger bedeutsam ist, dass das, was als Bestimmungsverhältnis zum Wirtschaftsbereich genannt wurde, weit reichende Konsequenzen hat, die die

---

[1]   Durch die spätere Aufnahme von Nachhaltigkeit in diesen Katalog hat sich im Grundsatz nichts geändert.

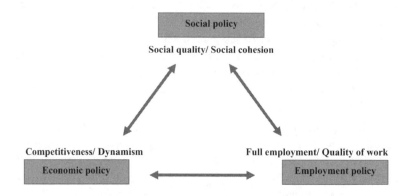

The policy mixes to be established to create a virtuous circle of economic and social progress should reflect the interdependence of these policies and aim to maximise their mutual positive reinforcement.

Abbildung 1: Die policy-triangle der Europäischen Kommission. Quelle: Commission of the European Communities (2000: 6).

Grundsätze nicht nur der Sozialpolitik, sondern auch der Gesellschaftspolitik betreffen. [2]

Der moderne Staat, wie er aus der Aufklärung heraus entstanden ist, hatte immer wieder Probleme mit der Bestimmung seiner selbst, der Bestimmung seines *demos*, der Bevölkerung als Bürger *(citoyen* und *bourgeois)* und der Bestimmung des Verhältnisses zwischen beiden. Einerseits wurde nie wirklich behauptet, der Staat sei „Gesamtrepräsentant"; wohl aber fanden und finden sich immer wieder unterschiedliche Interpretationen. Als Pole lassen sich vielleicht am ehesten die beiden folgenden als besonders relevant für die sozialpolitische Diskussion aufzeigen.

Zum einen wird von einem gewissen Gegensatz ausgegangen: Der Staat als wie auch immer geartete Herrschaftsinstanz steht auf der einen Seite, der einzelne Bürger steht auf der anderen Seite und es bedarf der Vermittlungsprozesse. Was diese Herrschaftsinstanz ausmacht, ist durchaus verschieden definiert. Etwa sind es bestimmte mächtige Interessen, die dort angesiedelt sind; oder es werden die Staatsinteressen selbst gesehen: Die sich verselbstständigende, technische Macht eines Apparates wird dann als entscheidend genannt. In dieser Debatte spielen Fragen der Gewaltenteilung, des Rechtsstaates und auch

---

[2]   Hier sei dahingestellt, ob eine solche Unterscheidung letztlich sinnvoll bzw. überhaupt möglich ist.

der Bürokratietheorien und entsprechender Kolonialisierungsthesen sowie der Legitimation durch Verfahren eine wichtige Rolle.

Ist dies ein Argumentationsgang, so besteht ein anderer darin, dass der Staat ein abstraktes Allgemeininteresse verkörpere. Vor allem sind es die allgemein bekannten Vertragstheorien, die hier relevant sind: Namen wie Hobbes, Locke, Rousseau kommen sofort in den Sinn. Nicht vergessen sollte man aber auch etwa Adam Smith, denn gerade er macht deutlich, dass gerade die Welt der nun entstehenden bürgerlichen Staatsgesellschaft ein Widerspruch in sich selbst ist: Es ist eine Gesellschaft durch Individuen, die sich schwer tut mit der aristotelischen Ambition eines Gesellschaftswesens. Bewahrt bleiben nur gemeinsames Interesse im Sinnes eines kleinsten gemeinsamen Nenners und Sicherung des Überlebens. Selbstlosigkeit, wenn sie denn im modernen Staat überhaupt noch eine Rolle spielt, wird in den Bereich einer zweifelhaften Moralphilosophie verbannt. Die Hegel'sche Staatsphilosophie mit der Ambition, die absolute Idee gleichsam in die Säkularität zu transportieren, mag dabei eine Art Klammer für beide Diskussionsrichtungen bieten.

Nun sind mit all diesen Traditionen folgende beide wichtige Aspekte verbunden:

Erstens, die Moderne bedeutet eben nicht zuletzt – zumindest in der heutigen Interpretation des Gedankengutes der Aufklärung – dass der *bourgeois* den Weg bestimmt. Durch die zwanghaft „materialistische" Orientierung hat er dem *citoyen* nie erlaubt, sich aus den Fesseln des Idealismus zu befreien. Aber dadurch, dass der *citoyen* diesen Profan-Materialismus uminterpretiert hat und ihm die Würde formaler Reinheit und Legimitation gegeben hat, erlaubt er dem *bourgeois* eben unbegrenzte Herrschaft. Es bleibt nicht viel. Wenn überhaupt, so ist es das Soziale als Moral, in dem das naturrechtlich als gut Definierte weitertransportiert wird. Es gipfelt so oder so in einem unsäglichen methodologischen Individualismus, dessen Appell – als Appell an Anteilnahme, Förderung, Forderung usw. – verlockend sein mag; nur als praktischer Appell für Sozialpolitik fällt er dann doch auf aristotelisch-konfuzianisches Denken zurück: Jeder beginne bei sich selbst, ziehe Kreise des Wohlseins und Wohlwollens um sich, und durch die gelebte Güte werde das Leben gütig, und das heißt gut und das meint sozial. Der Egoismus des Wirtschaftssubjekts und des politischen Subjektes fallen zusammen, bilden das Allgemeinwohl, ohne zu merken, dass es das Wohl von Individuen ist.

Zweitens, das Soziale wird in der einen oder anderen Form „veräußerlicht" – als formaler und damit auch in gewisser Hinsicht neutraler „Apparat" oder als eine abstrakte Idee – in jedem Falle ist es etwas, was den Individuen gegenübersteht. Es ist der individualisierte „Kunde", der nicht nur über den

Preis bestimmt, wie das Soziale denn nun beschaffen sein soll. Wichtiger ist, dass auf diesem Wege auch bestimmt wird, was das Soziale denn überhaupt ist. Das Paradox aber ist, dass auf diesem Umweg tatsächlich das Allgemeininteresse zu nichts anderem als einem verallgemeinerten Individualinteresse wird.

Soziale Demokratie oder Demokratie des Sozialen?

Bevor dies ein wenig mehr mit Blick auf die Sozialdienstleistungen behandelt wird, sei zunächst die politische Konsequenz kurz angesprochen, denn soziale Dienste, was auch immer diese denn konkret sind, stehen in einem ganz wesentlichen Zusammenhang mit Demokratie. Die Re-Definition des Allgemeininteresses als einem verallgemeinerten Individualinteresse bedeutet auch die Individualisierung von Rechten. Dies zeigt sich formal schon an den tatsächlichen Demokratisierungsprozessen zumindest innerhalb der EU: *governance* sowie „Plan D" für Demokratie, Dialog und Debatte mögen als Stichworte hinreichen. Allerdings ist Aufmerksamkeit geboten, denn hier handelt es sich keineswegs um einen ähnlichen Prozess, wie er von der Gleichstellungspolitik bekannt ist. Dort bedeutet Individualisierung von Sozialleistungen ja, dass tatsächliche Sozialleistungen jedem Individuum zugute kommen, damit das Individuum tatsächlich Teil des Sozialen werden lassen und diesem Individuum ermöglichen, das Soziale sich anzueignen – zumindest sind individualisierte Sozialleistungen ein Beitrag dazu. Die neuen Demokratieformen bedeuten aber zumindest die Gefahr (wenn nicht gar eine Erzwingung) der Re-Definition von Einfluss- und Entscheidungsprozessen. Die Offenheit und Entformalisierung führt zumindest unter den heutigen Bedingungen zu einer erneuten Schließung: Zugang erfolgt nicht mehr über Gleichheitsrechte, sondern über Interessen, deren Legitimation oftmals trügerisch ist.

Und von hier, von den in unkontrollierbarer Weise anerkannten Interessen geht es zurück zum verallgemeinerten Individualinteresse. Demokratische Prozesse werden zum Marktplatz, *demos* wird verstanden als Ansammlung von Stakeholdern; die klassischen Kriterien des *demos* – namentlich Sozialrechte, Vertrauen, öffentliche Verantwortung, öffentliches Aushandeln, Solidarität – werden ersetzt durch Stakeholder–Kriterien: Vertragsrechte, Misstrauen, Selbstverantwortung, private Vorteile, Wettbewerb. Ehrlicher ist es da wohl, von einer Re-Feudalisierung anstatt von Demokratisierung zu sprechen.

Die damit im Zusammenhang stehende Änderung des Verständnisses von Sozialdienstleistungen des Allgemeininteresses als verallgemeinerte individuelle Tauschleistungen hat nun tatsächlich auch besondere Auswirkungen auf die Definition des Rechtscharakters der Leistungen: Nicht mehr Sozialrecht, sondern Anspruch auf Gleichheit der Akteure im Rahmen eines Tauschprozesses steht in Frage.

Und tatsächlich ist es ja auch so, dass *tatsächliche* Sozialdienstleistungen heute nach Trägern suchen: Alles was nicht (ver-)kaufbar ist, sucht nach Trägern. Und diese offenbaren einen weiteren Schritt der Re-Feudalisierung: Tatsächliche Sozialdienste werden wieder abhängig von Wohlwollen. Wer die staatliche Kontrolle der produktivitätsorientierten Sozialdisziplinierung aus irgendeinem Grunde nicht passiert, hat als Hoffnung vielleicht die Solidarität jener, die tatsächlich im gleichen Boot sitzen. Sie aber, anstatt von der Welle, die alle Boote vermeintlich in eine bessere Welt hebt, gehen eher im Strudel wachsender Ungleichheit unter. Der andere Ausweg: Mildtätigkeit – sicher wertvoll, aber der Makel, der eigentlich an der Teil-Überflussgesellschaft und ihren Profiteuren haften sollte, rot(ar)iert nach unten, verklebt dann zusätzlich noch die Rechtlosigkeit.

Dies spielt nun auch eine Rolle im Zusammenhang mit dem oben angesprochenen Konzept des *developmental (welfare) state*. Weit entfernt davon zu behaupten, dass in Korea oder Taiwan tatsächlich fundamental-demokratische Systeme mit weit ausgebauten Sozialrechten bestehen, so ist doch auffällig und warnend, dass es dort mit dem langsamen und widersprüchlichen Demokratisierungsprozess zu einem tendenziellen Ausbau der Sozialsysteme kommt, während umgekehrt Sozialabbau und Demokratieabbau in den EU-Staaten Hand in Hand gehen – denn im vorher entwickelten Licht wird die angekündigte Offenheit und Entformalisierung zu einer neuen Geschlossenheit und tatsächlichen Deformierung der Gesellschaft.

Die Speziellen Interessen

Vieles von dem wird in Brüssel immer wieder unter den Tisch gekehrt. Schlimmer noch: „Professionell" tritt man auf der politischen Bühne auf und versucht … nein, nicht das Soziale in den Mittelpunkt zu stellen, sondern das Handeln ein wenig sozialer zu gestalten. Dabei kommt vielen Jungprofessionellen – Funktionäre, die ganz dem Muster der „wertfreien Interessenvertretung" des US-amerikanischen Lobbyings folgen und die zugleich strikt behaupten, sie seien keine Lobbyisten – die Re-Interpretation von Demokratie als Stakeholder–Demokratie sehr entgegen, ohne dass sie merken, dass damit Sozialrechte und politische Rechte zugleich abgebaut werden. Guten Willens, wie sie sind, übersehen einige der Funktionäre der EU-NGOs, wie sie nicht nur in den Politik-Apparat einbezogen werden, sondern zugleich von dessen politischen Argumentationsfiguren aufgesogen werden. Das Problem ist nicht so sehr, dass der themenbestimmenden Rolle der Institutionen *(agenda-setting)* oftmals zu schnell nachgegeben wird.

– Was definitiv zum Verhängnis jedweder eigenständiger Politik wird, ist die Sprachlosigkeit, die viele sich haben aufzwingen lassen. Ein Musterbeispiel dafür ist die Diskussion um die Lissabonner Strategie und die sozialpolitische Agenda. Tatsächlich wird anerkannt, dass es dort um eine Balance geht, was jeder wissenschaftlichen und politischen Analyse widerspricht, so sie denn Anspruch auf etwas Weitsichtigkeit erhebt. Aber damit nicht genug. Im Rahmen der Evaluierung der Strategie wurde von regierungspolitischer Seite eine „Reformulierung" gefordert: Es sollte ganz eindeutig die wirtschaftspolitische, genauer wettbewerbspolitische Orientierung IN DEN MITTEL-PUNKT gerückt werden. Der Autor dieses Beitrages forderte bei einer Diskussion zur Evaluierung der Strategie durch die Platform of European Social NGOs, dass es in der Tat um eine Reformulierung gehen müsse – in der gegenwärtigen Formulierung des Lissabonner Zieles von 2000 und der Sozialpolitischen Agenda gebe es ein strukturelles Ungleichgewicht, da ein Fokus indirekt tatsächlich bestehe und Wettbewerbsfähigkeit strukturell bereits im Mittelpunkt stehe. Der Gedanke wurde verworfen: Man könne nicht von Reformulierung sprechen, da man damit den politisch herrschenden Kräften nachrede. Ähnliche Probleme der Sprachlosigkeit ergeben sich immer wieder: Aktivierung, Empowerment, Corporate Social Responsibility, Governance, Streamlining, Mainstreaming. Viele Begriffe werden entweder schlicht dem politischen Gegner überlassen oder aber sie werden kritiklos übernommen. In jedem Falle kommt es zu einem Teilverlust der eigenen Sprache. Denn ...

– akzeptiert man einmal die Rolle eines Stakeholders,verstrickt man sich leicht in einen Widerspruch: Hört man Vertretern verschiedener Organisationen zu, so sind sie eben beides: Vertreter von Gruppen mit ganz spezifischen Interessen und zugleich Vertreter des Allgemeininteresses. Die Probleme, die damit in Zusammenhang stehen, finden sich auf zwei Ebenen:

– Es wird deutlich, dass die Rede von einem Allgemeininteresse auch von dieser Seite problematisch ist. Wenn man überhaupt von einem Allgemeininteresse sprechen könnte, so ist doch dieser Begriff nicht in irgendeiner brauchbaren Weise geklärt – später werden in *Abbildung 2* einige Begriffe aufgelistet, die in der einen oder anderen Weise mit bedacht werden müssen. Es ergibt sich aus einer solchen Diskussion und Begriffsbestimmung, in welchem Sinne genau Demokratie denn nun bestimmt werden soll. Die gegenwärtigen Beiträge unter den genannten Stichworten

zeigen eben zu deutlich, dass bei formaler Unbestimmtheit von Demokratie – Offenheit und Einbeziehung nicht-formaler Faktoren von *governance* etc. – die Anwendung von eben doch geltenden formalen Kriterien
in das Gegenteil umschlägt. Stakeholder ist tendenziell jeder und damit
gelten wieder die alten Gesetze der Definitionsmacht. Aber wer mehr und
wer weniger *stakes* (=Anteile) in einer Sache hat, wird in der Marktge-
sellschaft über den Markt bestimmt. Demokratie ist dann aber eben nur
für Marktbürger gegeben. Es ist dringlich genug, um wiederholt zu werden: Die Verbindung, die zwischen *demos* und Sozialrechten, Vertrauen,
öffentlicher Verantwortung, öffentlicher Aushandlung und Solidarität besteht, wird durch Stakeholder-Kriterien ersetzt: Vertragsrechte, Misstrau-
en, Selbstverantwortung, private Vorteile und Wettbewerb.

– Zum anderen ist – mit spezifischem Blick auf Sozialleistungen, Sozialdienste und sogar allgemein Sozialpolitik – nicht weniger wichtig zu klären, wie denn die Vertretung und Verwirklichung bestimmter tatsächli-
  cher Individual- und Partikularinteressen eben nur daran erinnert, dass es
  nur darum geht, in der Tat bestehender gesellschaftlicher Verantwortung
  auch wirklich gerecht zu werden. Die EU-Debatte und ebenso die nationalen Debatten zu sozialen Diensten vergessen immer wieder, dass wir es
  mit einem Vergesellschaftungsprozess zu tun haben. Soziale Dienste sind
  nicht Mitleidsdienste und sie sind auch nicht einfach Leistungen zur Stärkung der Produktivität, wie im von der und für die EU wohl mittlerweile
  anerkannten *developmental welfare state*. Vielmehr geht es bei der Entwicklung tatsächlich darum, dass die tatsächliche Vergesellschaftung der
  Produktion begleitet wird von einer Vergesellschaftung des Lebens. Norbert Elias hat hierauf schon vor Jahrzehnten hingewiesen, Teile der sich
  eher als neue soziale Bewegungen und Interessenvertreter verstehenden
  Jungprofessionellen halten es dagegen eher mit dem alten Weber'schen
  stahlharten Gehäuse, denken aber, es sei aus Glas – und da wirft man
  eben nicht mit Steinen.

– Weiße Schimmel werfen Fragen auf: Handelt es sich dabei um besonders
  weiße Exemplare oder ist es nur ein Schreibfehler und gemeint waren eigentlich weise Schimmel? Von Weisheit kann nun mit Blick auf das oftmals zu findende Diktum von privaten Sozialdienstleistungen kaum die Rede sein – und dies gilt auch für die Selbstdarstellung der „privaten Träger
  von Sozialdiensten". Insofern waren allerdings die jüngeren Debatten eher
  positiv. Denn klargestellt wurde, dass Soziale Dienste eben nicht Privatsache
  sind und auch nicht privat erbracht werden. In einem von der Eurodiakonie
  getragenen Projekt lautete denn die Definition auch:

„Es handelt sich um jene Aktivität, die ausgeführt wird,
– um das Wohlbefinden des Individuums zu fördern;
– auf den Menschen- und Sozialrechten aufbaut;
– zum Zusammenhalt der Gemeinschaft und Gesellschaft beiträgt;
– und zugleich die betreffenden Individuen zum Handeln ermächtigt.
Damit sind es Aktivitäten,
– die personenorientiert und gleichzeitig auf den sozialen Zusammenhang gerichtet sind;
– die dienenden Charakter haben und zugleich Teil des individuellen und
sozialen Lebens sind;
– die auf das Allgemeininteresse und ebenso die persönliche Entwicklung gerichtet sind" (Herrmann o. J.).
– Bei diesem Projekt wurde zumeist positiv deutlich, was in der politischen
Praxis oftmals negativ aufstößt. Das Stichwort lautet schlicht: Nationale Interessen – oder muss man gar Nationalismus sagen? Freilich geht es bei
dem Angebot von Sozialdiensten eben immer auch um nationale und gar
auch kommunale/gemeindliche Bedingungen – schließlich sind es als Sozialdienste Leistungen, die aus einem bestimmten sozialen Kontext heraus
erwachsen und in diesen hinein geliefert werden. Und im Rahmen des Projektes wurde herausgearbeitet, dass eben auch die kleinräumige Orientierung weitere Interessenzusammenhänge, Rechte und Standards berücksichtigen muss. Bedenklich wird aber nun, wenn in politischer Hinsicht oftmals versucht wird, jeweilige nationale Sozial(leistungs)modelle als Allge-
meingut zu verkaufen. Es ist jedenfalls erstaunlich, in welchem Ausmaß in
EU-Diskussionen nationale Muster und Vorbilder vorgebracht werden, auch
national-personalpolitisch Schlüsselpositionen besetzt werden etc... Auffällig ist zugleich, dass tatsächliche nationale Erfahrungen eher ausgeblen-
det bleiben. Denn Politik wird heute – und teils berechtigter Weise – eben
von Politikern gemacht: Von Professionellen im Bereich des *policy-making,*
vielleicht noch im Bereich der Sozialdienstleistungserbringung. Aber professionell bewegt man sich manchmal eher langsam – es fehlt der Druck
und die Bewegung besteht eher in langsam ablaufenden Koordinierungspro-
zessen und Verwaltungsprozessen. Wenn es nichts Schlimmeres ist, so ist es
zumindest ein Dilemma – teils erkannt, aber nur wenig in der Praxis wirklich berücksichtigt. Ein Dilemma ist es, da Demokratie und Vertrauen zu-
sammengehören, professionelle Abgehobenheit und Machtorientierung aber
gerade deren Entwicklung unterminieren.

Nimmt man nun die beiden kurz besprochenen Interessenbereiche – das
Allgemeininteresse und die Partikularinteressen – zusammen, so lassen sich

zwei Felder mit Begriffen benennen, die für jegliche weitere Diskussion von großer Bedeutung sind. Die folgende Matrix ist durchaus ergänzungsbedürftig, weist aber doch einige wesentliche Aspekte bereits auf – wichtig ist allemal, die Ähnlichkeiten und Unterschiedlichkeiten in verschiedenen Sprach(famili)en herauszuarbeiten.

Aktion	Aktivität	Allgemeininteresse	Allgemeinwohl
Association	Benefit	bonum commune	charity
common good	Corporation/ corporative	Daseinsvorsorge	Dienst
Economic	Ehrenamt	Eigentum	förening
Foundation	Gemeinnützig	ideal/ideell	ideell förening
im allgemeinen Interesse	Mutuality	non lucrative	Nutzer
Öffentlich	Privat	Property	Public
Service	Soziale Bewegung	Solidarity	sozial
Stiftung	User	utilità sociale	Verbraucher
Verein	volonté du tout	volonté générale	Voluntary work/ volunteering
[1] In der Englischen Fassung sagt Aristoteles interessanterweise, dass der Œuser der Œmaster sei (s. Aristoteles: Politics, passim).			

Abbildung 2: Einige relevante Begriffe für eine weitere Diskussion.

Soziales Produzieren oder Produktion des Sozialen

Angedeutet wurde bereits, dass es eine andere Dimension produktiver Sozialpolitik geben kann – das Stichwort lautete: Die Produktion des Sozialen.

Ein ganz wesentliches Problem der Sozialwissenschaften allgemein und im Besonderen der Sozialarbeitswissenschaften (i. w. S.) besteht wohl darin, dass wenig Anstrengung darauf gerichtet ist, ein klares Verständnis des Sozialen zu erarbeiten. Obgleich selbst so unendlich voraussetzungsvoll, wird sein Verständnis schlicht vorausgesetzt.

Dies geht wohl zurück auf einen der voraufklärerischen Ursprünge von Gesellschaftspolitik im Allgemeinen und Sozialpolitik im Besonderen. Diese beruht auf der Vorstellung einer zunächst wohl natur-, dann gott- und später wieder naturgegebenen richtigen Ordnung und des eben dadurch geleiteten richtigen Handelns. Auch wenn die Aufklärung diese Vorstellung zu einem Teil infrage stellte, so blieb doch das Grundgerüst erhalten. Wurde einerseits die aristotelische Sicht auf das Wesen des Menschen als Sozialwesen durch den Utilitarismus verstellt, so wurde andererseits der Utilitarismus selbst aristotelisiert und das zweckhandelnde Individuum als naturgewollt oder natürlich und auch als gut angesehen. Die Idee des Rechten und Rechts – und damit auch des Gutseins als in der Natur begründet – wurde beibehalten, der Inhalt aber verkehrt in die Vorstellung des individuellen Zweckhandelns – alles war ganz auf der Höhe der Zeit einer Aufklärung, die sich selbst begrenzen musste, denn schließlich hatte alles ein klar definiertes Ziel: Die Schaffung einer Gesellschaft, in der Wirtschaftlichkeit zum Maßstab aller Dinge werden sollte.

Das Naturrecht blieb ebenso erhalten wie nicht eine generelle Säkularisierung, wohl aber eine Säkularisierung Gottes selbst gepredigt und in 95 Thesen der Allgemeinheit proklamiert wurde. Das Soziale blieb damit, wo es war: Im Reich der Mythologie des moralisch beurteilten Gutseins. Dieses Soziale hatte einen leichten Stand, denn es enthielt seine eigene Rechtfertigung. Mehr noch, es konnte sich selbst rechtfertigen, wie es wollte – damit deckte es dann tatsächlich ein weites Feld der Praxis ab:

– die harsche Armengesetzgebung des Merkantilismus, deren Umsetzung im Panoptikum gipfelte über
– die etwas menschlichere, vorausschauendere Verwaltung der Armut im bereits in Ansätzen entwickelten System: Das Elberfelder Modell mündete im gleichen Maße im Rheinischen Sozial-Kapitalismus-Modell wie die Wupper den Hauptfluss bereichert über
– die Solidarität – nicht zuletzt des Klassenhandelns des Proletariats bis schließlich
– die „liebesbegründete" Mitmenschlichkeit und Mitleidigkeit.

Freilich, der Rechtsanspruch auf soziale Leistung blieb damit letztlich ebenso vage wie das Soziale dieser Leistung letztlich eine Frage offener Interpretation von Gottgefälligkeit und Naturrecht blieb. Alles aber könnte anders sein, abgesehen davon, dass ich nichts ändern kann – so etwa kann man es bei Luhmann lesen. Aber lässt sich dies auch umdrehen: Wenn ich alles ändere, kann dann nichts anders sein? Oder zumindest kann alles aus jener Beliebigkeit genommen werden?

Ein mehr oder weniger jüngerer Versuch nimmt sich der Problematik an und stellt die Frage, was denn eigentlich das Soziale ist – gemeint ist dabei das Substantiv, welches zunächst geklärt werden muss, bevor man dann fragen kann, wie man sich denn sozial – nun im adjektivischen Sinne – verhalte. Die Definition lautet:

Der Ansatz Sozialer Qualität versteht das Soziale als Resultat der Interaktion von Menschen (die als Akteure bestehen) und ihrer gemachten und natürlichen Umwelt. Hiervon ausgehend bezieht sich der Gegenstandsbereich des Sozialen auf die produktiven und reproduktiven Verhältnisse. In anderen Worten geht es darum, dass

– die konstituierende Interdependenz zwischen Prozessen der Selbstrealisierung und Prozessen der Formierung von kollektiven Identitäten

– eine Bedingung für das Soziale ist, welches sich ergibt aus der Interaktion von

    i) Handelnden, die mit ihrem Selbstbezug fähig sind, kundig zu handeln

    ii) und der Bedingungsstruktur, die sich unmittelbar als Kontext für die menschlichen Beziehungen begreifen lässt.

Die folgende Graphik kann dieses verdeutlichen:

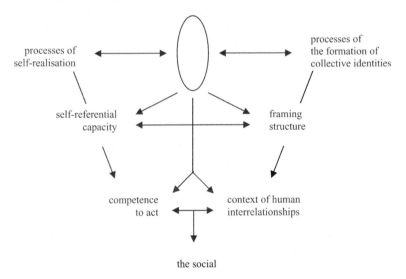

Abbildung 3: Zur Definition des Sozialen. Quelle: Beck, W./van der Maesen, L.J.G./Walker, A. (unveröffentlicht).

Mit einer solchen Sichtweise auf das Soziale wird es letztlich möglich, durch einen mehr oder weniger „einfachen Griff" den scheinbaren Gegensatz von und innerhalb der Sozialpolitik zu überwinden. Und ebenso ist es auf diese

Weise möglich, die Spannung innerhalb des Sozialmanagements, wenn nicht zu überwinden, so doch klar zu benennen und damit überwindbar werden zu lassen. Es geht nämlich nicht um die Alternative zwischen Managen des Sozialen versus Soziales des Managens. Es steht nicht in Frage, wie man im Sozialbereich managen soll bzw. wie man mit etwas mehr „sozialer Empathie" managen solle. Es geht darum, wie es zu schaffen ist, das Soziale so zu produzieren, dass es vier grundlegenden Kriterien entspricht:

– der Sicherung sozialökonomischer Sicherheit – es ist das Maß, in dem Menschen über ihre materiellen und immateriellen Ressourcen verfügen können;
– der Erlangung sozialer Einbeziehung, d. h. des Grades, in dem Menschen in unterschiedliche soziale Beziehungen einbezogen sind und sich als Teilnehmer fühlen;
– der Schaffung sozialen Zusammenhaltes – es handelt sich um die Stärke sozialer Beziehungen zwischen Menschen (einschließlich ihrer Netzwerke), die eine Funktion der Verbindung zwischen integrativen Normen und Werten (einschließlich Vertrauen und Solidarität) sind sowie
– der Ermöglichung von Handlungsfähigkeit (Empowerment) – –die Mittel, Prozesse und Beziehungen, die von Personen benötigt werden, um bewusst und aktiv in sozialen Beziehungen zu stehen und dabei aktiv die unmittelbare und weitere soziale und natürliche Umwelt zu beeinflussen.

Der normative Rahmen ist durch soziale Gerechtigkeit, Solidarität, demokratisch-begründeten Bürgerstatus und Menschenwürde zusammengenommen die Grundlage für Soziale Qualität. Diese bezieht sich auf das Ausmaß, in dem Menschen in der Lage sind, im sozialwirtschaftlichen, kulturellen, rechtlichen und politischen Leben ihrer sozialen Bezugsfelder unter Bedingungen teilzunehmen, die ihr Wohlbefinden steigern und die Möglichkeiten der Individuen ausweiten, zur gesellschaftlichen Entwicklung beizutragen.

Ausblick

Für die wissenschaftlich geleitete Politik – und noch mehr vielleicht für die politisch geleitete Wissenschaft – ergibt sich aus all dem ein Dilemma: Die eigentliche Leistung, die objektive Analyse, steht immer in der Gefahr, dass ihre Ergebnisse gegen sie selbst gerichtet werden. Wohlfahrtsverbände geraten selbst in den Strudel der Kommerzialisierung und De-Sozialisierung, im Prinzip geöffneten Ausbildungs- und Berufsfeldern wird der Riegel des Überlebenskampfes auf dem Konkurrenzmarkt vorgeschoben und das Diktum, dass „Der Bessere gewinnt", wandelt sich zum „Wer zu spät kommt, den bestraft das Leben", denn unter diesen Bedingungen ist es eine Illusion, wenn man meint: „Dabei sein sei alles". Müssen wir also alle versuchen, die Ersten zu sein? Oder könnte es passieren, dass jene, die zu früh loslaufen, die unüberlegt handeln und sich nach dem Winde von Konjunkturen richten, am Ende feststellen, wie richtig eine andere Spruchwahrheit ist: *„But I wouldn't start from here"*. Um denn doch noch direkt angemessenen Bezug auf den Kollegen und Freund Kalle zu nehmen: Er gehört wohl zu jenen, die richtig zunächst überlegen, wo sie hinwollen, dann über den Weg nachdenken und dann entscheiden, wie und mit wem dorthin zu gelangen ist.

Literatur

Beck, W./van der Maesen, L. J.G./Walker, A. (unveröffentlicht): Theoretical Foundations: Entwurf. In: Conditions for Social Quality in Europe and related indicators. In Vorbereitung.

Commission of the European Communities (2000): Communication to the Council, the European Parliament, the Economic and Social Committee and the Committee of the Regions: Social Policy Agenda. COM 2000 [379].

Herrmann, P. (o. J.): Final Report. Quality and Accesibility of Social Services for Inclusion. Hrsg. von Eurodiaconia.

URL:http://www.eurodiaconia.org

German Non-statutory Welfare and "Europe"[1]: the Issue of "Services of General Interest"

Chris Lange

Vorbemerkung

Im *pre-conference workshop* „Bridging the gap between research and practice" auf der Konferenz der International Society of Third-Sector Research (ISTR) 1998 in Genf lernte ich Kalle Boeßenecker kennen. Nach vielen Jahren praktischer Sozialarbeit überwiegend bei einem großen Wohlfahrtsverband hatte ich mich entschlossen zu promovieren. Mein Thema: „Wohlfahrtsverbände und europäische Integration". Kalle war einer der ersten Wissenschaftler, die ich kennen lernte und der sich für „mein" Thema interessierte. Seinen internationalen „Ausflügen" – vor allem (m. W.) ins englischsprachige Ausland – soll dieser Beitrag Tribut zollen, indem er auf Englisch geschrieben ist. Er ist eine leicht gekürzte und überarbeitete Fassung einer Studie für das EU-Forschungsprojekt „Third Sector European Policy – TSEP"[2] zum Thema „Marktkompatibilität der Wohlfahrtsverbände und ‚Europa'" mit dem Schwerpunkt auf der Diskussion „Dienstleistungen von allgemeinem Interesse", wofür ich Literatur und Materialien der Wohlfahrtsverbände auswertete und Experteninterviews führte. Der Beitrag beschreibt zum einen den langwierigen „Aushandlungsprozess" zwischen europäischen, nationalstaatlichen und nicht-staatlichen politischen Akteuren zum Status „sozialer Organisationen" und zum anderen zeigt er die Kooperation miteinander sowie mit staatlichen

---

[1] In this contribution, "Europe" is written in quotation marks indicating that the European Community is meant – the pillar of the European Union, in which the Member States have transferred competencies (in different scope and range) to the supranational European level.

[2] Den Auftrag hatte ich 2004 über Annette Zimmer (Universität Münster) erhalten, die als deutsche Partnerin an diesem Forschungsprojekt beteiligt war. Meine Forschungsergebnisse flossen in das von Taco Brandsen (jetzt: Radboud University Nijmegen) verfasste Kapitel über Dienstleistungen von allgemeinem Interesse ein (Kendall 2008). Ich danke Annette Zimmer und Taco Brandsen für ihre inhaltliche und sprachliche Unterstützung, wobei die Verantwortung alleine bei mir liegt.

Stellen der deutschen Wohlfahrtsverbände auf. Natürlich ist die Entwicklung seit Abschluss des Forschungsauftrages nicht stehen geblieben – im Gegenteil. Einen wichtigen Schritt in dieser Debatte bildet die Mitteilung der Europäischen Kommission zu „Sozialen Dienstleistungen von allgemeinem Interesse" (KOM (2006) 177 endg.) vom 26. April 2006, in der die Kommission sich weit der Haltung der Wohlfahrtsverbände annäherte. Inzwischen fanden für Gesundheitsdienstleistungen und für Sozialdienstleistungen separate öffentliche Konsultationen statt und die Kommission hat angekündigt, Ende 2007 einen Vorschlag für europäische Maßnahmen für Gesundheitsdienstleistungen sowie eine weitere Mitteilung zu Sozialdienstleistungen vorzulegen.

Introduction

Germany's policy community in the welfare domain mainly consists of six central associations (*Spitzenverbände*): Caritas, Diaconia, Parity, Workers' Welfare Association, German Red Cross, and the small Welfare Association of the Jews in Germany. These organisations look back on a long tradition of cooperation with each other in their umbrella organisation, the Consortium of Non-statutory Welfare (*Bundesarbeitsgemeinschaft der Freien Wohlfahrtspflege, BAGFW*) as well as with state agencies at the local level, the level of the federal states (*Länder*) and the national level – particularly in the German Association of Public and Private Welfare(*Deutscher Verein für öffentliche und private Fürsorge*). The formerly strong corporatist relationship with the state, however, has undergone severe changes since the late 1980s, when the hitherto strong corporatist arrangement began to dissolve gradually and market-like instruments were implemented in the system of social service delivery – albeit in various degrees in the different fields. It is hard to identify in retrospect how much of this "economisation" (or even "marketisation") process in Germany has been stimulated by the European level. But there are well-founded reasons to assume that the European influence at least accelerated the debates and developments in Germany. The German debate in regard to services of general interest (SGI) and the questionnaire on *social* SGI as well as on the directive on services in the Common Market, which, however, will not be treated in this contribution, has to be seen in the context of the overall relationship between the European political development and the German policy community in the welfare domain.

German non-statutory welfare organisations, particularly the central associations at the national level, only began to acknowledge "Europe" as a new and essential political level in the early 1990s. Three temporal phases can be headlined as follows:

- 1st phase from late 1980s to mid 1990s: waking-up and defending the status quo,
- 2nd phase from mid 1990s to about 2000: calming down and adapting to the situation,
- 3rd phase from about 2000 to the present (summer 2005): closing ranks and deepening the collaboration in European affairs.

In this contribution, the development of European issues and how they were discussed and dealt with in the past by the central associations, i.e. phase one and two, will be outlined (1)[3]. This serves as background for the following sections, in which phase three will be in the centre of interest focusing on the issue of services of general interest. This will be done in three steps: After describing the development in respect to the Green Paper on SGI (2), the European Commission's questionnaire on social SGI will be in the centre of interest (3). Then the positions and arguments of the central welfare associations on SGI will be elaborated on (4) before some remarks on the influence of the discussion on market compatibility on the policy community in the social welfare domain will close the paper (5).

The Development of Non-statutory Welfare and European Issues in the Past

The first two phases will be traced along the Commission's activities, which gave the initial impulse as well as most of the subsequent impulses for central welfare associations to deal with European issues. Another impulse, that was closely related to the European activities, was a study published in 1991 by the Prognos Institute entitled: "Independent welfare in a future Europe". In the first part of the study: "Challenges and Chances of the European Common Market", the study prognosticates an influx of service providers from other Member States, massive changes in the charity law and the law for associations as well as the erosion of the subsidiarity principle in its "traditional" German understanding. The Prognos study came to the result that the German welfare organisations were not "sufficiently equipped" (Prognos 1991: 31, translation CL) for the European Common Market, which was about to come into existence in 1993.

---

[3]   For a detailed analysis see Lange (2001).

First Phase: Waking up and Defending the Status Quo

Several initiatives of the European Commission ignited the waking up of
the German central associations, in particular the communication "Busines-
ses in the 'Economie Sociale' sector: Europe's frontier-free market" (SEC(89)
2187 final) published in 1989, the Commission's proposal for a regulation on
the Statute for a European Association, a European Cooperative Society and a
European Mutual Society (COM (91) 273 final) in 1991 as well as the amended
proposals of the latter generated strong reactions in the German welfare associations. They came to realize that the European integration, particularly the
Common Market, would not happen without affecting them. In the contrary, it
was seen as a threat to the established German system and tradition of welfare
production and to the strong political position of the central associations in the
social and political system – their fiscal privileges, their public status, the traditional corporatist arrangement with the state, and the principle of subsidiarity
in the German meaning of "conditional preference" of non-statutory welfare
services (Kuper 1990; Loges 1994). The European Statute for Associations,
for instance, was seen as the "acid test whether or not Europe will be build
on the principle of subsidiarity as emphasized in the Maastricht Treaty" (Loges 1997:181, translation CL). They feared and expected the Common Market
to quickly and radically economize all fields of social and health services, and
the Statute of a European Association to force open the protected social market
in Germany to competitors from other EU-countries. This fear was nourished
by academics and other experts (e.g. Schulte 1992; Eichhorn 1995) and accelerated the process of internal economization in order "to get ready" for the
European market.

Differences amongst the central associations are almost impossible to de-
tect. They all experienced the European activities as a threat to their existence
and traditions in very much the same manner and scope (see e.g. Kuper 1990;
Hesse-Schiller 1993; Loges 1994; Hübel 1995). The longstanding cooperation in the Consortium of Non-statutory Welfare functioned well, and in 1990
a working group "Europe" was installed within its institutional framework. In
a paper about the necessity of changes in social service provision published
in 1995, Caritas still expects the European policy to rebuke social rights, to
lead to the commercialization of social services, and the welfare organisations
to loose their preferential position if a "European market for social services"
were to come into existence (Caritasverband 1995: 330f). Still in 1997 a common position paper of all six central associations, published by the Consortium
of Non-statutory Welfare, appeals "to all bodies and persons at national and

EU level to be conscious of the disastrous consequences [of the Commission's intentions, CL] for the entire welfare system in Germany and in Europe" and states that "questioning the specific German form of association" would be "shaking the very foundations of non-statutory welfare" (BAGFW 1997:4, translation CL).

Second Phase: Calming down and Adapting to the Situation

In the second part of the 1990s, however, it became obvious that there would be no fast changes due to the European common market and the welfare organisations, i.e. those few people who were occupied with European affairs, calmed down. Three main factors can be identified which contributed to this development (Lange 2001: 139):

– The declaration on the "Operation with Charitable Associations" (Declaration No. 23) attached to the Maastricht Treaty recognizing the social NGOs and thus being a political success.
– The obvious withdrawal of the European Commission from the objective to establish the "économie sociale" at the European level.
– A legal opinion by a well known German law expert (Ipsen 1996) about the relevance of aid by the state as well as free movement of services and European competencies for social services, which came to the conclusion that "for the time being" (ibid.119, translation CL) the welfare organisations had nothing to be afraid of.

The change in attitude of the central associations was supported by another Commission's initiative: the communication on "Promoting the Role of Voluntary Organizations in Europe" (COM (97) 241 final) of 1997, in which social organisations in the nonprofit sector are considered the creators of jobs (an assumption which proved not to be realistic, see e.g. Bauer/Betzelt 2000) and as important actors of civil society.

The main actors in the central associations, i.e. the EU-experts [4], who are all members of the working group "Europe" of the Consortium of Non-Statutory Welfare, nevertheless remained very attentive and even suspicious towards activities coming from the European level. But the change was also conceivable e.g. in a paper published by Diaconia in 1998 on „The Economization of the Social" (translation CL), in which a less defensive and a more self-assured attitude prevails. For instance does it argue, that the then new Art. 7d EC-Treaty on services of general economic interest consolidates that "the

---

[4]   These positions were created between 1990 and about 1998. Parity, however, discontinued its "EU-Representation" in Brussels at the end of 2006.

free welfare does not underlie competition" (DWdEKD 1998: 28, translation CL), and therefore the European competition regulations do not apply to them.

The debate about the potential competencies of the Commission for social services did not cease – especially in respect to the question of the welfare associations' activities being „economic" or "non-economic". While the Commission's first communication on "Services of general interest in Europe" (Com (96) 443 final) in 1996 had not raised much interest among the German central associations, a lively discussion started after the publication of the revised second edition in September 2000 (Com (2000) 580 final). Several conferences and expert workshops with (not only German) participants from academia as well as welfare associations played an important role in the opinion forming. They were co-organised by the Observatory for the Development of Social Services in Europe together with the German Association [5] or the Platform of Social NGOs [6] and financed by the Ministry of Family, Youth, Women and Senior Citizens.

The main questions, i.e. whether or not social services belong to services of general interest, if they are economic or non-economic SGI, and whether or not they fall under European rulings (e.g. the rules on competition) are at the core of the discussion as it will be shown in the following sections. But the attitude of the welfare associations has changed from a defensive one to a more cooperative one complying with the situation and adopting a policy of persuasive arguing.

Non-statutory Welfare's Cooperation in the Consultation Process of the Green Paper on Services of General Interest

The debate on SGI in the welfare association has to be seen as a continuation of the debates on European issues as described in section one. The main issues were: their activities being qualified as "economic" or "non-economic", the European Court of Justice's (ECJ) understanding of functional enterprise (*funktionaler Unternehmensbegriff*), the question of aid by the state and the overall questions of the possible application of European competition regulations onto non-profit providers of social services.

---

[5] European Expert Meeting organized in the context of the 75th German Welfare Conference of the German Association in Hamburg, November 14–15, 2000: Services of general interest in present and future Europe – The future of municipal and charitable social services.

[6] Conference in Berlin, 2–3 September, 2003: Social Services as Services of General Interest in the EU – Objectives, Responsibilities and Conditions.
Conference in Brussels, June 28–29, 2004: Social Services of General Interest in the EU – Assessing their Specificities, Potential and Needs.

In the case of SGI, the well-established pattern of cooperation in Germany between the central associations, the Consortium of Non-statutory Welfare, the German Association for Private and Public Welfare, and the Ministry of Family, Youth, Women and Senior Citizens worked smoothly: In the case of the Green Paper, the Ministry asked for the opinion of the Non-statutory Welfare. Then the central associations' EU-experts formulated a common position in their working group of the Consortium of Non-statutory Welfare and fed it into the position paper of the German Association, which speaks for the private/non-statutory as well as the public/communal central associations. Since the members of the Consortium's working group are also members of the German Association's working group on European Social Policy the feeding in of their coordinated opinion was an easy procedure.

Ever since the publication of the second communication on services of general interest in the year 2000 and since the Lisbon Strategy this issue has been at the "centre" of the working group's discussion. The discussion was in some parts controversial, but all agreed to the final position. Controversial was e.g. the issue of the social NGOs' activities being "economic" or "non-economic": whereas particularly the denominational associations Caritas and Diaconia for a long time insisted on their services and activities being non-economic, the Workers' Welfare Associations had no problem considering many of their services as economic. But all corroborated that the principle of subsidiarity has to be maintained, that their own role is one of advocacy, and that the European level should not receive more competencies in SGI matters. All in all, the discussion about SGI has had the effect of bringing this small group of non-statutory experts closer together and to speak with "one voice".

All interviewees of the central associations were very content with the national government' statement to the Green Paper on SGI, which ascribes them an important role in the delivery of social services in order to achieve the goal of solidarity in society and stresses their support to be an important task of the EU-Member States (Bundesregierung 2003: 5).

The debate on SGI also took place at several workshops in a wider, a more "European" context, to which participants and experts from other Member States were invited. An important workshop organized by the Observatory for the Development of Social Services in Europe took place at the German Welfare Conference (*Deutscher Fürsorgetag*), the big biannual national conference of the German Association, in November 2000. Experts from twelve EU-Member States discussed SGI in under the headline: "Services of general interest in present and future Europe – the future of municipal and charitable social services". The expert workshop in Berlin in the summer 2003 "Social

Services as Services of General Interest in the EU – Objectives, Responsibilities and Conditions" was a "key event", as one interviewee put it, insofar as for the first time the participants agreed on and articulated publicly that the differentiation between "economic" and "non-economic" is of no use in regard to social services and should therefore be abandoned.

Closed Ranks: The Questionnaire on Social Services of General Interest

The Ministry of Health and Social Affairs (*BMGS*) was the coordinating ministry for the questionnaire on Social Services of General Interest, which the Commission launched as a follow-up of the Green paper on SGI. The Ministry worked in close cooperation with the Ministry of Family, Senior Citizens, Women and Youth (*BMFSFJ*), which usually is the main interlocutor of the Non-statutory Welfare. The interviewees of the central associations were more than content with their involvement: According to several interviewees the central welfare associations were already involved in formulating the questions of the questionnaire, which the German Government then suggested the Commission to include. After the Commission had sent the questionnaire to the Member States' governments, the German Ministry of Health and Social Affairs forwarded it to other Ministries involved as well as to the German Association for Public and Private Welfare. The German Association in turn forwarded the questionnaire to the EU-experts of the six central associations. They then formulated their common opinion in the expert working group "Europe" (*Europaausschuss*) of the Consortium of Non-statutory Welfare and passed it on to the German Association. The German Association then formulated the common position and forwarded it to the Ministry of Health and Social Affairs, which then answered the questionnaire very much according to the answers suggested by the experts of the Non-statutory Welfare ("almost 100% identical" as one interviewee said). All interviewees agreed on their excellent involvement in the process; one even described the conduct of the government as "exemplary".

The Non-statutory Welfare's Common Positions and Arguments on Services of General Interest

This section about the common positions of the central associations in the welfare domain concerning subsidiarity and European competences, definition criteria and characteristics of social SGI, statute of SGI providers and legal framework, financing and internal market regulations are based on

a) in particular the "Memorandum" entitled "Civic Added Value of Voluntary Social Services" (BAGFW 2004), which the EU-experts of Non-statutory Welfare published in October 2004 and disseminated widely in German, English and French,

b) on the Ministry's of Health and Social Affairs answers to the questionnaire which the EU-experts were able to influence strongly as well as an internal paper in which one of the Non-statutory Welfare EU-experts explicitly points out which of their positions were adopted by the Ministry and which not, and

c) the common position paper to the Green Paper on SGI published by the German Association as well as the Government's paper.

Since the EU-experts of the central associations have been discussing the issue of how "Europe" affects the activities and services provided by their member organisations for a long time (since the early 1990s), they have a very clear common understanding about these issues. Differences – if they do occur – are being discussed in the working group of the Consortium and the EU-experts usually come up with a common opinion.

Subsidiarity and European Competencies in Relation to Services of General Interest

The Non-statutory Welfare actors completely agree with the government's position as laid out in the statement to the Green Paper, on which they had had considerable influence especially concerning the point that Commission's competences should be restricted to "economic" SGI only and to those industries, which – on account of their size – are of EU-wide relevance. "Possible additional regularisations have to be discussed taking the specificities of the sector concerned into consideration. In these individual cases the Community has to prove that the sector fulfils the preconditions, that Community competence exists, and that the proposed measures are compatible with the principle of subsidiarity". (Bundesregierung 2003: 2, translation CL) The German Association as well as the Government consider the existing competences of the Commission as sufficient and deny the necessity of more competences at the European level. In its own position paper to the Green Paper the Workers' Welfare Association favours a "regulated competition. (...) But decisions should be taken – according to the principle of subsidiarity – by the political level closest to the citizens." (AWO 2003: 12, translation CL)

Definition Criteria and Characteristics of Social Services of General Interest

As definition criteria of their services the actors of central associations have – over the last years – increasingly emphasized the inclusion of volunteers, their ethical values, and their advocacy role. Also, their role as actors of civil society has been placed more and more into the foreground of their arguments. In the Memorandum, it reads like this: "Voluntary social services (i.e. themselves) activate people on behalf of the common good and provide opportunities for action and participation to do so. Thus they make an important contribution towards assuming social responsibility, democracy in action and solidarity." (BAGFW 2004: 10)

In the central welfare associations' understanding, social SGI show the following characteristics (*DRK*, internal paper, 1.2.2005, translation CL):
– contribution to the common/public good and to solidarity in society,
– civic added value,
– pluralism and value orientation (humanitarian, philosophical and religious objectives),
– additional services and activities (not by public funding),
– person-oriented services,
– independence from state, and
– conditional preference in regard to providing and funding of social services.

Except for the last two points (independence from state and conditional preference), this understanding was exactly mirrored in the Government's answer to the questionnaire.

Statute of Services of General Interest Providers and Legal Framework

The legal framework for non-statutory welfare organisations is regulated by the law governing non-profit status (*Gemeinnützigkeitsrecht*) and the law relating to donations (*Spendenrecht*). The Memorandum argues that the Non-statutory Welfare's tax privileges are justified because of their special task to "offer their services under conditions that are bearable for the person needing help at a personal and/or economic level. This corresponds to the constitutional provision to achieve a social federal State" (BAGFW 2004: 8). The same has to apply to European competition rules "according to which aids distorting competition (...) are banned in principle, unless funds are given in accordance with a previously defined Public mission they are entrusted with." (ibid.) Although these tax benefits advantage non-profits to a certain degree, they also restrict their entrepreneurial possibilities. All of the central associations do not insist any more on their and their member organisations' services being qualified as non-economic but they want European Community rules to "respect their special characteristics within the meaning of a 'civic social enterprise' " (ibid. 9) – notwithstanding their activities being qualified as "economic" or "non-economic" according to EC-criteria.

Tight Cooperation and Cleavage in the Associations' Vertical Organisation

The six central associations organized in the Consortium of Non-statutory Welfare have had close cooperation relationship in many social political fields at the national level long before the European level became relevant. Therefore, when Europe became an issue, they simply extended this cooperation by installing the working group "Europe" in the Consortium after the Commission's communication about the économie sociale in late 1989 had caused them to accept European issues as being important for their existence (and later another working group was established on National Action Plans). Thus, the discussion on market compatibility has been one of their topics from the very beginning. The discussion about services of general interest made these EU-experts move closer together at the national level, and simultaneously led to a considerable convergence of their opinions, assessments and attitudes (for instance, after a long discussion process they now agree that their activities are not non-economic per se, as especially the church-based organisations had argued, but may well be economic). Even if their interests diverge sometimes, they manage to speak with "one voice" especially towards the competent national ministries, the European institutions, and the European social NGO community (the latter e.g. with the Memorandum, which was explicitly called a "consensual paper" by one expert interviewed). Although different views on the relevance of e.g. institutions like the European Economic and Social Committee or European social umbrella organisations like the European Anti-Poverty Network (EAPN) or the Platform of European Social NGOs (short: Social Platform) were evident in the interviews, the scale of agreement on the issues in question, SGI and the directive on services in the Common Market is very high. One expert summarised: "One sits together at the level of EU-experts, is of the same opinion in essential topics, doesn't fight – it is a nice atmosphere".

On the other hand there is a cleavage in the organisations themselves: the EU-experts of the central associations are the ones who deal with European issues regularly, the subject is basically delegated to them by the boards as well as by their member organisations. They are the ones besides – in differing degrees – some of the top managers of the central associations feel concerned about the European issues. Efforts are taken to convey this concern to the sub-national levels (central associations at *Länder* and local level, national member organisations) but this, so far, seems to be a one way street: the EU-experts of the different welfare associations disseminate information, and meet regularly but not very often (mostly twice a year) with the employees in charge in the sub-national entities who are entrusted with EU-issues, but usually their work profile includes other tasks as well, and the most important EU-issue still is EU-funding. But a widespread discussion of European policies and activities does not take place in the sub-national entities – unless an issue like the directive on services in the Common Market appears to become an immediate threat. The "grounding", as one interviewee called it, is not very profound – sometimes even missing. Thus, there is a "missing link" between the European and the sub-national organisational levels in the welfare organisations themselves.

References

AWO (Arbeiterwohlfahrt) (2003): Soziale Leistungen der Daseinsvorsorge. Stellung-nahme zum Grünbuch zu den Dienstleistungen von allgemeinem Interesse der Europäischen Kommission,.Bonn.
    URL: www.europa.eu.int/comm/secretariat_general/services_general_interest/ docs/associations_enterprise/lenz_awo.pdf
BAGFW (Bundesarbeitsgemeinschaft der Freien Wohlfahrtspflege) (1997): Positions-papier der Bundesarbeitsgemeinschaft der Freien Wohlfahrtspflege zu den Bestre-bungen der Europäischen Kommission im Hinblick auf Vereinsstatus, Gemein-nützigkeit und staatliche Förderungsmöglichkeiten sozialer Dienstleistungen der Freien Wohlfahrtspflege. Bonn.
BAGFW (Bundesarbeitsgemeinschaft der Freien Wohlfahrtspflege) (2004): Memo-randum. Civic Added Value of Voluntary Social Services. Brussels.
Bauer, R./Betzelt, S. (2000): Gesellschaftlicher Wandel und „Dritter Sektor" in den 90er Jahren – oder: Wie weit tragen die „Beine eines Volkes". In: Zeitschrift für Gemeinwirtschaft: Organisationen zwischen Markt und Staat 37. H. 3 – 4. S. 45 – 69.
Bundesregierung (2003): Stellungnahme der Bundesrepublik Deutschland zum Grün-buch zu Dienstleistungen von allgemeinem Interesse der Europäischen Kommis-sion (KOM (2003)270).
    URL: www.europa.eu.int/comm/secretariat_general/services_general_interest/docs/ public_authorities/deutschl.pdf
Caritasverband (1995): Solidarität im Kampf gegen Ausgrenzung und Arbeitslosig-keit – Neukonzipierung sozialer Dienste und Einrichtungen in der Caritas. In: Ca-ritas. H. 7+8. S. 330f.
DWdEKD (Diakonisches Werk der Evangelischen Kirche Deutschlands) (1998): „Zur Ökonomisierung des Sozialen" – Stellungnahme des Diakonischen Werks der

EKD zur Reform des Gesundheitswesens unter Berücksichtigung neoliberaler Systemkritik. Stuttgart.

DRK (Deutsches Rotes Kreuz) (2005): internal paper 1.2.2005. received April 6. 2005.

Eichhorn, P. (1995): Überlebenschancen der Unternehmen der Freien Wohlfahrtspflege im europäischen Binnenmarkt. In: Theorie und Praxis der sozialen Arbeit. H. 2. S. 55–63.

Hesse-Schiller, W. (1993): Wachsamkeit ist geboten. Mögliche Einflüße der EG auf rechtliche und finanzielle Rahmenbedingungen freier Wohlfahrtspflege in der BRD. In: Blätter der Wohlfahrtspflege. H. 1. S. 11–15.

Hübel, M. (1995): Funktion und Grenzen Freier Wohlfahrtspflege in Europa unter besonderer Berücksichtigung des bundesdeutschen Systems. In: Zeitschrift für Sozialreform. Heft 3+4. S. 184–192.

Kendall, J. (2008): Handbook on Third Sector Policy in Europe: Multi Level Processes and Organised Civil Society. Cheltenham.

Ipsen, K. (1996): Gutachten: Zur Auswirkung des Europäischen Gemeinschaftsrechts auf die mitgliedstaatliche Förderung sozialer Dienstleistungen im Bereich der Freien Wohlfahrtspflege. Bochum.

Kuper, B.-O. (1990): Economie Sociale – eine europäische Herausforderung an die Freie Wohlfahrtspflege? In: Nachrichtendienst des Deutschen Vereins für öffentliche und private Fürsorge. H. 9. S. 307–309.

Lange, Ch. (2001): Freie Wohlfahrtspflege und europäische Integration. Wohlfahrtsverbände zwischen Marktangleichung und sozialer Verantwortung. Frankfurt/M..

Loges, F. (1994): Entwicklungstendenzen Freier Wohlfahrtspflege im Hinblick auf die Vollendung des Europäischen Binnenmarktes. Freiburg/Br..

Loges, F. (1997): Economie Sociale – Entwicklungstrends und Herausforderungen der Freien Wohlfahrtspflege in der Europäischen Union. In: Jung, R. H./Schäfer, H. M./Seibel, F. (Hrsg.): Economie Sociale: Fakten und Standpunkte zu einem solidarwirtschaftlichen Konzept. Frankfurt/M. S. 172–184.

Prognos AG (1991): Freie Wohlfahrtspflege im zukünftigen Europa. Studie im Auftrag der Bank für Sozialwirtschaft, Teil 1: Herausforderungen und Chancen im Europäischen Binnenmarkt. Köln/Berlin.

Schulte, B. (1992): Europäisches Gemeinschaftsrecht und freie Wohlfahrtspflege. Sozialpolitische Vorgaben und rechtliche Rahmenbedingungen. In: Zeitschrift für ausländisches und internationales Sozialrecht. H. Juli-September. S. 191–232.

Studiengänge im Bereich Sozialmanagement/ Sozialwirtschaft – Anmerkungen zur aktuellen Situation und zu zukünftigen Herausforderungen

Andreas Markert

Die Ausbreitung des Sozialmanagements in die Soziale Arbeit hält nach wie vor an. Zwar ist im disziplinären Diskurs der Sozialpädagogik die Kritik an der Übernahme betriebswirtschaftlicher Rationalitäten und Konstruktionsweisen noch nicht vom Tisch, in der sozialarbeiterischen Praxis wird jedoch nur noch in wenigen Fällen die Anschlussfähigkeit betriebswirtschaftlich induzierter Verfahren an Prämissen sozialpädagogischen Handelns offen in Frage gestellt. Vormals bestehende Vorbehalte werden zunehmend von pragmatischen Arrangements bzw. positiven Einschätzungen überlagert. So wird die Zahl der öffentlichen und freien Träger, Einrichtungen und sozialen Dienste, die sich in ihrer Organisation und alltäglichen Arbeit auf das eine Instrument oder andere Konzept des Sozialmanagements mehr oder minder umfassend und systematisch beziehen, mit jedem Monat größer. Und auch in „mentaler" Hinsicht scheint diese Entwicklung mit einer zunehmenden Akzeptanz für Ideen und Konzepte des Sozialmanagements zu korrespondieren. So bilanzierten bspw. Dahme, Kühnlein und Wohlfahrt die Ergebnisse einer entsprechenden Studie wie folgt: „Betrachtet man [. . .] die Auswirkungen des neuen Wirtschaftlichkeitsdenkens auf das Selbstbild der Sozialen Arbeit, dann scheint die Soziale Arbeit in der Sozialwirtschaft angekommen zu sein. Die organisationalen Veränderungen im Zuge der Transformation der sozialen Dienste zu Sozialbetrieben mit entsprechend neuen Führungs- und Lenkungsinstrumenten bereitet den Fachkräften offenbar eher wenig Probleme" (Dahme/Kühnlein/Wohlfahrt 2004: 422).

Mit dieser erhöhten Relevanz des Sozialmanagements gewinnen insbesondere Fragen nach der angemessenen Ausbildung sowie nach entsprechenden Weiterbildungsmöglichkeiten zunehmend an Bedeutung. Seit Ende der 1990er Jahre werden die an deutschsprachigen Hochschulen in der Bundesrepublik, in Österreich und der Schweiz bestehenden Studienangebote im Bereich Sozialmanagement/Sozialwirtschaft von Karl-Heinz Boeßenecker empirisch rekonstruiert, fachlich eingeordnet und regelmäßig publiziert. Diese, in die Forschungsarbeit des Forschungsschwerpunktes Wohlfahrtsverbände/Sozialwirtschaft der Fachhochschule Düsseldorf eingebundenen Studien, beziehen sich sowohl auf die Recherche und die Dokumentation der betreffenden Studiengänge als auch auf die Analyse zentraler Rahmenbedingungen – bspw. im Bereich der Hochschulentwicklung und Studienreformen.[1] Mittlerweile ist die dritte Welle der als Panelstudie angelegten Untersuchung durchgeführt und u. a. in einem weiteren Studienführer veröffentlicht worden (Boeßenecker/Markert 2007).[2]

Methodisch umgesetzt wird die Rekonstruktion der Studienangebote im Bereich Sozialmanagement/Sozialwirtschaft anhand einer teilstandardisierten Fragebogenerhebung und einer ergänzend durchgeführten Dokumentenanalyse, in deren Rahmen v. a. Auswertungen relevanter Fachpublikationen sowie unterschiedliche Datenbankrecherchen vorgenommen werden. Konkret werden in diesem Zusammenhang Angebote an deutschsprachigen Hochschulen in der Bundesrepublik, der Schweiz und in Österreich dokumentiert, die unter dem Signum „Sozialmanagement", „New Public Management", „Management in sozialen Organisationen" o. ä. Bezeichnungen ein eigenständiges Profil präsentieren, hierbei bisherige Fachverengungen zu verlassen beabsichtigen und für neu diagnostizierte Berufs- und Tätigkeitsfelder qualifizieren wollen. Berücksichtigt sind zum einen grundständige Studiengänge mit einem Bezug zum Themenbereich Sozialmanagement. Zum anderen umfassen die Recherchetätigkeiten entsprechende, auf einem ersten Hochschulabschluss aufbauende postgraduale bzw. weiterbildende Studienangebote mit einem eigenen Abschlussdiplom, Bachelor-/Mastergrad oder Zertifikat[3]. Anhand des zugrunde gelegten methodischen Designs und des skizzierten, recht weit gefaßten Zu-

---

[1]   Seit 2005 werden die entsprechenden Rekonstruktionen in Kooperation mit der Hochschule Zittau/Görlitz durchgeführt.

[2]   Der erste Studienführer Sozialmanagement/Sozialwirtschaft erschien 2003 (vgl. Boeßenecker/Markert 2003).

[3]   Nicht berücksichtigt werden hingegen Studienschwerpunkte im Rahmen eigenständiger Studiengänge, auch wenn diese einen ausgewiesenen Bezug zu Fragestellungen des Sozialmanagements oder der Organisations- und Qualitätsentwicklung beinhalten. Dies gilt ebenso für Wahl- bzw. Wahlpflichtfächer und Nebenfächer anderer Studienrichtungen. Weiterbildungsangebote der Hochschulen, die sich nur auf einen Tag oder ein Wochenende erstrecken, werden ebenfalls nicht erfasst. Unberücksichtigt bleiben ebenso (Weiterbildungs-) Möglichkeiten, die außerhalb des Hochschulsystems erbracht werden. Dagegen sind Angebote, die in Kooperation von Hochschulen mit anderen Bildungsträgern durchgeführt werden und mit einem Hochschulzertifikat versehen sind, berücksichtigt.

gangs wird der Vielschichtigkeit des Untersuchungsgegenstandes und der Dynamik des Feldes Rechnung getragen bzw. die Möglichkeit geschaffen, valide Ergebnisse zum Ausmaß und zur Struktur sozialmanagent-relevanter Studienangebote nachzuzeichnen.

Im folgenden Abschnitt werden zentrale Befunde der im Jahr 2006 durchgeführten Studie vorgestellt.

Studienangebote im Bereich Sozialmanagement/Sozialwirtschaft im Wintersemester 2006/2007

An den deutschsprachigen Hochschulen in der Bundesrepublik, Österreich und der Schweiz bestehen im Wintersemester 2006/2007 insgesamt 96 Studiengänge im Bereich Sozialmanagement/Sozialwirtschaft. [4] Setzt man diesen Stand in Beziehung zu der Situation früherer Jahre, wird die enorme Entwicklungsdynamik des Feldes deutlich: Waren bis Mitte der 1990er Jahre in den genannten Ländern erst neun Studiengänge mit einem genuinen Bezug zu Sozialmanagement/Sozialwirtschaft vorhanden (vgl. Boeßenecker 1999), so erhöhte sich das diesbezügliche Angebot binnen kurzer Zeit auf 42 Studiengänge im Jahr 2000 (vgl. Boeßenecker/Markert 2000 und 2001) bzw. 71 im Jahr 2003 (vgl. Boeßenecker/Markert 2003). Verdeutlicht wird diese sehr dynamische Ausweitung des Feldes anhand eines Blicks auf die Implementierungszeitpunkte der aktuell bestehenden Angebote (vgl. Abbildung 1): Hierbei wird ersichtlich, dass fast die Hälfte der zur Zeit bestehenden Studienmöglichkeiten im Bereich Sozialmanagement/Sozialwirtschaft erst in den letzten zwei Jahren eingerichtet worden sind.

Neben der Entwicklung und Etablierung neuer Studiengänge kommt in diesem sehr dynamischen Trend eine Anpassung an den Bologna-Prozess in massiver Form zum Ausdruck. In diesem Zusammenhang wurden (und werden nach wie vor) viele Studienangebote im Bereich Sozialmanagement/Sozialwirtschaft auf die neuen Studiengangsformen Bachelor und Master umgestellt. Inzwischen – so der Stand zum Wintersemester 2006/2007 – erreichen Masterangebote eine Größenordnung von mehr als 50 %. Demgegenüber beläuft sich der Anteil der Studiengänge, die mit einem Diplom- bzw. Bachelorgrad abschließen, auf jeweils etwa 20 %.

Die zum Wintersemester 2006/2007 bestehenden Studienmöglichkeiten sind überwiegend als postgraduale bzw. weiterbildende Angebote konzep-

---

[4]   Von diesen knapp 100 Angeboten bestehen in der Bundesrepublik 74, in Österreich 13 und in der Schweiz acht Studiengänge. Eine Studienmöglichkeit wird gemeinsam von Trägern aus vier europäischen Ländern angeboten.

tioniert – sieben von zehn Angeboten sind diesem Studiengangstypus zuzu-
rechnen. Der Anteil grundständiger Studiengänge im Bereich Sozialmana-
gement/Sozialwirtschaft weist entsprechend eine Größenordnung von knapp
30 % auf – angesiedelt ist diese Studiengangsform fast ausschließlich an Fachhochschulen. Deutlich gestiegen ist auch der Anteil der Angebote, die berufs-
begleitend organisiert sind. Innerhalb weniger Jahre hat sich der diesbezügliche Anteil auf mehr als 50 % erhöht. Mit dieser Entwicklung korrespondiert
die leichte Ausweitung von Fernstudiengängen bzw. von Angeboten, die Fern-
studienelemente enthalten.

Immanent ist der gegenwärtigen Feldentwicklung aber auch, dass eine Reihe von Angeboten inzwischen wieder komplett eingestellt worden sind.

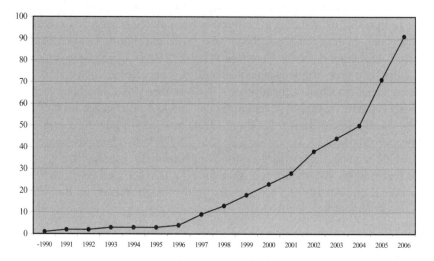

*Abbildung 1: Zeitpunkt der Implementierung bestehender Sozialmanagement-Studiengänge
(kumulierte Darstellung).*
Die Darstellung basiert auf den 91 zu dieser Frage vorliegenden Antworten

Betrachtet man in einem nächsten Schritt, wie sich die gegenwärtig bestehenden sozialmanagement-relevanten Studienmöglichkeiten auf die einzelnen
Hochschultypen verteilen, so setzt sich der seit einigen Jahren zu beobachtende Trend in Richtung der Fachhochschulen fort: Hier sind mittlerweile etwa zwei Drittel der zur Zeit existierenden Sozialmanagement-Studiengänge
verankert. Leicht rückläufig ist hingegen der Anteil universitärer Studienangebote – er erreicht zum Wintersemester 2006/2007 eine Größenordnung von
einem Drittel; drei Prozent der einen Bezug zum Themenbereich Sozialmana-
gement/Sozialwirtschaft aufweisenden Studiengänge wird an Berufsakademi-

en angeboten. Ressortiert sind diese Studienmöglichkeiten in etwa der Hälfte der Fälle an Fachbereichen/Fakultäten des Sozialwesens bzw. der Sozialwissenschaften. Etwa jede vierte Studienmöglichkeit wird von wirtschaftswissenschaftlich ausgerichteten Fachbereichen und Fakultäten angeboten, etwa jeder zehnte Studiengang mit Bezug zum Themenbereich Sozialmanagement/Sozialwirtschaft ist theologischen Fakultäten oder Fachbereichen zugeordnet. Andere disziplinäre Zuordnungen spielen demgegenüber fast gar keine Rolle.

Komplementär zu den dargestellten Zuordnungen an den Hochschulen existieren im Bereich der Studiengänge Sozialmanagement/Sozialwirtschaft weitere Institutionalisierungs- und Kooperationsmodi. Grundlegend lassen sich hierbei die folgenden Möglichkeiten empirisch nachzeichnen: Zum einen bestehen in einigen Fällen Kooperationsarrangements zwischen Hochschulen und hochschulexternen Institutionen. In diesem Zusammenhang arbeiten entweder einzelne Hochschulen bei den sozialmanagement-relevanten Studienmöglichkeiten mit einzelnen hochschulexternen Bildungseinrichtungen oder (freien) Trägern der Sozialen Arbeit zusammen; oder aber es kooperieren gleich mehrere Hochschulen mit hochschulexternen Bildungsträgern oder sozialen Organisationen. Eine andere Kooperations- und Institutionalisierungsform besteht in der Zusammenarbeit zwischen Hochschulen. Waren hierbei bislang die zu beobachtenden Arrangements auf die Kooperation von zwei oder auch mehreren Hochschulen des gleichen Typus (insbesondere von Fachhochschulen) beschränkt, so existieren neuerdings im Kontext vorgehaltener Sozialmanagementangebote auch Kooperationen zwischen Universitäten und Fachhochschulen. Veränderungen lassen sich zudem bei der europäischen Dimensionierung der Studiengänge ausmachen. War hier bis vor einigen Jahren weitestgehend Brachland zu konstatieren, so gibt es mittlerweile in einigen Fällen Kooperationen mit Bildungseinrichtungen im europäischen Ausland.

Interessante Neuerungen lassen sich bei der Trägerschaft der Hochschulen feststellen. Hier drängen immer mehr private Hochschulen auf den Markt der sozialmanagement-relevanten Studienmöglichkeiten und verändern die bis vor wenigen Jahren recht starre Anbieterlandschaft in diesem Bereich. Ähnliche Entwicklungen lassen sich zwar auch in anderen Bereichen und Disziplinen nachzeichnen, jedoch zumeist nicht mit der Dynamik, die seit einigen Jahren im Sozial- und Gesundheitsmanagement zu verzeichnen ist (vgl. Boeßenecker/Markert 2007).

Anzumerken bleibt schließlich, dass mehr als zwei Drittel der gegenwärtig existierenden Studiengänge im Bereich Sozialmanagement/Sozialwirtschaft

kostenpflichtig sind – insbesondere postgraduale Angebote sind in den meisten
Fällen mit (zum Teil fünfstelligen) Kosten verbunden.

Fachliche Einordnung und Perspektiven

Die skizzierten Ergebnisse und Entwicklungen scheinen die seit einigen Jahren zu beobachtenden Trends zu bestätigen: Die Ausweitung der Studiengänge verläuft nach wie vor enorm dynamisch und vielschichtig, inklusive einer als „Marktbereinigung" interpretierbaren Einstellung einzelner Angebote. Während sich diese quantitative Dimension der Entwicklung von
Sozialmanagement-Studiengängen umfassend und valide rekonstruieren lässt,
sind eine Reihe von Fragen zu den Implikationen der skizzierten Konstellatio-
nen bislang allenfalls in Ansätzen beantwortet:

Nimmt man in diesem Zusammenhang zunächst zentrale Hochschul- und
Studiengangsreformen in den Blick, so lässt sich zum einen gegenwärtig kaum
absehen, ob die im Rahmen des Bologna-Prozesses vorgenommene Neugestaltung der Studiengangsstrukturen auch wirklich zu einer kritischen Reflexion bisheriger Ausbildungstraditionen und somit ggf. zu einer Modernisierung professioneller Kompetenzen und beruflicher Identitäten führt. Vor dem
Hintergrund der nach wie vor eher gering ausgeprägten Kooperationsneigung
zwischen einzelnen Hochschultypen ist in diesem Zusammenhang wohl eher
Zurückhaltung angebracht. Zum anderen lässt sich im Kontext der gegenwärtig zu verzeichnenden Erweiterungen der Anbieterstruktur zwar eine verstärkte
berufsbegleitende Orientierung beobachten, „die strategisch auf eine Verzahnung von beruflicher und akademischer Bildung zielt und dem Erfordernis eines lebenslangen Lernens Rechnung trägt" (Boeßenecker/Markert 2007: 41).
Welche Folgen dies für die konkrete Ausgestaltung des sozialwirtschaftlichen
Feldes genau haben wird, lässt sich gegenwärtig noch nicht exakt bestimmen.

Richtet man hiermit zusammenhängend den Blick auf weitere Fragen der
sozialwirtschaftlichen Fachlichkeit, so ist auch in dieser Hinsicht eine gewisse Bescheidenheit angebracht. Diese Einschätzung stützt sich zum einen auf
Erfahrungen mit der Einführung sozialmanagement-basierter Verfahren und
Methoden in unterschiedlichen Feldern der Sozialen Arbeit. Zwar scheinen
sich hier Befürchtungen, durch die Anwendung sozialmanagement-orientierter
Konzepte einer mehr oder minder massiven Deprofessionalisierung sozialpädagogischen Handelns Tür und Tor zu öffnen, bislang nicht zu bestätigen. Substanzielle Fortschritte und wahrgenommene Entwicklungschancen sind – zumindest nach den bislang vorliegenden empirischen Rekonstruktionen – aber

ebenso wenig an der Tagesordnung (vgl. etwa Markert/Boeßenecker 2002; Messmer 2003 und 2007; Nauerth 2003; Schnurr 2005).

Zum anderen ist auch für den genuinen Bereich der Sozialwirtschaft bislang nicht hinreichend geklärt, welche Inhalte und Gegenstände des Sozialmanagements in welcher Form und welchem Umfang das professionelle Handeln der betreffenden Fachkräfte konkret konturieren bzw. inwiefern die in den Studiengängen vermittelten Themen und Inhalte mit den Anforderungen der Praxis des Sozialmanagements korrespondieren. Interessante Anhaltspunkte, die eine erste Annäherungen an die Beantwortung dieser Frage ermöglichen, bieten einige, seit Mitte der 1990er Jahre durchgeführten Studien (vgl. insbesondere Bader 1999; Nüß/Schubert 2001; Herrenbrück 2004; Beher et al. 2006). Umfassende und überregional angelegte Relationierungen curricularer Inhalte mit sozialmanageriellen Tätigkeitsprofilen stehen jedoch nach wie vor aus.

Bezieht man in einem weiteren Schritt die skizzierte Studiengangsentwicklung im Bereich Sozialmanagement bzw. die immer noch in den Anfängen steckende Forschungssituation im Feld der Sozialwirtschaft auf Fragen einer diesbezüglichen Theoriebildung und Professionsentwicklung, bleiben auch hier die Konturen eher unscharf. Dies insofern, als dass die rekonstruierte Dynamik und curriculare Diversität der bestehenden Studienangebote den gegenwärtigen Stand der Theorieentwicklung in diesem Feld abbildet, reproduziert und zum Teil (mit-)bedingt. M. a. W.: Unabhängig von einzelnen, teilweise stark divergierenden Versuchen, Konzepte des Sozialmanagements entweder in andere Disziplinen (etwa der Sozialen Arbeit) zu integrieren oder aber Ansätze des Sozialmanagements selbst für andere Denk- und Theorierichtungen zu öffnen (vgl. bspw. zusammenfassend Wöhrle 2003), ist zu konstatieren, dass „ein stimmiges Konzept des Sozialmanagement fehlt. Stattdessen haben wir es zu tun mit einem verwirrenden Mosaik aus Erkenntnissen der Organisations- und Verwaltungssoziologie, der Betriebs- und Finanzwirtschaft, kombiniert mit gruppendynamischen und kommunikationstheoretischen und zusätzlich mit sozialphilosophischen und politikwissenschaftlichen Versatzstücken, ein Mosaik, das mit Besonderheiten der Sozialen Dienste in Verbindung gesetzt wurde" (Otto 2002: 178) – ein Zustand, der – wie angedeutet – mit der Entwicklung und curricularen Struktur der Studiengänge im Bereich Sozialmanagement/Sozialwirtschaft (erwartungsgemäß) korrespondiert.

Im Hinblick auf die Professionalisierungsfähigkeit des Sozialmanagements sind vor diesem Hintergrund die Pfade (zumindest mittelfristig) vorgezeichnet (vgl. Markert 2007). Konkret lässt die beschriebene Theoriesituation berufsstrukturelle Professionalisierungsansätze, etwa in der klassischen Definition Abbots, der Profession als *„exclusive occupational groups applying so-*

mewhat abstract knowledge to particular cases" (Abbott 1988: 8) beschreibt,
bis auf weiteres als wenig angemessen und funktional erscheinen. Weder ein
für anerkannte Professionen typischer exklusiver Kompetenzbereich und eine hiermit einhergehende relative Unabhängigkeit von fremdkontrollierenden
Einflüssen noch die Ausbildung eines eigenen professionellen Habitus' und die
Etablierung von Institutionen fachlicher Selbstkontrolle werden angesichts der
Struktur und institutionellen Verortung des Sozialmanagements bis auf weiteres im Bereich des Möglichen liegen.

Weiterführender erscheinen demgegenüber stärker handlungstheoretisch-
orientierte Ansätze der Professionstheorie (vgl. bspw. Schütze 1984), die stärker die Qualität als die Exklusivität professionellen Handelns fokussieren (vgl.
für den Bereich der Sozialen Arbeit Dewe/Otto 2005). Hierbei geht es zum
einen darum, dass der zur Verfügung stehende Handlungs- und Entscheidungs-
spielraum von den betreffenden Fachkräften als ausreichend für eine kom-
plexitätsangemessene Berufsausübung wahrgenommen wird. Zum anderen erscheint in handlungstheoretischer Sichtweise eine Übernahme und Anwendung (fach-)fremder Wissensbestände als nicht weiter problematisch oder Professionalität reduzierend. Vielmehr kommt es darauf an, Wissenselemente anderer Disziplinen kreativ in die eigenen Handlungsvollzüge und Problembe-
arbeitungen zu integrieren. Die heterogene Struktur des sozialwirtschaftlichen
Feldes bietet folglich in dieser, stark kompetenzbezogenen Perspektive (po-
tenziell) Chancen für die Entwicklung und Anwendung einer sozialmanageriellen Professionalisierung. Professionelles Handeln ist folglich v. a. anhand
der Angemessenheit und Qualität der erledigten Tätigkeiten zu messen. Die
nachgezeichnete Ausweitung und bestehende curriculare Diversität der Studiengänge im Bereich Sozialmanagement/Sozialwirtschaft steht unter dieser
Perspektive einem entsprechenden, anzustrebenden Professionalisierungspro-
zess zumindest nicht im Wege. Allerdings ist selbst unter diesem Blickwinkel
die Wegstrecke einer Professionalisierung des Sozialmanagements noch sehr
weit und hürdenreich.

Fazit

Die zukünftigen Konturen des sozialwirtschaftlichen/sozialmanageriellen Pro-
fessionalisierungsprojektes werden entscheidend davon abhängen, inwieweit
es zum einen gelingt, den diesbezüglichen Professionalisierungsdiskurs zu
verstetigen, [5] weiter theoretisch zu fundieren und empirisch zu unterfüttern.

---

[5]   Aktuelle Beiträge hierzu werden bspw. von Wendt und Wöhrle (2006) geliefert.

Hiermit zusammenhängend wird es zum anderen darum gehen, angesichts der Konkurrenz zwischen unterschiedlichen Professionen (Abbott 1988) und der Dynamik des professionellen Feldes (Rabe-Kleberg 1996) die Relevanzen und Zuständigkeiten sozialwirtschaftlichen Handelns öffentlichkeitswirksam zu profilieren sowie (professions-)politisch in angemessener Weise zu positionieren. Die Arbeiten Karl-Heinz Boeßeneckers haben hierzu wichtige Einsichten geliefert. Angesichts der vielfältigen Anforderungen und umfassenden Implikationen des Feldes werden seine Analysen und Einmischungen auch in Zukunft wichtig und weiterführend bleiben …

Literatur

Abbott, A. (1988): The Systems of Professions. An Essay on the Division of Labour. Chicago.

Bader, C. (1999): Sozialmanagement. Anspruch eines Konzepts und seine Wirklichkeit in Non-Profit-Organisationen. Freiburg/Br..

Beher, K./Krimmer, H./Rauschenbach, Th./Zimmer, A. (2006): Führungskräfte in gemeinnützigen Organisationen. Bürgerschaftliches Engagement und Management. Berlin.

Boeßenecker, K.-H. (1999): Recherche. Studiengänge Sozialmanagement/Sozialwirtschaft/New Public Management. Ms.

Boeßenecker, K.-H./Markert, A. (2000): Übersicht der Studiengänge Sozialmanagement/Sozialwirtschaft an deutschsprachigen Hochschulen; Arbeitsmaterialien 12 des Forschungsschwerpunktes Wohlfahrtsverbände/Sozialwirtschaft der Fachhochschule Düsseldorf. Düsseldorf.

Boeßenecker, K.-H./Markert, A. (2001): Übersicht der Studiengänge Sozialmanagement/Sozialwirtschaft an deutschsprachigen Hochschulen; Arbeitsmaterialien 12a des Forschungsschwerpunktes Wohlfahrtsverbände/Sozialwirtschaft der Fachhochschule Düsseldorf. Düsseldorf.

Boeßenecker, K.-H./Markert, A. (2003): Studienführer Sozialmanagement/Sozialwirtschaft an Hochschulen in Deutschland, Österreich und der Schweiz. Baden-Baden.

Boeßenecker, K.-H./Markert, A. (2005): Übersicht der Lehrangebote im Bereich Sozialmanagement/Sozialwirtschaft an deutschsprachigen Hochschulen; Arbeitsmaterialien 21 des Forschungsschwerpunktes Wohlfahrtsverbände/Sozialwirtschaft der Fachhochschule Düsseldorf. Düsseldorf.

Boeßenecker, K.-H./Markert, A. (2007): Sozialmanagement studieren. Studienangebote im Bereich Sozialmanagement und Sozialwirtschaft und Analysen veränderter Rahmenbedingungen. Düsseldorf.

Dahme, H.-J./Kühnlein, G./Wohlfahrt, N. (2004): Die sozialwirtschaftliche Modernisierung der bundesdeutschen Wohlfahrtspflege – ein weiterer Schritt auf dem „Holzweg" in die Dienstleistungsgesellschaft. In: Neue Praxis. H. 5. S. 409–425.

Dewe, B./Otto, H.-U. (2005): Profession. In: Otto, H.-U./Thiersch, H. (Hrsg.): Handbuch Sozialarbeit/Sozialpädagogik. München. S. 1399–1423.

Herrenbrück, S. (2004): Arbeitsmarktanalyse Sozialmanagement. Ms.

Markert, A./Boeßenecker, K.-H. (2002): DIN ISO 9000 ff. – Qualität versus Fachlichkeit?! In: Soziale Arbeit, H. 12. S. 455–461.

Markert, A. (2007): Profession. In: Maelicke, B. (Hrsg.): Lexikon Sozialwirtschaft. Baden-Baden. S. 799–802.

Messmer, H. (2003): Kostensteuerung oder soziale Indikation – Heimerziehung im Spannungsfeld divergierender Rationalitäten. In: Widersprüche, H. 90. S. 25–41.

Messmer, H. (2007): Jugendhilfe zwischen Qualität und Kosteneffizienz. Wiesbaden.

Nauerth, M. (2003): Neue Steuerungen in der Praxis. Von Nutzenkalkül und Fremdbestimmung der Sozialen Arbeit. In: Widersprüche. H. 90, S. 9–25.

Nüß, S./Schubert, H. (2001): Managementkompetenzen in der Sozialen Arbeit – was verlangt die Praxis? In: Schubert, H. (Hrsg.): Sozialmanagement. Zwischen Wirtschaftlichkeit und fachlichen Zielen. Opladen. S. 143–171.

Otto, U. (2002): Zwischen Drinnen und Draußen. Aspekte des Sozialmanagement in pädagogischen Handlungsfeldern. In: Neue Praxis. S. 177–193.

Rabe-Kleberg, U. (1996): Professionalität und Geschlechterverhältnis. Oder: Was ist „semi" an traditionellen Frauenberufen. In: Combe, A./ Helsper, W. (Hrsg.): Pädagogische Professionalität. Untersuchungen zum Typus pädagogischen Handelns. Frankfurt/M. S. 276–302.

Schnurr, St. (2005): Managerielle Deprofessionalisierung? In: Neue Praxis. H. 3, S. 238–242.

Schütze, F. (1984): Professionelles Handeln, wissenschaftliche Forschung und Supervision. Versuch einer systematischen Überlegung. In: Lippenmeier, N. (Hrsg.): Beiträge zur Supervision. Bd. 3. Kassel, S. 254–454.

Wendt, W. R./ Wöhrle, A. (2006): Sozialwirtschaft und Sozialmanagement in der Entwicklung ihrer Theorie – Beiträge zum wissenschaftlichen Diskurs. Augsburg.

Wöhrle, A. (2003): Grundlagen des Managements in der Sozialwirtschaft. Baden-Baden.

Von der Sozialwirtschaft zum Public Management – Beratungs- und Begleitforschungsprojekte im Bereich „Hochschul- und Wissenschaftsmanagement" in Asien

Horst Kowalewski

In dem vorliegenden Beitrag wird ein langjähriger Prozess (seit 1993) der Entwicklung des Fachgebietes „Sozialmanagement/Sozialwirtschaft" am Hochschulstandort Lüneburg im Kontext von Studiengängen der Sozialen Arbeit beschrieben. Dabei wurde deutlich, dass sich Sozialmanagement und Sozialwirtschaft als Disziplinen – eingebunden in Lehre und Forschung der Sozialen Arbeit – nur unzureichend entwickeln konnten. In diesem Umfeld blieben sie – im Gegensatz zur Psychologie, Medizin oder Soziologie – abhängige „Hilfswissenschaften" einer Sozialarbeitswissenschaft, die ihren eigenen Standort selbst noch nicht so richtig gefunden hat. Als „fünftes Rad am Wagen" der Sozialen Arbeit können Sozialmanagement und Sozialwirtschaft wenig zur Entwicklung der Sozialen Arbeit als eigenständige Fachdisziplin beitragen. Dies kann nur gelingen, wenn Sozialmanagement und Sozialwirtschaft unter dem Dach von Public Management oder Nonprofit-Management über etablierte und starke Universitätsinstitute in die neuen Bologna-Studienprogramme der Sozialen Arbeit einziehen. Aus diesem Blickwinkel betrachtet waren Sozialmanagement und Sozialwirtschaft seit ihrer Entwicklung im Kontext von Fachhochschul-Studiengängen nicht mehr als notwendige Übergangsformen auf dem Weg zu einer neuen Wissenschaftsdisziplin zwischen der Ökonomie und den Sozialwissenschaften, die sich in eigenständigen Public-Management-Instituten von wirtschaftswissenschaftlichen Universitätsfakultäten etablieren muss.

In Lüneburg führte der Weg in Richtung dieses Ziels über Hochschulmanagement-Projekte, die in der Mongolei und in China durchgeführt wurden und werden. Die internationale Dimension in diesen Drittmittel-Projekten brachte immer Relativierungen in die Betrachtung der deutschen Entwicklungen hinein, die sich durchgängig wohltuend bemerkbar gemacht haben.

Sozialmanagement und Sozialwirtschaft am Standort Lüneburg: Disziplinentwicklung in Lehre, Forschung und Vernetzung

Das Fachgebiet „Sozialwirtschaft" wurde vom Verfasser seit der Übernahme der Professur 1993 – bis zur Fusion der Fachhochschule mit der Universität 2005 – im FH-Fachbereich „Sozialwesen" im unmittelbaren fachlichen Zusammenhang mit dem „Sozialmanagement" und der „Sozialpolitik" entwickelt. Dabei wurde ein breites, volkswirtschaftlich orientiertes Verständnis von Sozialwirtschaft zu Grunde gelegt, das in der Lage war, die (betriebswirtschaftlichen) Elemente des Sozialmanagements zu integrieren. Die fachliche Nähe zur Sozialpolitik entwickelte sich seit der Stellenübernahme im Kontext der von der damaligen Fachbereichsleitung gewünschten „Zuständigkeit" des Verfassers für die sozialpolitischen Lehrveranstaltungen im Diplom-Studiengang „Sozialarbeit/Sozialpädagogik", die durch eine langjährige Vakanz der Professur für „Sozialpolitik" begründet wurde.

Das Lehrangebot im Bereich Sozialmanagement/Sozialwirtschaft/Sozialpolitik umfasste im Diplom-Studiengang folgende Wahlpflichtelemente:
– *Grundstudium*: Das zweistündige Seminar „Einführung in das Sozialmanagement" mit dem integrierten Planspiel „Rettung des angeschlagene PARITAS-Kreisverbandes vor dem drohenden Konkurs" (2. oder 3. Semester)
– *Hauptstudium*: Die zweistündigen Seminare „Ausgewählte Fragen der Sozialwirtschaft" und „Ausgewählte Fragen der Sozialpolitik" im Wechsel (4., 5. oder 6. Semester)
– *Projektstudium im Hauptstudium*: Vierstündiges Studienprojekt „Social Economics – Projekt für Sozialwirtschaft, Sozialmanagement und Sozialpolitik" (drei Semester Projektstudium im 4., 5. und 6. Semester) und zweistündige Inlands-/Auslandexkursion des Projektes.

Dieses Konzept wurde bei der Novellierung der Diplom-Prüfungsordnung Mitte der 90er Jahre bis zur Ablösung des „Diplom-Studiengangs" durch den ersten „Bachelor-Studiengang" im Wintersemester 2005/06 curricular festgeschrieben.

Das dreisemestrige Studienprojekt „Social Economics", das 1996 gegründet wurde und sich seitdem zu einem wichtigen Strukturelement im Projektstudium des Diplom-Studiengangs entwickeln konnte, wurde inzwischen auch in den ersten Bachelor-Studiengang „Sozialarbeit/Sozialpädagogik" übernommen.

„Social Economics" ist das einzige selbstorganisierte Studienprojekt in der Fakultät I der Leuphana Universität Lüneburg. Der Verfasser hat als „Lerncoach" im Projekt die Rolle eines Begleiters von Lernprozessen. Zwei gewählte ProjektmanagerInnen und mehrere spezialisierte Arbeitsgruppen (z. B. AG Finanzen, AG Öffentlichkeitsarbeit, AG Exkursionen) bilden die Organisationsstruktur des Projektes, die flexibel an neue Anforderungen angepasst werden kann.

Aktivierende Lernverfahren stehen im Mittelpunkt der Projektkonzeption. Im Curriculum des Projekts wechseln sich die drei Hauptthemenbereiche, verteilt auf die drei Pflichtsemester, immer wieder ab:

- Personen bezogene Themen (u. a. Supervision, Coaching, Moderation, Teamarbeit, Selbstmanagement, Leadership)
- Institutionen bezogene Themen (u. a. Controlling, Projektmanagement, Evaluation, Change Management, Gesellschaftsformen, Spezialsoftware, Qualitätsmanagement, Marketing, Sponsoring)
- Gesellschafts bezogene Themen (Arbeitsmarktpolitik, Genderfragen, Nachhaltigkeit, Globalisierung)
- Personen bezogene Themen...
- Institutionen bezogene Themen...
- usw.

Neben der Auseinandersetzung mit fachlichen Aspekten der Sozialwirtschaft und Sozialpolitik wird im Projekt der Entwicklung von Schlüsselqualifikationen ein großer Stellenwert eingeräumt.

Über das sechswöchige Pflichtpraktikum im Projekt hinaus können die weiteren vorgeschriebenen Praxisanteile (250 Stunden) in Form einer Praxisstelle (ein Arbeitstag in der Woche in einer NGO bzw. in einer Nonprofit-Einrichtung) oder in Form der Beteiligung an einem externen Auftrag erfüllt werden. Alle Praxiserfahrungen werden im Projekt intensiv reflektiert.

Zur Unterstützung des Studienprojekts und zur Abwicklung der externen Aufträge (kleinere Befragungen, empirische Erhebungen, Analysen, Beratungsaufträge, Begleitung von OE-Prozessen etc.) wurde das Institut „ProSEco e.V." gegründet, das gemeinnützig ist. Im Sinne eines Fördervereins finanziert das Institut Projektexkursionen oder Geräteanschaffungen, die von der Hochschule nicht übernommen werden.

Zum Pflichtprogramm des Projekts gehören regelmäßige Projektexkursionen in jedem Semester (Besuch von Modellprojekten, der regelmäßige Besuch der „ConSozial" in Nürnberg, Auslandsexkursionen: Amsterdam, Prag, Wien, Rom).

Die aktive Teilnahme am Studienprojekt „Social Economics" führt zu einer ausgeprägten Projektarbeitskompetenz.

Als „Dach" für die laufenden Forschungs-, Entwicklung- und Beratungs-projekte im Bereich der Sozialwirtschaft und Sozialpolitik wurde 1996 die Arbeitsstelle für Public Management und Kommunkation (AsPMK) gegründet. Im Zuge der Fusion der Lüneburger Hochschulen wurde 2005 aus der AsPMK das Institut für Public Management und Kommunikation (IPMK) der neuen Fakultät I der Universität.

Seit der Institutsgründung konnten Drittmittel in erheblichem Umfang vom Land Niedersachsen, von der VW-Stiftung, vom Deutschen Akademischen Austauschdienst (DAAD), von der Europäischen Kommission u. a. akquiriert werden.

Bis 2002 konnten sich durch die Projekte die fachlichen Institutsschwerpunkte „Neue Medien" und „Qualität(smanagement)" herausbilden. Durch weitere Projekte kam nach 2000 der Schwerpunkt „Hochschul- und Wissenschaftsmanagement" hinzu.

Gemeinsam mit den FH-Fachbereichen Wirtschaftspsychologie und Wirtschaftsrecht wurde nach 1999 das bis dahin nicht genutzte Dachgeschoss im Altbau der Universität als Forschungszentrum für Drittmittel-Projekte ausgebaut. Diese Räume werden den laufenden Projekten Bedarfs gerecht zur Verfügung gestellt.

Zur Internationalisierung von Lehre und Forschung/Entwicklung wurden im Arbeitsbereich Sozialwirtschaft/Sozialpolitik seit 1995 mehrere internationale Hochschulkooperationen entwickelt und intensiv gepflegt:
- Iisalmi/Finnland (seit 1995)
- Oxford/England (seit 1995)
- Tallinn/Estland (seit 1996)
- Los Angeles/Kalifornien (seit 1997)
- San Diego/Kalifornien mit 3 Hochschulkooperationen (seit 1997)
- Ulaanbaatar/Mongolei mit 5 Hochschulkooperationen (seit 2000)
- Beijing/China (seit 2005)
- Nanjing/China (seit 2006)
- Madrid/Spanien (geplant)

Neben den Hochschulkooperationen haben sich intensive Formen der Zusammenarbeit mit den Wissenschaftsministerien in der Mongolei (Ulaanbaatar) und in China (Beijing) sowie den nationalen Akkreditierungsinstitutionen in der Mongolei (Ulaanbaatar) und in Finnland (Helsinki) entwickelt.

Die interdisziplinäre Zusammenarbeit mit Kolleginnen und Kollegen von europäischen, amerikanischen und asiatischen Hochschulen hat zu zahlreichen gemeinsamen Aktivitäten im Kontext von Lehre, Forschung/Entwicklung und Beratung geführt:

- Exkursionen (u. a. nach Innsbruck, Prag, Wien, Amsterdam, Brüssel, Basel, London, Oxford, Kopenhagen, Rom, Helsinki, Talinn)
- Gastvorträge
- Internationale Fachtagungen und Workshops, die zum Teil gemeinsam organisiert wurden
- European Intensive Courses (u. a. in Oxford/England, Iisalmi/Finnland und Lüneburg)
- gemeinsam organisierte Sommeruniversitäten (u. a. in Tallinn/Estland)
- gemeinsame Forschungs-, Entwicklungs- und Beratungsprojekte
- gemeinsame Studiengangsentwicklungen.

Seit 1994 wurde intensiv mit dem Fachgebiet „Sozialmanagement" der Universität Lüneburg (Fachbereich I, Institut für Sozialpädagogik) kooperiert, in Form von

- gemeinsamen Lehrveranstaltungen
- gemeinsamen Fachtagungen und Workshops
- gemeinsamen Beratungsprojekten
- gemeinsamen Forschungs- und Entwicklungsprojekten
- der gemeinsamen Beteiligung am VW-Forschungsschwerpunkt (aus dem „Niedersachsen-Vorab" der VW-Stiftung)
- gemeinsam betreuten Promotionsvorhaben
- der gemeinsamen Entwicklung des externen Instituts „PERSPECTIVE e.V. – Institut für Beratung, Forschung und Entwicklung im Bereich der Personen bezogenen Dienstleistungen" (seit 2000).

Gemeinsam mit dem Fachgebiet „Sozialmanagement" der Universität Lüneburg und weiteren Fachkolleginnen und -kollegen wurde 1996 in Lüneburg die Entwicklung der „Bundesarbeitsgemeinschaft Sozialmanagement/Sozialwirtschaft an Hochschulen" (BAG-SMW) initiiert. Zwischen 1996 und 2003 und zwischen 2005 und 2007 konnte die Geschäftsstelle der BAG-SMW im Hochschulgebäude in Lüneburg – in unmittelbarer räumlicher Nähe zum Bereich „Sozialwirtschaft/Sozialpolitik" – untergebracht werden. In dieser Zeit hat der Verfasser die Arbeit der BAG koordiniert und organisiert. Von Lüneburg aus wurden zwischen 1997 und 2002 Fachtagungen der Bundesarbeitsgemeinschaft in Lüneburg, Kassel, Nordhausen und München geplant und durchgeführt.

Der „Perspektivenwechsel": Entwicklung von
Hochschul-Kooperationsprojekten in der Mongolei und in China

Die Hochschul interne Auseinandersetzung mit der Budgetierung im Rahmen der frühen Einführung der neuen Steuerungsmodelle an der Fachhochschule Nordostniedersachen Ende der 90er Jahre zeigte, dass Sozialmanagement und Sozialwirtschaft theoretisch, konzeptionell und praktisch in der Lage waren, taugliche Analyse- und Reflexionsinstrumente für dieses komplexe Vorhaben aus anderen Bereichen der öffentlichen Verwaltung, z. B: aus dem Bereich der sozialen Einrichtungen und Verbänden, zur Verfügung zu stellen.

Dies bestätigte sich wenige Jahre später bei der komplizierte Fusion der Fachhochschule mit der Universität zur öffentlich-rechtlichen Stiftungs-Universität „Leuphana" am Standort Lüneburg. Die Planungs-, Umstrukturierungs- und Moderationsverfahren, die im Rahmen der Lüneburger Hochschulfusion erfolgreich eingesetzt wurden, waren in der Sozialökonomik als Strategien und Methoden der Organisationsentwicklung bekannt.

Eine Entscheidung des Landes Niedersachsen machte aus der fusionierten Hochschule in Lüneburg eine „Modell-Universität für den Bologna-Prozess". Dies hatte zur Folge, dass die neuen Bachelor-Studienprogramme relativ zügig und flächendeckend eingeführt wurden. Gleichzeitig wurde ein differenziertes System von neuen Organisationseinheiten eingeführt: Fakultäten, Departments, Institute, Forschungszentren, das „Leuphana-College" für die neuen Bachelor-Studiengänge, die „Professional School" für den gesamten Bereich der Weiterbildung. Steuerung und Evaluation des gesamten Umstrukturierungsprozesses im System „Neue Stiftungs-Universität" konnten mit den bekannten Kategorien des Sozialmanagements und der Sozialwirtschaft beschrieben werden. Ähnlichkeiten zu anderen Feldern des Public Managements wurden sichtbar; gleichzeitig gelang es, BWL-Methoden „bruchlos" in die Prozesssteuerung mit einzubeziehen. Im Zuge der Reformen an der eigenen Hochschule wurden die Grenzen zwischen dem vertretenen Fachgebiet „Sozialmanagement/Sozialwirtschaft" und dem „Public Management" immer undeutlicher.

Zur gleichen Zeit (ab 1999) konnten mehrere Drittmittel-Projekte, die alle thematisch im Bereich „Hochschul- und Wissenschaftsmanagement" angesiedelt waren, mit Partnern in der Mongolei, in China und in Finnland entwickelt werden.

An der finnischen Partnerhochschule, der Savonia University of Applied Sciences in Iisalmi (Mittelfinnland), wurden ebenfalls tief greifende Umstrukturierungsmaßnahmen durchgeführt. Die Kooperationspartner in Finnland konnten einerseits als „erfahrene" Akteure der Hochschulreformen angesprochen werden; andererseits brachten sie den entsprechenden fachlichen Background für die Drittmittel-Projekte mit.

2000 stand die Partnerhochschule in Ulaanbaatar/Mongolei, die staatliche University of Commerce and Business als älteste und größte Wirtschaftshochschule der Mongolei vor einer tiefgreifenden Umstrukturierung. Im Rahmen der noch jungen Hochschulkooperation wurde deshalb zunächst mit der mongolischen Hochschulleitung über einen mehrjährigen Beratungs- und Begleitungsprozess im Bereich Hochschulmanagement verhandelt; nach intensiven Gesprächen in Ulaanbaatar und Lüneburg wurde 2003 das erste gemeinsame DAAD-Projekt zur gemeinsamen Entwicklung des Studienprogramms Wirtschaftsrecht nach dem „Lüneburger Modell" (DAAD-Projekt I) beantragt.

Das DAAD-Projekt zur Studiengangsentwicklung in der Mongolei

PROJEKT „QUALIFIZIERUNG DER LEHRE UND INNOVATIVE STUDIENGANGSENTWICKLUNG IN DER MONGOLEI" (DAAD-PROJEKT I)

Laufzeit:
– Januar 2004 – Dezember 2007 (ggf. bis Dezember 2009)

Finanzierung:
– DAAD-Programm „Fachbezogene Partnerschaften mit Hochschulen in Entwicklungsländern"

Kooperationspartner:
– University of Commerce and Business, Ulaanbaatar/Mongolei

Projektkoordination in Ulaanbaatar:
– Vizepräsidentin Prof. Dr. Doljin Mandshir und Vizepräsidentin
– Prof. Dr. Tsetsegmaa Tsogbadrakh, University of Commerce
– and Business, Ulaanbaatar/Mongolei

Projektteam an der Leuphana Universität Lüneburg:
– Prof. Dr. Dr. h. c. Horst Kowalewski, Projektleitung (Fakultät I,
– Institut für Public Management und Kommunikation)
– Prof. Dr. Dr. h. c. Thomas Schomerus (Fakultät II, Institut für Wirtschaftsrecht)
– Prof. Dr. Jürgen Deters (Fakultät II, Institut für Wirtschaftsrecht)
– Prof. Dr. Ullrich Günther (Fakultät II, Institut für Wirtschaftspsychologie)

- *Dr. Lothar Bildat (Fakultät II, Institut für Wirtschaftspsychologie)*
- *Maik Thieme, Projektmanagement (Fakultät I, Institut für Public Management und Kommunikation)*

In dem zunächst auf vier Jahre angelegten DAAD-Projekt wurde die Entwicklung des Bachelor-Studiengangs „Wirtschaftsrecht" an der University of Commerce and Business in Ulaanbaatar/Mongolei nach dem „Lüneburger Modell" gemeinsam organisiert und wissenschaftlich begleitet. Dabei wurden folgende Projektaufgaben gemeinsam umgesetzt: Modularisierung des Studienprogrammes nach internationalen Standards, regelmäßige Evaluation der Lehrangebote, Gewinnung der Lehrenden, Entwicklung eines Studiengang-Marketings, Internationalisierung der Lehre im Studiengang, Einführung von E-Learning, Vorbereitung der Akkreditierung des Studienprogramms.

Weitere gemeinsame Projektaufgaben waren: Vorstellung des Studiengangs im Mongolischen Wissenschaftsministerium, vor der Nationalen Akkreditierungskommission, im Konsortium der elf Wirtschaftsuniversitäten der Mongolei, vor Vertretern anderer Hochschulen der Mongolei, Verbesserung der Kontakte zu den Arbeitgebern/Arbeitgeberverbänden in der Mongolei, Öffentlichkeitsarbeit in der Mongolei und in Deutschland, Anschaffung von Fachbüchern und Geräten/Medien/PCs für die mongolische Partnerhochschule, Übersetzung von grundlegenden Texten für Lehrveranstaltungen in die mongolische Sprache.

Die bei der Entwicklung des Bachelor-Studienprogramms „Wirtschaftsrecht" gewonnenen Erfahrungen konnten bei der parallelen Entwicklung von Bachelor-Studiengängen in den Bereichen „Wirtschaftspsychologie" und „Sozialwirtschaft" an der University of Commerce and Business in Ulaanbaatar genutzt werden.

Das Studienprogramm „Wirtschaftsrecht" wurde ebenso wie das Studienprogramm „Wirtschaftspsychologie" an der Lüneburger Fachhochschule entwickelt und inzwischen an vielen nationalen und internationalen Hochschulstandorten eingeführt.

Für die einzelnen Projektschwerpunkte (Wirtschaftsrecht, Wirtschaftspsychologie und Sozialwirtschaft) wurden mongolisch-deutsche Umsetzungsteams gebildet, die die Projektaufgaben relativ autonom erledigt haben. Die hauptamtlichen Umsetzungsteams in Ulaanbaatar/Mongolei und Lüneburg wurden von Studierenden, die einzelne Projektarbeiten in Form von bezahlten Werkaufträge übernommen haben, unterstützt.

Die jeweiligen Projektaufgaben wurden in regelmäßigen mongolisch-deutschen Intensiv-Workshops abgestimmt, die an der University of Commerce and Business in Ulaanbaatar/Mongolei und an der Leuphana Universität in Lüneburg – zwei- oder dreimal im Jahr – durchgeführt wurden.

Eine Verlängerung des Projektes um weitere zwei Jahre (Januar 2008 – Dezember 2009; 5. und 6. Jahr) ist geplant.

Das DAAD-Projekt zum Hochschulmanagement in der Mongolei

PROJEKT „MODERNES HOCHSCHULMANAGEMENT IN DER MONGOLEI"
(DAAD-PROJEKT II)

Laufzeit:
– Januar 2004 – Dezember 2007 (ggf. bis Dezember 2009)

Finanzierung:
– DAAD-Programm „Dialogue on Innovative Higher Education Strategies (DIES)"

Kooperationspartner:
– University of Commerce and Business, Ulaanbaatar/Mongolei

Projektkoordination in Ulaanbaatar:
– Vizepräsidentin Prof. Dr. Doljin Mandshir und Vizepräsidentin
– Prof. Dr. Tsetsegmaa Tsogbadrakh, University of Commerce and Business, Ulaanbaatar/Mongolei

Projektteam an der Leuphana Universität Lüneburg:
– Prof. Dr. Dr. h. c. Horst Kowalewski, Projektleitung (Fakultät I, Institut für Public Management und Kommunikation)
– Prof. Dr. Dr. h. c. Thomas Schomerus (Fakultät II, Institut für Wirtschaftsrecht)
– Prof. Dr. Ullrich Günther (Fakultät II, Institut für Wirtschaftspsychologie)
– Prof. Dr. Horst Meyer-Wachsmuth (Fakultät III, Institut für Wirtschaftsinformatik)
– Maik Thieme, Projektmanagement (Fakultät I, Institut für Public Management und Kommunikation

In dem ebenfalls zunächst auf vier Jahre angelegten DAAD-Projekt wurde die modellhafte Einführung eines modernen Hochschulmanagements an der University of Commerce and Business in Ulaanbaatar/Mongolei gemeinsam organisiert und wissenschaftlich begleitet. Dabei wurden folgende Projektmodule gemeinsam realisiert: Entwicklung und Umsetzung einer demokratischen Führungs- und Leitungskonzeption, Entwicklung und Umsetzung von internen Beteiligungsstrukturen, Entwicklung einer modernen Hochschulverfassung, Entwicklung von modernen Hochschulordnungen, Einführung betriebswirtschaftlicher Steuerungsinstrumente, Einführung eines Hochschulmarketings, Gründung eines Instituts für Forschung, Entwicklung und Beratung, Internationalisierung der Hochschule, Intensivierung des Fremdsprachenangebots, Verselbständigung von Serviceeinrichtungen, Verbesserung des Bibliothekswesens, regelmäßige Fortbildung der beteiligten Hochschulmitglieder, Entwicklung einer modernen Kommunikationsinfrastruktur (intern und extern) und Einführung einer integrierten Hochschulsoftware.

Weitere gemeinsame Projektaufgaben waren: Die Vorbereitung und Begleitung der geplanten Re-Akkreditierung der Hochschule, die Vorstellung der Ergebnisse des Pilotprojektes im Mongolischen Wissenschaftsministerium, vor der Nationalen Akkreditierungskommission, im Konsortium der elf Wirtschaftsuniversitäten der Mongolei und vor Vertretern anderer Hochschulen der Mongolei, die Öffentlichkeitsarbeit in der Mongolei und in Deutschland, die Anschaffung von Fachbüchern und Geräten/Medien/PCs für die mongolische Partnerhochschule.

Die einzelnen Projektaufgaben wurden in regelmäßigen mongolisch-deutschen Intensiv-Workshops abgestimmt, die an der University of Commerce and Business in Ulaanbaatar/Mongolei und an der Leuphana Universität in Lüneburg – zwei- oder dreimal im Jahr – durchgeführt wurden. Die beiden hauptamtlichen Umsetzungsteams in Ulaanbaatar und Lüneburg wurden von Studierenden, die einzelne Projektarbeiten in Form von bezahlten Werkaufträgen übernommen haben, unterstützt.

Eine Verlängerung des Projektes um weitere zwei Jahre (Januar 2008 – Dezember 2009; 5. und 6. Jahr) ist ebenfalls geplant.

Das TEMPUS-Projekt zum Qualitätsmanagement im Mongolischen Hochschulsystem

---

TEMPUS-PROJEKT: „QUALITÄTSMANAGEMENT IM MONGOLISCHEN HOCHSCHULSYSTEM"

Laufzeit:
- *Dezember 2005 – Dezember 2006*

Finanzierung:
- *TEMPUS-Programm der Europäischen Kommission (Struktur- und Ergänzungsmaßnahmen)*

Kooperationspartner:
- *University of Commerce and Business, Ulaanbaatar/Mongolei,*
- *Wissenschaftsministerium der Mongolei, Ulaanbaatar/Mongolei*
- *Nationale Akkreditierungskommission der Mongolei,*
- *Ulaanbaatar / Mongolei*
- *Savonia University of Applied Sciences, Iisalmi/Finnland*

Projektkoordination in Ulaanbaatar:
- *Vizepräsidentin Prof. Dr. Doljin Mandshir, University of Commerce and Business, Ulaanbaatar/Mongolei*

Projektteam an der Leuphana Universität Lüneburg:
- *Prof. Dr. Dr. h. c. Horst Kowalewski, Projektleitung (Fakultät I, Institut für Public Management und Kommunikation)*
- *Prof. Dr. Dr. h. c. Thomas Schomerus (Fakultät II, Institut für Wirtschaftsrecht)*
- *Prof. Dr. Ullrich Günther (Fakultät II, Institut für Wirtschaftspsychologie)*
- *Maik Thieme, Projektmanagement (Fakultät I, Institut für Public Management und Kommunikation)*
- *Christian Petrausch (Fakultät I, Institut für Public Management und Kommunikation)*
- *Ariunaa Zelder-Nergui (Fakultät I, Institut für Public Management und Kommunikation)*

In dem einjährigen TEMPUS-Projekt wurden – gemeinsam mit den Projektpartnern aus Finnland und der Mongolei – zunächst die Strukturelemente und Instrumente des Qualitätsmanagements an Hochschulen in Finnland, England, Deutschland und der Mongolei analysiert und in Form einer Synopse dargestellt. Anschließend wurden geeignete Strukturelemente und Instrumente des Qualitätsmanagements für das Hochschulsystem der Mongolei gemeinsam ausgewählt sowie adäquate Handlungsfelder und Maßnahmen des Qualitätsmanagements definiert.

Die Entscheidungen über die für das Projekt relevanten Handlungsfelder und Maßnahmen wurden mit dem Wissenschaftsministerium und der Nationalen Akkreditierungskommission der Mongolei abgestimmt. Ergebnis des Projektes war die Formulierung einer verbindlichen Verordnung des Wissenschaftsministeriums zum Qualitätsmanagement an den Hochschulen der Mongolei. Die jeweiligen Abstimmungen über die nächsten Projektschritte wurden im Rahmen von TEMPUS-Konferenzen in Ulaanbaatar/Mongolei (zwei Konferenzen), Iisalmi/Finnland und Lüneburg durchgeführt. Ein weiteres Projektziel war die Verbesserung der Medien-, Geräte- und PC-Ausstattung der University of Commerce and Business in Ulaanbaatar.

Vorbereitung eines ASIA-LINK-Projektes zum Qualitätsmanagement im mongolischen Hochschulsystem

ASIA-LINK-PROJEKT: „QUALITY MANAGEMENT IN THE MONGOLIAN INSTITUTIONS OF HIGHER EDUCATION"

Laufzeit:
- *Juli 2009 – Juni 2012 (geplant)*

Finanzierung:
- *ASIA-LINK-Programm der Europäischen Kommission*

Kooperationspartner:
- *Wissenschaftsministerium der Mongolei, Ulaanbaatar/Mongolei*
- *Nationale Akkreditierungskommission der Mongolei, Ulaanbaatar/Mongolei*
- *Hochschulrektorenkonferenz (HRK), Projekt Qualitätsmanagement, Bonn*
- *Finnish Higher Education Evaluation Council (FINHEEC), Helsinki/Finnland*
- *National University of Mongolia, School of Economic Studies, Ulaanbaatar/Mongolei*

- *Mongolian University of Science and Technology, Computer Science and Management School, Ulaanbaatar/Mongolei*
- *University of Commerce and Business, Ulaanbaatar/Mongolei*
- *University of Finance and Economics, Ulaanbaatar/Mongolei*
- *Zasagt Khan University, Ulaanbaatar/Mongolei*
- *Savonia University of Applied Sciences, Iisalmi/Finnland*
- *University for Integrated Learning in Management, New Delhi/India*

Projektkoordination in Ulaanbaatar:
- *Vizepräsidentin Prof. Dr. Doljin Mandshir, University of Commerce and Business, Ulaanbaatar/Mongolei*

Projektteam an der Leuphana Universität Lüneburg:
- *Prof. Dr. Dr. h. c. Horst Kowalewski, Projektleitung (Fakultät I, Institut für Public Management und Kommunikation)*
- *Prof. Dr. Dr. h. c. Thomas Schomerus (Fakultät II, Institut für Wirtschaftsrecht)*
- *Prof. Dr. Ullrich Günther (Fakultät II, Institut für Wirtschaftspsychologie)*
- *Maik Thieme, Projektmanagement (Fakultät I, Institut für Public Management und Kommunikation)*
- *Ariunaa Zelder-Nergui (Fakultät I, Institut für Public Management und Kommunikation)*

Ausgehend von den intensiven Erfahrungen, die im Rahmen des TEMPUS-Projektes zum Qualitätsmanagement im Hochschulsystem der Mongolei gemacht werden konnten, wird zurzeit mit einer größeren Gruppe von Kooperationspartnern aus der Mongolei, Finnland und Indien ein dreijähriges ASIA-LINK-Projekt vorbereitet.

In diesem, aus den Mitteln des ASIA-LINK-Programms der Europäischen Kommission finanzierten Projekt soll gemeinsam mit den Projektpartnern ein Konzept mit passenden Instrumenten und Methoden des Hochschul internen Qualitätsmanagements entwickelt und an den ausgewählten fünf Wirtschaftsuniversitäten in Ulaanbaatar modellhaft umgesetzt werden. Die Konzept- und Methodenumsetzung soll wissenschaftlich begleitet und evaluiert werden. Weitere Projektziele sind: Die intensive Fortbildung der beteiligten Hochschulmitglieder in Ulaanbaatar und die Verbesserung der Medien-, Geräte- und PC-Ausstattung an den mongolischen Partnerhochschulen.

Das Projektdesign wurde bereits mehrfach mit den internationalen Projektpartnern abgestimmt. 2006 und 2007 wurde die Projektkonzeption in Ulaanbaatar im Rahmen von Workshops zum Thema „Quality Management in the Sytem of Higher Education Institutions in Mongolia", die u. a. vom Konsortium der Wirtschaftsuniversitäten der Mongolei in Ulaanbaatar organisiert wurden, vorgestellt. Die nächsten Schritte sind: Vervollständigung der Analysedaten der Partnerhochschulen in Ulaanbaatar, Aufbau der Projekt vorbereitenden Internetkommunikation, Gründungsversammlung der Projekt vorbereitenden Planungs- und Lenkungsgruppe in Ulaanbaatar.

Entwicklung von gemeinsamen chinesisch-deutschen Studienprogrammen

---

PROJEKT: „GEMEINSAME CHINESISCH-DEUTSCHE STUDIENPROGRAMME"

Beginn:
– 2008/2009

Finanzierung:
– Partnerhochschulen in China und Leuphana Universität Lüneburg,
– ggf. Modellfinanzierung Bund/Land Niedersachsen

Kooperationspartner:
– Chinesisches Wissenschaftsministerium, Beijing/China
– Beijing-Eurasien-Institut Beijing / Wien Leitung: Prof. Dr. Zhao Tang Shou
– Communication University of China (CUC), Nanjing/China

Projektkkordination in China:
– Prof. Dr. Zhao Tang Shou, Beijing-Eurasien-Institut, Beijing/Wien, Instituts-leiter

Projektteam an der Leuphana Universität Lüneburg:
– Prof. Dr. Dr. h. c. Horst Kowalewski, Projektleitung (Fakultät I, Institut für Public Management und Kommunikation)
– Prof. Dr. Wolfgang Ruck (Fakultät III, Institut für Umweltchemie)
– Prof. Dr. Dr. h. c. Thomas Schomerus (Fakultät II, Institut für Wirtschaftsrecht)
– Prof. Dr. Ullrich Günther (Fakultät II, Institut für Wirtschaftspsychologie)
– Maik Thieme, Projektmanagement (Fakultät I, Institut für Public Management und Kommunikation)

In den nächsten Jahren sollen in Zusammenarbeit zwischen ausgewählten Partnerhochschulen in China und der Leuphana Universität Lüneburg gemeinsame Bachelor- und Master-Studienprogramme nach dem „50-plus-50-Modell" entwickelt werden; das heißt: 50 % der Module des jeweiligen Studienprogramms werden zunächst an der Heimathochschule, die restlichen 50 % – einschließlich der Abschlussarbeit – werden an der ausländischen Partnerhochschule absolviert. Die chinesisch-deutsche Studienprogramm-Entwicklung soll vom Lüneburger Institut für „Public Management und Kommunikation" organisiert, wissenschaftlich begleitet und regelmäßig evaluiert werden.

Die Auswahl der zu beteiligenden Hochschulen in China soll in Abstimmung mit dem chinesischen Wissenschaftsministerium in Beijing vom Beijing-Eurasien-Institut Beijing/Wien (Leitung: Prof. Dr. Zhao Tang Shou) vorgenommen werden. Die Kontaktaufnahme zu den ausgewählten Hochschulen in China, die Besuche der Hochschulen, die weitere Abstimmung der Projektkonzeptionen mit den Projektpartnern und die Vertragsverhandlungen sollen gemeinsam mit dem Beijing-Eurasien-Institut durchgeführt werden.

Nach einer mehr als einjährigen Vorbereitungszeit konnte der Verfasser im April 2007 mit der Leitung der Communication University of China (CUC) in Nanjing, der historischen Kaiserstadt, eine Absichtserklärung zur Entwicklung von gemeinsamen Bachelor- und Master-Studiengängen vereinbaren, die an den beiden Standorten Nanjing und Lüneburg nach dem „50-plus-50-Modell" angeboten werden sollen.

Die zu entwickelnden Studienprogramme sollen zunächst für die folgenden Fächer entwickelt werden: Kommunikationswissenschaften, Journalistik, Sprachwissenschaften, Medienwirtschaft, Film- und Medienproduktion. In den Studienprogrammen sollen sinnvolle Hauptfach-Hauptfach- und Hauptfach-Nebenfach-Kombinationen ermöglicht werden.

Die jeweiligen Curriculumanteile und Module in Nanjing und Lüneburg sollen intensiv aufeinander abgestimmt werden. Dies gilt auch für die Weiterentwicklung des Curriculums. In den Modulen der Studienprogramme soll die Kultur und die Geschichte des jeweiligen Partnerlandes ausführlich thematisiert werden.

Das Training der Sprache des Partnerlandes soll während des gesamten Studiums zu den Pflichtfächern gehören. Die Fremdsprachenmodule sollen so angelegt werden, dass beim Wechsel des Studienstandortes eine ausreichende Sprachkompetenz erreicht wird. Im Rahmen des Sprachtrainings soll zudem der Vermittlung der jeweiligen Fachsprache eine hohe Bedeutung zukommen.

Die zu entwickelnden Studienprogramme sollen mit international vergleichbaren Bachelor- und Masterprüfungen abschließen. Zweisprachige Zeugnisse werden dabei angestrebt.

Bereits während der Planung und Vorbereitung der internationalen Studienprogramme sollen Maßnahmen zur Intensivierung der Hochschulkooperation durchgeführt werden:

– Gegenseitige Besuche von Hochschuldelegationen
– gegenseitige Hilfen bei der Beschaffung von Fachliteratur und von Fachmedien (Spezialsoftware, Video und DVD)
– Entwicklung von gemeinsamen Forschungsvorhaben
– Einrichtung eines „Deutsch-Chinesischen-Zentrums" an der CUC in Nanjing und eines „Chinesisch-Deutschen Zentrums" an der Leuphana Universität Lüneburg, jeweils für Studiengangsfragen, Hochschuldidaktik, Forschung, Transfer und Qualitätsmanagement
– Ausbau der Dozentenmobilität
– Ausbau der Studentenmobilität.

Die Erfahrungen, die im Rahmen der modellhaften Entwicklung der gemeinsamen Bachelor- und Master-Studienprogramme mit der Communication University of China (CUC) in Nanjing gemacht werden, sollen für den Aufbau von gemeinsamen Studienprogrammen nach dem „50-plus-50-Modell" in anderen Fachgebieten (z. B. Nachhaltige Wasserwirtschaft, Nachhaltige Infrastrukturplanung, „Sustainable Chemistry") – mit weiteren Partnerhochschulen in China – genutzt werden.

Das Forschungssemester als „Zwischenbilanz"

Die projektübergreifende Auswertung der erreichten Ergebnisse und die interne Evaluation der einzelnen Projekte in Zentralasien (China und Mongolei) wurde vom Verfasser im Sommersemester 2007 durchgeführt. Für diese „Zwischenbilanz" hatte das Präsidium der Leuphana Universität Lüneburg auf Antrag des Verfassers ein Forschungssemester genehmigt. Das Forschungssemester war mit einer weitgehenden Freistellung von den Lehr-, Prüfungs- und Selbstverwaltungsaufgaben verbunden.

Die Aufgaben im Forschungssemester mit dem Titel „Hochschulentwicklung in beschleunigten gesellschaftlichen Transformationsprozessen. Verbesserung des Hochschulmanagements und der Lehre an ausgewählten Hochschulen in der Mongolei und in China" gliederten sich in sechs Module:

– *MODUL 1:* Zwischenbilanz im DAAD-Projekt „Qualifizierung der Lehre und innovative Studiengangsentwicklung in der Mongolei" (DAAD I) und Entscheidung über die Vorbereitung eines Verlängerungsantrages (5. und 6. Jahr)

– *MODUL 2:* Zwischenbilanz im DAAD-Projekt „Modernes Hochschulmanagement in der Mongolei" (DAAD II) und Entscheidung über die Vorbereitung eines Verlängerungsantrages (5. und 6. Jahr)
– *MODUL 3:* Abschluss des TEMPUS-Projektes „Qualitätsmanagement im
mongolischen Hochschulsystem"
– *MODUL 4:* Weitere Planung und Vorbereitung des ASIA-LINK-Projektes
„Quality Management in the Mongolian Institutions of Higher Education"
– *MODUL 5:* Weitere Planung und Vorbereitung der gemeinsamen
chinesisch-deutschen Studienprogramme.

Die Laufzeiten der einzelnen Projekte bzw. die Planungszeiträume für neue
Projekte bzw. für Projektverlängerungen ließen eine parallele Erledigung der
Arbeiten in den einzelnen Modulen im Sommersemester 2007 zu. Mit dem
Forschungssemester waren mehrwöchige Aufenthalte des Verfassers in Bei-
jing, Nanjing und Shanghai/China (April und August 2007) und Ulaanbaa-
tar/Mongolei (Mai und September 2007) verbunden.

In der vom Autor für den Herbst 2008 geplanten, breit angelegten Buchver-
öffentlichung „Hochschulentwicklung in dynamischen Übergangsgesellschaf-
ten" (Arbeitstitel) sollen die gesamten Erfahrungen der Projekte in Zentralasi-
en systematisch dargestellt und publiziert werden.

An den geplanten 14 Beiträgen für das Buch sind die Hauptakteure aller
Projekte aus der Mongolei, aus China und Deutschland beteiligt. Das Buch soll
in der Mongolei, in Deutschland und ggf. in England veröffentlicht werden.
Die geplante Publikation in der Mongolei wird vom Wissenschaftsministerium
des Landes unterstützt.

Der in der Veröffentlichung vorgestellte theoretische Rahmen für die Projekte ist von soziologischer Natur: Es geht um die Frage nach den Entwicklungsmöglichkeiten und -perspektiven der beiden Hochschulsysteme in der
Mongolei und in China. Beide Gesellschaften befinden sich in – nicht vergleichbaren – beschleunigten Transformationsprozessen: Das Staatswesen der
Mongolei hat das Hochschulsystem nach dem Ende der kommunistischen Ära
den Regeln des ungefesselten Marktes überlassen: Seit 1991 sind in der Mongolei – mit einer Bevölkerung von 2,8 Mio. Einwohnern – neben den 40 staatlichen Hochschulen über 150 private Hochschulen entstanden. Dabei wurden
die bürokratischen Strukturen aus der Zeit vor der Revolution weitgehend beibehalten oder multipliziert. Im kommunistischen Staatswesen Chinas konnte das Hochschulsystem – bei gleichzeitiger Liberalisierung und größter Dynamik der chinesischen Wirtschaft – nur langsam modernisiert werden. Das
Hochschulsystem ist in China – wie in der Mongolei – immer noch Teil des
bürokratischen Staatsapparates. Die internationalen Modernisierungsstrategi-

en haben sowohl das Hochschulsystem der Mongolei als auch das System in China bisher nur ansatzweise erreicht.

Aus der Vielzahl der in den Projekten und während der Projektvorbereitung erhobenen (zum größten Teil empirischen) Daten lassen sich Hypothesen zum Zustand und zu den Entwicklungsmöglichkeiten und -perspektiven der Hochschulsysteme in der Mongolei und in China ableiten.

Diese Erkenntnisse sollen einfließen in die nächsten Drittmittelanträge für Projekte im Feld „Hochschul- und Wissenschaftsmanagement" in der Mongolei und in China, aber auch in anderen benachbarten Transformationsgesellschaften (u. a. in Russland, vor allem in Sibirien sowie in Kasachstan etc.), die in den nächsten Jahren vorbereitet werden sollen.

Perspektiven

Es ist sehr realistisch, dass Forschungs-, Entwicklungs- und Beratungsprojekte zu Fragen des „Hochschul- und Wissenschaftsmanagements" in Asien auch zukünftig eine zentrale Bedeutung in der Tätigkeit des Verfassers haben werden. Dies wird vor allem von der Bewilligung der in den nächsten Jahren geplanten Drittmittel-Projekte abhängen. Der Bedarf nach Beratung und Kooperationsprojekten ist in Asien sehr groß; ein bestimmter Teil könnte durch spezialisierte Angebote des Lüneburger Instituts für „Public Management und Kommunikation" aufgefangen werden.

In diesem Kontext ist ein weiteres DAAD-DIES-Projekt im Bereich „Hochschulmanagement" – mit dem Schwerpunkt „Qualitätsmanagement" – in Kooperation mit dem Konsortium der elf mongolischen Wirtschaftsuniversitäten, dem Wissenschaftsministerium und der Nationalen Akkreditierungskommission der Mongolei geplant.

Die Kooperation mit dem chinesischen Wissenschaftsministerium in Beijing könnte durch die gemeinsame Planung und Vorbereitung eines ASIA-LINK-Projekts im Bereich „Hochschulmanagement" noch weiter intensiviert werden. Darüber wurden bereits konkrete Gespräche im chinesischen Wissenschaftsministerium in Beijing geführt.

Die ab 2008 geplante Beratung von chinesischen Hochschulleitungen im Bereich „Hochschulmanagement" wird auch in enger Abstimmung mit dem chinesischen Wissenschaftsministerium in Beijing erfolgen.

Vergleichbare Bedarfe werden in Sibirien, Kasachstan, Südostasien und Indien gesehen. Reform- und Umstrukturierungspläne in den Hochschulsystemen Sibiriens und Kasachstans könnten durch weitere TEMPUS-Projekte gefördert werden. Mit der University for Integrated Learning in Management in New Delhi/Indien wurde ein leistungsstarker Partner für die Durchführung von weiteren Kooperationsprojekten in Indien gefunden.

Literatur

Gunther, U./Bildat, L. (2006): Wirtschaftspsychologie in der Mongolei. Aufbau eines Studienprogramms und Netzwerks in Ulaanbaatar. In: Wirtschaftspsychologie. S. 122 ff.

Hochschulrektorenkonferenz – HRK (Hrsg.) (2005): Deutsch-Chinesische Studienprogramme: Analyse und Empfehlungen. Beiträge zur Hochschulpolitik Nr. 8. Bonn.

Kowalewski, H. (2001): Modellfall Lüneburg? In: Berger, R. (Hrsg.): Studienführer Soziale Arbeit. Münster. S. 194 ff.

Kowalewski, H. (2003): Von der Bundes-Rahmenordnung zu einer Modulkonzeption für die Soziale Arbeit. In: Klüsche, W. (Hrsg.): Modularisierung in Studiengängen der Sozialen Arbeit. Mönchengladbach. S. 47 ff.

Kowalewski, H./Ruck, W. (2005): Projektskizze „Gemeinsame Chinesisch-Deutsche Studiengänge". Universität Lüneburg. Unveröffentlichte Projektskizze.

Schomerus, Th./Zelder-Nergui, A. (2007): Wirtschaftsrecht – ein innovativer Studiengang nach dem Lüneburger Modell in der Mongolei. In: WIRO. H. 6. S. 178 ff.

Autorenangaben

Biebricher, Martin, Dipl.-Sozialarbeiter, Dipl.-Pädagoge, wissenschaftlicher Mitarbeiter im Bereich Bildung und Familie des Sozialforschungs-, Beratungs- und Evaluationsinstitutes Interface Politikstudien in Luzern/Schweiz. Themenschwerpunkte: Evaluation, Bedarfsanalysen, sozialwissenschaftliche Praxisforschung, Kinder- und Jugendpartizipation, Geschichte der Sozialen Arbeit.

Brinkmann, Volker, Dr., Professor für Finanzierung, Planung, Organisation und Management sozialer Einrichtungen am Fachbereich Soziale Arbeit und Gesundheit der Fachhochschule Kiel. Themenschwerpunkte: Ökonomie und Politik (Sozialpolitik) aus sozialarbeitswissenschaftlicher Perspektive.

Brückers, Rainer, Dipl.-Sozialwissenschaftler, geschäftsführendes Bundesvorstandsmitglied der Arbeiterwohlfahrt, Geschäftsführer der Gesellschaft für Organisationsentwicklung und Sozialplanung (gos), Mitglied im Vorstand der Bundesarbeitsgemeinschaft der Freien Wohlfahrtspflege (BAGFW).

Buckley, Andrea, Dipl.-Sozialarbeiterin., M.A. in European Social Policy Analysis, zur Zeit Elternzeit und Auslandsaufenthalt in Como, Italien. Vormals wissenschaftliche Mitarbeiterin am Forschungsschwerpunkt Wohlfahrtsverbände/Sozialwirtschaft an der Fachhochschule Düsseldorf. Themenschwerpunkte: Soziale Arbeit im internationalen Vergleich, Europäische Sozialpolitik, Sozialarbeit im Gesundheitswesen, Qualitäts- und Organisationsentwicklung in sozialen Diensten, Sozialmanagement.

Dahme, Heinz-Jürgen, Dr. soz., Professor für Verwaltungswissenschaft am Fachbereich Sozial- und Gesundheitswesen der Hochschule Magdeburg-Stendal. Themenschwerpunkte: Kommunale Sozialverwaltung, soziale Dienste und Wohlfahrtsverbände, Sozialpolitik.

Hansbauer, Peter, Dr. rer. soc., Professor für Soziologie am Fachbereich Sozialwesen der Fachhochschule Münster. Themenschwerpunkte: Familie, Abweichendes Verhalten, Jugendhilfe, soziale Dienstleistungen, sozialwissenschaftliche Praxisforschung, Organisationsforschung.

Herrmann, Peter, Dr. phil, Direktor des unabhängigen Forschungsinstituts European Social, Organisational and Science Consultancy (ESOSC), Aghabullogue (IRL). Lehrtätigkeit an Hochschulen in verschiedenen Ländern und senior research fellow an der Universität Cork (IRL). Themenschwerpunkte: Europäische Sozialpolitik und Dritter Sektor; Analyse von Sozialsystemen in Europa und Asien; Methodologie.

Klüsche, Wilhelm, Dr. phil., Professor (emeritus) für Klinische Psychologie, Angewandte Psychologie und Gruppendynamik am Fachbereich Sozialwesen der Hochschule Niederrhein in Mönchengladbach. Ehemaliger Vorsitzender der Landesdekanekonferenz der Fachbereiche Sozialwesen NRW und des Fachbereichstages Soziale Arbeit. Themenschwerpunkte: Lebenskonflikte und Beratung, Berufliche Identität professioneller Helfer, Theorie der Sozialen Arbeit, Studienkonzeption und Studienreform in der Fachrichtung Sozialwesen.

Kowalewski, Horst, Dr. phil., Dr. h. c., Professor für Sozialwirtschaft, Public Management und Sozialpolitik in der Fakultät für Bildungs-, Kultur- und Sozialwissenschaften der Leuphana Universität Lüneburg, Leiter des Instituts für Public Management und Kommunikation (IPMK), Gründer, Geschäftsführer und Vorsitzender der Bundesarbeitsgemeinschaft für Sozialmanagement und Sozialwirtschaft an Hochschulen (BAG-SMW), geschäftsführender Vorsitzender des Zentrums für Ost-West-Kooperation (ZOWK) in Lüneburg.

Lange, Chris, Dr. phil., zurzeit Geschäftsführerin der Gesellschaft für Pädiatrische Gastroenterologie und Ernährung e.V., Themenschwerpunkte: Dritter Sektor, zivilgesellschaftliche Organisationen, soziale Dienste/Wohlfahrtspflege, Gender und europäische Integration.

Maelicke, Bernd, Dr., Hon.-Professor an der Leuphana Universität Lüneburg, Direktor des DISW (Deutsches Institut für Sozialwirtschaft), Ministerialdirigent a. D., Themenschwerpunkte: Management in der Sozialwirtschaft, Devianzmanagement, Unternehmensberatung.

Markert, Andreas, Dr. phil.,Professor für Sozialarbeitswissenschaft am Fachbereich Sozialwesen der Hochschule Zittau/Görlitz. Themenschwerpunkte: Theorie und Empirie sozialer Dienste, sozialwissenschaftliche Praxisforschung, soziale Probleme und soziale Arbeit, Sozialmanagement und Sozialwirtschaft, Sozialplanung.

Otto, Hans-Uwe, Dr. rer. soc., Dr. h.c. mult., Professor für Erziehungswissenschaft und Sozialpädagogik an der Fakultät für Erziehungswissenschaft der Universität Bielefeld. Themenschwerpunkte: Theorie und Empirie Sozialer Arbeit und sozialer Dienstleistungen.

Schwarte, Norbert, Dr. phil., Professor für Sozialpädagogik an der Universität Siegen von 1981 – 2006. Themenschwerpunkte: Soziale Rehabilitation von Menschen mit Behinderungen, Evaluation sozialer Dienste und Programme, Geschichte sozialer Bewegungen.

Vilain, Michael, Dr. phil., Dipl.-Kaufmann., Vertretung Professur Sozialmanagement/ Non-profit-Management an der Fachhochschule im DRK Göttingen, Gesellschafter des Zentrums für Nonprofit-Management GmbH Münster. Themenschwerpunkte: Nonprofit-Management (insbesondere Finanzierung), Fundraising, Marketing und strategisches Management, Bürgerschaftliches Engagement, Neustrukturierung und Entwicklung kommunaler Einrichtungen, Entwicklungen der Freien Wohlfahrtspflege.

Wohlfahrt, Norbert, Dr., Professor für Sozialmanagement, Verwaltung und Organisation an der Evangelischen Fachhochschule Rheinland-Westfalen-Lippe, Mitglied des Vorstands des Instituts Forschung und Entwicklung sozialer Arbeit (FESA e.V.), Themenschwerpunkte: Entwicklung sozialer Dienste, Kommunale Verwaltungsmodernisierung, Sozialraumorientierung und soziale Stadtentwicklung.

Zimmer, Annette, Dr. phil., Professorin für Vergleichende Politikwissenschaft und Sozialpolitik an der Westfälischen Wilhelms-Universität Münster. Themenschwerpunkte: Politikfeldanalyse, Nonprofit-Organisationen, bürgerschaftliches Engagement.

Sozialpädagogik / Sozialarbeit im Sozialstaat

hrsg. von
Prof. Dr. Hans Pfaffenberger
(Universität Trier),
Prof. Dr. Rudolph Bauer
(Universität Bremen)
und Prof. Dr. Franz Hamburger
(Universität Mainz)

Hans Pfaffenberger (Hg.) unter Mitarbeit von G. Hey und S. Schreyer
Identität – Eigenständigkeit – Handlungskompetenz der Sozialarbeit/Sozialpädagogik als Beruf und Wissenschaft
Bd. 12, 2001, 224 S., 20,90 €, br.,
ISBN 3-8258-4519-2

Roland Merten
Lebenszeit – Weltzeit
Hans Pfaffenberger als Zeitzeuge der Nachkriegsentwicklung der Sozialen Arbeit in Deutschland. Mit einer Gesamtbibliographie Hans Pfaffenberger 1947–2002
Bd. 13, 2002, 272 S., 20,90 €, br.,
ISBN 3-8258-4520-6

Michael May
Wie in der Sozialen Arbeit etwas zum Problem wird
Versuch einer pädagogisch gehaltvollen Theorie sozialer Probleme
Wie wird etwas zu einem sozialen Problem? Mit diesem Thema hat sich die Soziologie seit ihrer Entstehung auseinandergesetzt. Ihre Debatte wird in einem ersten Schritt sowohl historisch wie systematisch rekonstruiert. In kritischer Auseinandersetzung mit dieser entwickelt May nicht nur einen völlig neuen Erklärungsansatz. Auf der Basis eines dialektischen Begriffes von Selbstregulierung erschließt er damit zugleich methodische Ansatzpunkte einer Aufklärung sozialer Probleme im Rahmen Sozialer Arbeit. Diese

beziehen sich auf die gesamte Breite dort zu bearbeitender Problemdimensionen.
Bd. 14, 2005, 272 S., 15,90 €, br.,
ISBN 3-8258-4739-x

Peter Bünder
Geld oder Liebe?
Verheißungen und Täuschungen der Ressourcenorientierung in der Sozialen Arbeit
Bd. 15, 2002, 272 S., 17,90 €, br.,
ISBN 3-8258-5897-9

Olga Burkova
Entwicklung einer Infrastruktur sozialer Dienstleistungen zur Bewältigung von Belastungen und Problemen von Kindern und Jugendlichen in der Russischen Föderation
Im vorliegendem Band wird auf der Grundlage detaillierter wissenschaftlicher Untersuchungen zu Lebenslagen Heranwachsender die Entwicklung einer Infrastruktur sozialer Dienstleistungen zur Bewältigung von Belastungen und Problemen von Kindern und Jugendlichen in der Russischen Föderation vorgeschlagen. Dieses Konzept basiert auf theoretischen und empirischen Zugängen unter Berücksichtigung der Erkenntnisse aus der Bundesrepublik Deutschland zur sozialräumlichen Entwicklung von Unterstützungspotenzialen und wird sowohl auf der großstädtischen Ebene (Omsk) als auch auf der gesamtstaatlichen Ebene dargestellt.
Bd. 17, 2006, 416 S., 41,90 €, br.,
ISBN 3-8258-9277-8

Richard Sorg (Hg.)
Soziale Arbeit zwischen Politik und Wissenschaft
Bd. 18, 2003, 248 S., 17,90 €, br.,
ISBN 3-8258-6587-8

LIT Verlag Berlin – Hamburg – London – Münster – Wien – Zürich
Fresnostr. 2 48159 Münster
Tel.: 0251 / 620 32 22 – Fax: 0251 / 922 60 99
e-Mail: vertrieb@lit-verlag.de – http://www.lit-verlag.de

Leipziger Beiträge zur Sozialen Arbeit

hrsg. von Prof. Dr. Stefan Danner,
Prof. Dr. Thomas Fabian,
Prof. Dr. Birgit Hoffmann,
Prof. Dr. Rudolf Schweikart und
Prof. Dr. Lothar Stock
(Hochschule für Technik,
Wirtschaft und Kultur Leipzig)

Astrid Franzke; Rudolf Schweikart (Hg.)
Frauen in Wissenschaft und Technik
Ergebnisse einer Fachtagung vom
30. September bis 2. Oktober 1999 am
Fachbereich Sozialwesen der Hochschule für Technik, Wirtschaft und Kultur
Leipzig (FH)
Bd. 1, 2001, 232 S., 20,90 €, br.,
ISBN 3-8258-5284-9

Peter Wetzels; Thomas Fabian;
Stefan Danner
Fremdenfeindliche Einstellungen unter Jugendlichen in Leipzig
Bd. 2, 2001, 120 S., 15,90 €, br.,
ISBN 3-8258-5744-1

Thomas Fabian; Siegfried Haller (Hg.)
Gefährdete Kinder. Was tun?
Gefährdung des Kindeswohls und Wächteramt des Staates
Bd. 3, 2003, 264 S., 19,90 €, br.,
ISBN 3-8258-6745-5

Thomas Fabian; Rudolf Schweikart (Hg.)
Brennpunkte der Sozialen Arbeit
Sozialpolitik – Grundfragen der Praxis –
Studium und Beruf
Bd. 4, 2003, 440 S., 29,90 €, br.,
ISBN 3-8258-6876-1

Susan Arnold; Dana Kempe;
Rudolf Schweikart
Berufliches Erfahrungswissen und gute pädagogische Praxis
– Was ist berufliches Erfahrungswissen von Sozialpädagoginnen? – Wie kann dieses Wissen durch den Betrieb systematisch gefördert und unterstützt werden? Diese beiden Fragestellungen stehen im Zentrum der Analyse des pädagogischen Alltags in einer Einrichtung der Jugendhilfe. Die mehr oder weniger aufreibende „Interaktionsarbeit" wird anhand von Beobachtungssequenzen nachvollzogen und im Hinblick auf die Anwendung von beruflichem Erfahrungswissen analysiert. Auf dieser Grundlage lassen sich Elemente einer guten pädagogischen Praxis identifizieren.
Bd. 5, 2005, 112 S., 19,90 €, br.,
ISBN 3-8258-8808-8

Pädagogische Beiträge zur sozialen und kulturellen Entwicklung

hrsg. von Prof. Dr. Renate Girmes
(Universität Magdeburg),
Prof. Dr. Winfried Baudisch
(Universität Magdeburg) und
Prof. Dr. Arnulf Bojanowski
(Universität Hannover)

Wiebke Petersen
Berufliche Fähigkeiten – Social Skills
Der Übergang benachteiligter Jugendlicher von der Schule in die Arbeitswelt ist in allen Ländern Europas ein großes Problem. Unterstützende Angebote hängen in hohem Maße von den jeweiligen Berufsbildungssystemen ab. Um Anregungen für Verbesserungen zu gewinnen, werden zwei gegensätzliche Ansätze systematisch miteinander verglichen: In Deutschland konzentriert man sich stark auf berufliche Fähigkeiten im engeren Sinne, während in Großbritannien besonders „social skills" gefördert werden. Damit werden neue Optionen sichtbar.
Bd. 10, 2006, 344 S., 20,90 €, br.,
ISBN 3-8258-7978-x

Winfried Baudisch; Inrid Albrecht;
Jens Stiller (Hg.)
Von sozialer Ausgrenzung zu selbstbestimmter Teilhabe – Möglichkeiten

LIT Verlag Berlin – Hamburg – London – Münster – Wien – Zürich
Fresnostr. 2 48159 Münster
Tel.: 0251 / 620 32 22 – Fax: 0251 / 922 60 99
e-Mail: vertrieb@lit-verlag.de – http://www.lit-verlag.de

und Grenzen ganzheitlicher Förderung

Der vorliegende Band schließt die Arbeit in der Entwicklungspartnerschaft „Zukunftswege" ab, in der sozial benachteiligte Jugendliche und langzeitarbeitslose Erwachsene an Beruf und produktive Arbeit herangeführt werden sollten. Diese vor allem sozialpädagogisch und berufsbezogenen Maßnahmen waren Bestandteil der europäischen Gemeinschaftsinitiative „EQUAL". Sie finden ihre Fortsetzung in einer weiteren Förderphase. Die Berichte und Beiträge zeigen einerseits die Ergebnisse und Probleme der Arbeit, machen aber auch deutlich, wie Veränderungen in den Rahmenbedingungen (Harz IV und 1-Euro-Jobs, ALG II) zu Modifikationen in den Förderkonzepten zwingen. In engem Bezug zu Band 9, der eine Zwischenbilanz darstellte, werden nunmehr die Resultate der konsekutiven Evaluation systematisch dargestellt und zu den transnationalen Arbeitsprozessen in Beziehung gesetzt.
Bd. 11, 2007, 184 S., 20,90 €, br.,
ISBN 978-3-8258-8584-7

Bernd Dollinger
Individualität als Risiko?
Soziale Pädagogik als Modernisierungsmanagement
Soziale Umwälzungen verändern die Handlungsmöglichkeiten der Pädagogik. Sie ist damit beauftragt, Risiken des gesellschaftlichen Lebens zu bearbeiten, und ein Thema sticht dabei hervor: Individualität. Verstärkt seit Mitte der 1980er Jahre wird Individualität wieder als zentrales pädagogisches Problem verhandelt. Diskutiert werden Erosionen sozialer Bindungen, veränderte institutionelle Verhaltensausrichtungen u.a.m. Der Band geht aus verschiedenen Perspektiven den daraus erwachsenden Fragen nach: Was bedeutet es, dass sich Pädagogik und Sozialpädagogik auf die Bearbeitung der Freisetzung des Individuums eingelassen haben? Wie wirkt diese Aufgabe auf sie zurück?
Bd. 12, 2006, 192 S., 14,90 €, br.,
ISBN 3-8258-9325-1

Susanne Batram; Martin Brinkmann; Angela Haubner; Axel Hengst (Hg.)
Selbstbestimmt lernen – Personalentwicklung der Fachkräfte in Werkstätten für behinderte Menschen
Die Zukunftsperspektiven für WfbM erfordern flexible und lernende MitarbeiterInnen. Es besteht die Notwendigkeit, neue Wege der Personalentwicklung zu gehen: Die Hannoversche Werkstätten gem. GmbH hat mit der Leibniz Universität Hannover die Fachkräfte im Gruppendienst in einer Form selbstbestimmten Lernens qualifiziert, um die Werkstatt zeitgemäß weiterzuentwickeln. In diesem Buch werden historische Herleitungen, theoretische Grundlagen, detaillierte Umsetzungsbeschreibungen und Praxisberichte vorgestellt. Ein Planspiel zum „Persönlichen Budget" ermuntert zu unkonventionellen Vorgehensweisen.
Bd. 13, 2007, 176 S., 19,90 €, br.,
ISBN 978-3-8258-0696-5

Soziale Arbeit – Social Issues

Arno Heimgartner (Ed.)
Face of Research on European Social Development
Community Work, Civil Society, and Professionalisation of Social Work
Bd. 1, 2006, 384 S., 34,90 €, br.,
ISBN 3-8258-8984-X

Konstanze Wetzel (Hg.)
Ganztagsbildung – eine europäische Debatte
Impulse für die Bildungsreform in Österreich
Bd. 2, 2006, 200 S., 14,90 €, br.,
ISBN 3-8258-9333-2

LIT Verlag Berlin – Hamburg – London – Münster – Wien – Zürich
Fresnostr. 2 48159 Münster
Tel.: 0251 / 620 32 22 – Fax: 0251 / 922 60 99
e-Mail: vertrieb@lit-verlag.de – http://www.lit-verlag.de